다시 장자

비교대신 생사의 자연 법칙을 내 안에

다시 장자

이병희 지음

도서
출판 답게

10년 전 졸고 도덕경을 출간하고, 마치 세찬 계곡물처럼 시간이 흘렀다. 『다시 장자』를 들고 물소리가 들리는 어느 계곡에서 나는 두리번거리며 서있었다. 행복과 사랑은 다시 장자를 작성하는 전등 빛 아래 드러난 나의 그림자와 같았으며, 이는 결국 자기를 초월함으로써 자기를 실현하는 논리와 상통했다.

『다시 장자』의 출간시점이 되니, 해박하지도 못하고 심도 있지도 못하다는 생각에 부끄럽기만 하다. 그러나 개인적인 측면에서 자기 안으로 들어가는 길을 열어준 〈장자〉에 감사하고, 원고를 보기도 전 OK 라고 말하신 답게 장소임사장님께도 감사하며, 인연이 되어 이 글에 생명의 시간 쏟아 부으실 독자제현 분들께도 깊이 감사드린다.

2024년 초여름
태화산 생양산방에서
이 병희

莊子

보통의 경우
이 세상에 태어나
보고
듣고
숨쉬고
입으로 들어오는 모든 것에 대해서,
이것은 무엇이고 또 저것은 무엇인지
구별하게 된다.

어머니, 아버지, 언니, 오빠,
할머니, 할아버지, 나, 너,
좋은 것, 좋지 않은 것,
높고, 낮고, 크고 작은 것들을 구별한다.

구별이란
이것과 저것을

비교하여 다른 것으로써
의식에 받아들이는 일이기에,
비교, 인식, 판단 등의 용어와 동의어적 요소가 있으며,
모든 사람에게 극히 자연스럽게 일어나는
본능적 의식 활동이라고 말할 수 있다.
한편 희로애락 등의 여러 감정도
이 의식 활동에 더불어
극히 자연스럽게 촉발된다.

구별과 감정의 촉발에 따라 어떤 행위를 하고,
행위에 따른 변화된 사물에,
다시 감정과 구별 그리고 행위 하게 되는데,
이 세 가지가 삶의 큰 축을 이룬다. 그러나
자신의 구별과 감정과 행위는
대부분의 경우 객관화되지 못하고,
지나간 것, 기대하는 것까지 끌어다가
구별하고, 느끼고, 어떤 행위로 이어간다.
의식의 한편에서는 그 일이 일어났으면 또는 그 상태가 되었으
면 하는 강렬한 욕구가 생기고, 반드시 그것만은 얻어 내야겠다 이
루어야겠다는 강한 의지가 생기기도 한다.

불교의 인간관에 의하면 인간은 안(眼), 이(耳), 비(鼻), 설(舌), 신
(身), 의(意)의 여섯 가지 감각적 기관으로 이루어진 존재로, 앞 다섯

가지를 전5식(前五識)이라 하고, 여섯 번째를 제6식(識)이라 한다. 전5식은 자체로서 판단, 유추, 비판의 능력이 없고, 그것은 다만 '나'라는 주관이 외부의 객관과 교통할 수 있는 통로이다. 전5식은 제6 의식(意識)에 의해 통괄되며, 자신이 수집한 갖가지 정보를 제6 의식에 보고하는 기능을 가졌다. 제6 의식은 흔히 '마음'이라고 부르는 존재인데, 다시 제7 말라식(manas識), 제8 아뢰야식(alaya識)으로 나눌 수 있으며, 현대 심리학의 구분 방법에 따르면, 제6식은 의식의 세계이며, 제7식과 제8식은 무의식[1]의 세계에 비견될 수 있다.

사람은 삶의 어느 순간 자신의 감정을 포함한 모든 의식 및 그 행위에 대해서 강한 의문을 갖는 경우가 있다. 감정의 측면이든 구별의 측면이든 또는 행위의 측면이든지간에, 더는 전진할 수 없는 경우가 있는데, 이때 사물에서 자신에게로 그 방향이 틀어지는 경우가 있다. 이것과 저것을 구별하고 느끼며 행위 하지만, 분노, 불안, 우울, 실망 등의 상태나 대립, 갈등, 다툼 등의 상태가 되고, 마치 다람쥐 쳇바퀴 돌리듯 이러한 상태에서 벗어나지 못함을 깨닫게 되면서, 마침내 자신에게로 그 고개를 돌리게 되는 것이다.

사물을 서로 비교하여 이름으로써 구별하고, 시비선악 호오미

---

1) 무의식: 정신분석용어. 꿈, 최면, 정신분석 등에 의하지 아니하고는 의식되지 않는 상태로, 일상의 정신 상태에 영향을 주고 있는 마음의 심층. 〈엣센스 국어사전〉, 2001년, 민중서림, 840쪽.

추 등의 개념 또는 관념으로써 구별한다. 볼펜, 종이, 책상 등의 이름들은, 사물의 외형, 재료, 기능, 역할을 비교하여 구별한 것이라 하겠고, 시비선악 호오미추 등의 개념이나 관념은, 자신의 감정을 적극 개입시켜 구별한 것이라고 말할 수 있다. 온갖 이름과 개념 또는 관념은, 자신의 의식에 존재하게 되면서, 또 다른 많은 이름들과 개념, 관념을 부르고 이것으로써 사물에 호응한다.

　이름이나 개념 또는 관념은, 반드시 비교를 거친 후 의식에 들어온다. 사물이 이름을 갖거나 개념이나 관념으로 칭해지는 경우 이미 비교했음을 뜻한다. 따라서 비교는 사물을 받아들이는 과정에서 반드시 통과하는 관문인 셈이다. 비교란 이것과 저것, 저것과 그것을 견주어보는 일이지만, 이 견주는 일은 자신이 하고 있을 뿐, 사물이 하는 것은 아니다. 사물은 비교하지 않고 가만히 존재할 뿐인데, 자신이 볼펜이다, 종이다, 책상이다 하며 비교하여 이름 붙이고, 옳다 그르다, 선하다 악하다며 비교하여 개념 또는 관념을 갖는다. 이에 감정도 느끼고, 갖고자 쫓아가거나 또는 피하고자 달아나는 행위를 한다. 비교란 삶 전반에 걸쳐, 일어나지 않는 경우가 없음에도 불구하고, 자신이 그 일을 함에 대해 의식하지 못한 채 지나치게 된다. 그래서 자신이 이름붙인 그대로, 자신의 개념 또는 관념 그대로, 사물이 본디 그러하다고 생각하며, 자신의 비교 값을 사물에 전가시킨다. 장자나 또는 노자에서는 이점을 문제시하고, 여기서 벗어나고자 했다. 어떤 사물(이것)을 놓고, 나쁘다, 악하다, 추하다 등으로 생각(판단)할 때, 생각(판단)과 동시에 분노, 멸시, 싫음, 불쾌 등의 감정을 느끼고 또한 동시에 비난, 비판, 욕설 등의 말이나, 배척의 행위를 하게 된다. 반대로 좋다, 선하다, 아름답다 등으로 생각할 때는, 기쁘고 즐겁고 유쾌한 상태가 되어, 칭찬, 존경, 감탄 등의 말이나 집착의 행위를 한다. 나쁘다고 생각하는데, 기쁘거나 칭찬의 말 또는 이에 집착하는 행위를 할 수 없고, 좋다고 생각하는데, 분노, 비난 또는 배척의 행위를 할 수 없다. 따라서 생각(판단)과 감정과 언행은 서로 이어져 있다고 말할 수 있다.

늘 사물(이것)을 볼 때, 생각 없이 무심히 사물을 바라보는 경우는 거의 없다. 주변에 온갖 사물이 널려있고, TV나 각종 정보매체에서 쏟아지는 사건사고(사물)는 그야말로 홍수를 이룬다. 이 수많은 사물 앞에서, 사람은 하릴없이 생각과 감정, 언행의 고리 속으로 빨려 들어간다. 정신 차리지 않으면 빨려 들어가 긍정보다는 심각한 부정의 영향권아래 있게 된다. 주변이나 또는 TV 각종 영상매체를 통해 접하는 살인, 자살, 부정, 청탁, 폭행, 전쟁 등은, 나쁘다는 생각을 즉각 일으키고, 분노, 불안, 우울, 근심 등의 상태가 되며, 비난, 비판, 욕설 등을 뒤따르게 한다. 한편 TV나 영상매체를 통해 전달되는 사물은 대체로 화려하게 장식된 경우가 많아 부러움을 불러일으키고, 이로써 다시 자신은 우울, 분노, 짜증 등의 상태가 되어, 몸도 마음도 지쳐버린다. 사람은 사물에서 자극받고, 사물에 모든 관심을 쏟으며 살아가는데, 사물에 대한 자신의 생각(판단, 구별)에 아무 생각도 해보지 않는다면, 자신은 그저 기존생각

틀에 따라 시비선악 호오미추를 나누고, 사물의 이름도 지당한 것으로 받아들여, 결국 몸도 마음도 지친 상태로부터 벗어날 수 없다.

이것을 나쁘다고 생각(판단) 할 때, 나쁘다는 자신의 생각은, 이것과 저것을 비교한 것이다. 자신에게로 관심을 돌려보면, 이 사실을 깨달을 수 있다. 자신이 이것에 하필 저것을 끌기에, 이것은 나쁜 것이 되고만 것이다. 만일 자신이 이것보다 훨씬 나쁜 그것을 끌 수 있다면, 이것은 좋은 것이 된다. 수많은 경우의 수가 있는 세상에서, 왜 하필 자신은 이것에 저것을 끌 뿐, 그것을 끌지 않는 것일까? 이것을 틀림없이 나쁜 것이라 생각하는 자신의 생각이, 누구도 아닌 자신에 의해 의심받을 때, 이것은 틀림없이 나쁜 것이었는데, 언제든 좋은 것으로 바뀔 가능성이 있게 된다.

이것은 과연 나쁜 것이기만 할까? 또 저것이나 그것은 과연 좋은 것이기만 할까? 사물에만 관심을 쏟는다면, 호오의 수렁에서 벗어나지 못할 것이나, 자신에게로 관심을 돌린다면, 끌어댐 없이 있는 그대로 바라볼 수 있고 호오의 수렁에서도 벗어날 수 있다. 호오의 문제는, 사물의 문제가 아니라 자신의 문제이며, 시비, 선악, 대소, 장단 등의 모든 경우에서 동일하다. 도덕경 2장의 내용은 이점과 관련되어 있다. 2장은 다음과 같이 시작한다.

세상 사람들이 한결같이
(이것에 저것만을 끌며) 아름답다고 하는 것을,

아름답다고 안다면,

(자신 또한 아무 생각 없이 그대로 따라 아름답다고 안다면)

이(의식상태)야말로 추악한 것이다.

천하개지 미지위미 사악이

天下皆知 美之爲美 斯惡已

한결같이

(이것에 저것만을 끌며) 선하다고 하는 것을,

선하다고 안다면,

(자신 또한 아무 생각 없이 그대로 따라 선하다고 안다면)

이(의식상태)야말로 선하지 않은 것이다.

개지선지위선 사불선이

皆知善之爲善 斯不善已

그러므로 있음과 없음은 서로를 낳고

어려움과 쉬움은 서로를 이루며

길고 짧음은 서로를 드러내고

높고 낮음은 서로를 기울게 하며

음조와 소리는 서로를 섞이게 하고

앞과 뒤는 서로를 따른다.

고유무상생 난이상성 장단상형 고하상경 음성상화 전후상수

故有無相生 難易相成 長短相形 高下相傾 音聲相和 前後相隨

사물에 대해 나쁘다는 생각이 들 때, 자신의 생각대로 사물을

생각하는 것이 아니라, 자신에게로 관심을 돌려, 지금 자신이 이 사물에 다른 사물을 끌고 있음을 알아차려, 끌어댐 없이 사물을 바라보는 것이다. 이때 자신의 의시 상태는 비교에서 벗어나있다고 말할 수 있는데, 이 같이 비교에서 벗어남이 가능해지면, 가령 사물에 대해 나쁘다는 생각과 함께 뒤따르는 감정의 동요나 비난 또는 배척행위가 없게 된다. 감정은 최대한 평정하고, 기존 의식 상태에서 가능했을 말이나 행위가 없게 된다. 2장에서 사악이(斯惡已)나 사불선이(斯不善已)의 악(惡)과 불선(不善)은, 비교의식에 대한 무자각을 지적한 것이다. '있음과 없음은'부터 '앞과 뒤는 서로를 따른다.'까지, 비교의식을 직시하고, 그 비교 값이 고정되어 있지 않음을 강조한 것이다. 다음 구절 역시, 비교의식에서 벗어나 사물본연의 모습에 충실한 삶의 태도를 강조하고 있다.

> 이로써 성인은 무위의 태도로 일을 처리하고,
> 말하지 않음의 가르침을 펴며,
> 만물이 온갖 모습을 지어도 그만두게 하지 않는다.
> 낳되 소유하지 않고
> 위하되 의지하지 않으며
> 공덕을 이뤘으되 (그에 걸 맞는)
> 높은 지위에 머물지 않는다.
> 저 오직 머물지 않음, 이로써 내몰리지 않는다.

> 시이성인 처무위지사 행불언지교 만물작언이불사
> 是以聖人 處無爲之事 行不言之敎 萬物作焉而不辭

생이불유 위이불시 공성이불거 부유불거 시이불거

生而不有 爲而不恃 功成而不居 夫唯不居 是以不去

(여기까지 2장 전문이다)

비교가 끊어진 의식 상태에 관련해서, 무위, 불언 등 몇 가지 이타적 행위를 강조하고 있다. 그러나 이 같은 상태에 도달하는 과정을 언급하지 않음으로 인해, 2장은 무척 난해한 문장이 되었다. 사물에 대해 어떤 생각을 할 때, 그 생각에는 반드시 그 생각에 상반된 생각이 맞대어져 있다. 가령 있다는 생각은 없다는 생각에, 어렵다는 생각은 쉽다는 생각에 맞대어져 있다. 어떤 생각이라도 상반된 생각에 맞대어지지 않고서는 존립할 수 없다. 생각이란 맞대어진 상태에서 하나의 생각이 겉으로 드러난 것이고, 맞대어진 생각은 언제든지 뒤집힐 수 있으며, 한쪽이 사라지면(끌지 않으면) 다른 한쪽도 사라지는 특징이 있다. 2장의 성인(聖人)은, 비교를 직시하고 그 비교로부터 벗어나 있는 자를 상징한다. 비교에서 벗어나 사물을 있는 그대로 바라봄으로써, 나쁘거나 좋다는 생각이 없고, 따라서 이러한 생각에 의한 행위나 말에서도 벗어나 있는 것이다.

'무위의 태도로 일을 처리 한다(處無爲之事)'는 것은, 비교에서 벗어나 상대를 있는 그대로 존중하는 것으로, 비교에 의한 행위가 없을 뿐 행위가 전혀 없음을 뜻하는 것은 아니다. '말하지 않음의 가르침을 편다(行不言之敎)'에서 말하지 않음(不言)이란, 시비호오의 말이 없는 것으로써 이는 비교에서 벗어난 의식 상태이자 자기로부터 벗어난 무지무욕의 의식 상태를 상징한다. 이 의식 상태에 이르는 것을 가르치는 것인데, 성인은 이 가르침을 말이 아닌 몸으로써 가르친다는 의미이다. '만물이 온갖 모습을 지어도 그만두게 하지 않는다(萬物作焉而不辭)'에서 사(辭) 자는, 말(言)과 동일한 의미가 있고, 거절, 책망 등의 의미도 있는데, 이는 사물이 존재하는 그대로, 그것을 받들고 존중하는 태도를 강조한 것이다. 이는 바로 앞 무위나 불언의 구절과 대동소이하다. '낳되 소유하지 않고, 위하되 의지하지 않으며, 공덕을 이뤘으되 (그에 걸 맞는) 높은 지위에 머물지 않는다.'까지, 낳되, 위하되, 공덕을 이뤘으되 의 부분은, 물질이나 정신적인 면에서 생산적 행위를 상징하고, 뒷부분은 상대에 대한 극도의 실천적 배려를 상징한다. '저 오직 머물지 않음, 이로써 내몰리지 않는다.'의 2장 마지막 구절은, 상대에 대한 극도의 배려가 없을 때 쫓겨나게 된다는 말로써, 이타와 이기의 문제를 다루고 있다. 지는 것이 이기는 것이란 옛말처럼, 이타와 이기의 줄다리기 싸움에서 언제나 이타를 선택함으로써, 졌지만 이긴 싸움을 한 것이다.

제물론 편

시비다툼에서 벗어나 있기 위한 절절한 시도

장자 제물론 편은 자고로 매우 난해한 문장으로 알려져 있다. 그것은 제물론 편의 대부분이 도덕경 2장에서처럼 비유와 상징인 점도 그렇지만, 자신의 내면으로 관심을 돌리는 그 일에 대하여 직접적인 언급이 없기 때문이다. 따라서 비교 없는 의식 상태에 대하여 인식이 전무한 사람들은, 결국 장자의 내용을 이해하지 못하게 된다. 제물론 편은 아래의 이야기로 시작되고 있다.

남곽자기[2]가 안석[3]에 기대앉아 하늘을 우러르며 후하고 숨을 내쉬었다. 멍하니 그 짝을 잃은 듯했다. 안성자유[4]가 그 앞에서 모시고

---

2) 남곽자기(南郭子綦): 남곽은 성곽의 남쪽으로 그곳에 살아 호(號)가 되었음. 이는 외편 지북유편에서, 도의 소재와 관련하여 장자와 문답을 나눈 동곽자(=동곽순자)의 동곽과 같은 경우이다. 자기는 이름이고, 초나라 사상가로 알려져 있으며, 혹자는 초소왕(楚昭王: 기원전 506년경)의 이복동생이었다고도 한다. 〈장자〉, 안동림역주, 현암사, 1993년, 47쪽

3) 안석: 벽에 세워놓고 앉을 때에 몸을 기대는 방석. 〈엣센스 국어사전〉, 민중서림, 2001년, 1,518쪽.

4) 안성자유(顔成子游): 자기의 제자로, 안은 성씨이고, 성은 시호(諡號)이며, 자유는 자(字)이고, 이름은 언(偃)으로 알려져 있다. 〈장자〉, 안동림역주, 현암사, 1993년, 47

서 있다가 물었다. '어떻게 하신 겁니까? 몸을 실로 말라죽은 나무처럼 부릴 수 있고, 마음을 실로 식어버린 재처럼 부릴 수 있으신 겁니까? 오늘 안석에 기대신 모습은, 어제 안석에 기대신 모습이 아니십니다.' (남곽)자기가 말했다. '언(偃)아, 또한 좋지 아니하더냐! 네가 그것을 묻고 있구나. 오늘, 나(吾)는 나(我)를 초상 치렀다. 네가 그것을 알겠더냐? 네가 인뢰(人籟)[5]에 대해 들어보았겠지만, 아직 지뢰(地籟)에 대해서는 들어보지 못했을 것이다. 네가 지뢰에 대해서 들어보았다 해도 아직 천뢰(天籟)에 대해서는 들어보지 못했을 것이야!'

여기까지가 제물론 편 서두이다. 남곽자기가 안석에 기대앉아, 하늘을 우러르며 후하고 숨을 내쉬는 것을 상상하기란 결코 어렵지 않다. 하지만 '밍하니 그 짝을 잃은 듯했다'에 이르면, 설령 '멍하니'의 표현이, 오늘날의 명상에서 '멍 때리기'에 가깝다 해도, '그 짝을 잃은 듯했다'에 관련해서는 무엇을 뜻하는지 이해할 수 없는 상태가 되어버린다. '멍하니 그 짝을 잃은 듯했다'의 상태에 대하여, 장자는 직접 설명하지 않고 비유와 상징을 통해 부각시키고 있다. 안성자유는 남곽자기 앞에서 그를 모시고 서 있다가, '멍하니 그 짝을 잃은 듯한' 남곽자기의 모습이 하도 특별하여, '어떻게 하신 겁니까?' 하고 물었다. 여기서 '모시고 서 있다.'라고 하는

쪽/ 시호(諡號): 왕, 왕비를 비롯해 벼슬한 사람이나 학덕이 높은 선비들이 죽은 뒤에 그의 행적에 따라 국왕으로부터 받은 이름〈한국민족문화대백과사전〉, 네이버지식 참조.

5) 인뢰(人籟): 인뢰의 뢰(籟)는 통소를 뜻하는 한자로, 가는 대로 만들며 여섯 구멍이 있는데, 한 구멍은 뒤에 있음. 피리 등 가로로 불게 된 관악기의 모양과 비슷하나 세로로 부는 것이 다름. 〈엣센스 국어사전〉, 민중서림, 2001년, 2,414쪽

'시립(侍立)'이란 용어와, 남곽자기의 말 가운데 '언아'하며, 안성자유의 '이름'을 직접 호칭했다는 점에서, 남곽자기와 안성자유의 관계가 스승과 제자로서 설정되어 있음을 짐작할 수 있다.

고대 중국 사람들은 이름을 정한 것은 성인이고, 가족 가운데 아들의 이름을 정하는 것은 조상신령이라고 여겼다.(중략) 자식을 낳게 되면 조상신령에게 보고하고 승인을 받는 의례를 거행했다.(중략) '이름(名)'의 윗부분은 제육(祭肉)을 가리키고, 아랫부분은 조상의 사당에 고하는 축문[6]인데, 축문을 담는 그릇의 형태인 口를 가지고 표시하였다.(중략) 그 의례를 영상 적으로 표시한 자형이 바로 이름이다.(중략) 이름은 그 인격의 실체와 분리될 수 없다고 여겼으며 따라서 실제 이름은 대개 남에게 알리지 않았다. 실제 이름을 경원하는 풍속은 아주 널리 행해졌다.[7]

〈의례(儀禮)〉 사관례(士冠禮)에 따르면 '관례(冠禮)[8]를 치른 뒤에 자(字)를 지어주니, 그의 이름(名)을 공경하기 때문이다.'[9]에 관련하여, 소(疏)에서는 '그렇기 때문에 군주와 부친 앞에서는 자신의 이

---

6) 축문: 제사 때 천지신명께 읽어 고하는 글. 상동, 2,301쪽.
7) 〈漢字, 백가지 이야기〉, 시라카와 시즈카 지음, 심경호 옮김. 황소자리, 2013년, 39~40쪽.
8) 관례(冠禮): 남자는 20세가 되어 관(冠)을 쓰고, 여자는 15세가 되면 쪽을 찌는 것으로, 성인(成人)이 되었다는 예식(禮式)을 뜻한다. 〈동아 백년옥편〉, ㈜두산동아, 2001년, 274쪽
9) '관이자지 경기명야(冠而字之 敬其名也)' 〈역주 의례주소(譯註儀禮注疏)〉 사관례(士冠禮) ②, 정병섭 역자, 학고방, 2021년, 369쪽

름(名)을 대고, 다른 사람과 대화를 나눌 때에는 자(字)를 대는 것이다. 이것이 본래 정해진 이름을 공경하는 것이다.'[10]라고 되어 있다.

중국에서는 오늘날 이름(名)과 자(字)를 함께 연이은 Mingzi(名字)를, 이름이라는 의미로써 사용하고, 별호(別號), 아호(雅號) 등, 성인(成人)이 되는 때와 무관하게 지어갖는 호(號)에서, 옛날 자(字) 자와 유사한 의미를 찾아볼 수 있지만, 장자에서는 그 등장인물들의 이름(名)과 자(字)를 분리하여 주제를 더욱 부각시키고 있다. 가령 공자가 등장인물로 나오는 경우, 그 이름으로 호칭되는 경우가 자주 있는데, 이는 공자를 스승으로 존대하지 않는 의중을 담고 있는 것이다.

짝을 잃은 듯하다. 에서, 짝이란 비교를 뜻하고, 따라서 짝을 잃은 듯하다. 란, 비교에서 벗어난 듯하다. 라고 이해할 수 있다. 사물(이것)을 앞에 놓고, 이 사물이 무엇인지 그 이름(名)을 생각하고, 나아가 사물의 상태 즉 좋은 상태인지 나쁜 상태인지 깨끗한 상태인지 더러운 상태인지 등을 생각(분별)하게 되는데, 자신의 의식(머리 또는 뇌)에 드는 이러한 생각들에 대해서, 대부분 주목하지 못한 채 지나치게 된다. 그저 자신은 외부에 존재하는 사물에만 온통 관심을 쏟고 있을 뿐인 것이다. 이때 사물은 자신이 생각하는 그 무엇(이름)으로 인지되면 그만이고, 또 자신이 생각하는 어떤 하나의

---

10) '고군부지전칭명 지어타인칭자야 시경정명야(故君父之前稱名 至於他人稱字也 是敬定名也)' 상동

상태로써, 가령 좋은 상태로 인지되면 그만인 것이다. 이러한 의식 상태에서는, 짝이 무엇을 뜻하는지 생각할 수 없고, 더구나 그 짝을 잃은 듯하다. 의 상태란, 더더욱 생각할 수 없다.

이때 사물에 온통 쏠려있는 자신의 관심을, 자신의 내면으로 돌릴 수 있다면, 그 사물을 이름(名)으로써 다른 사물과 변별하는 자신을 의식할 수 있고, 또한 사물의 상태를 가령 좋다 깨끗하다고 생각하는 자신의 생각이란, 그 생각과는 다른 생각을 끌어다가 그 생각에 견줌으로써, 지금 그 사물을 좋다 깨끗하다고 생각하는 것임을 의식할 수 있게 된다. 사물에 대한 자신의 생각은, 지금 생각하는 것과는 다르거나 상반된 생각을, 자신이 끌어다가 지금의 생각에 견줌(비교함)으로써 일어나는 것이다. 자신의 내면으로 관심을 돌려 이러한 자신의 의식 상태를 인식할 수 있게 될 때, 짝이나 그 짝을 잃은 듯하다. 의 의미를 이해할 수 있게 된다.

짝이란, 사물을 그 이름(名)으로써 변별(생각)할 때, 변별하는 자신이 끌어 맞대는 다른 이름(名)인 것이고, 사물의 상태를 변별할 때, 그 상태로써 변별하는 자신이 끌어 맞대는 다른 상태인 것이다. 하나의 사물을 볼펜(이름)이라고 생각하는 그 의식 속에는, 볼펜이 아닌 다른 이름과 짝을 이루며, 좋다고 생각하는 그 의식 속에는, 좋다가 아닌 다른 상태와 짝을 이루고 있다. 자신이 하나의 사물을 이름이나 상태로써 생각할 때, 끌고 있음을 의식하여 더 이상 끌지 않는다면, 사물은 자신이 생각하는 이름이나 상태와는 무관하게 존재하고 있음을 깨닫게 된다. 사물이 존재하는(있는) 그대로를 의식할 수 있는 것인데, 이러한 의식 상태가 비교에서 벗어난 것이며, '그 짝을 잃은 듯하다.'의 의미이다. 사물에서 자신의 내면으로 관심을 돌리는 그 일이, '어떻게 하신 겁니까?'라는 안성자유의 질문에 대한 답일 수 있다.

좋다, 깨끗하다, 크다, 많다 등으로, 한 생각이 일어나는 경우, 그 의식 상태는 모두 그 짝이 맞대어진 상태로써 존재하는 것이고, '이름'으로써 한 생각이 일어나는 경우 역시 그 이름 아닌 다른 이름에 맞대어진 상태로써 존재하는 것이다.

비교에 의해 바라보는 상태에서는, 자신의 생각으로 인해 감정이 동요될 뿐 아니라, 사물에 대하여 집착, 욕구, 기대 등을 하게 되며, 한편으로 배척, 멸시, 대립, 다툼 등을 일삼게 되는 데 비해, 비교 없이 사물 그 자체를 바라보게 되면, 비교에 의한 때와는 전연 딴판의 상태가 된다. 비교에 의해 바라보는 상태와 딴판이 될 수 있는, 소위 비교에서 벗어난 상태, 그 짝을 잃은 듯하다. 의 상태에 대해서, 그 몸을 말라죽은 나무로써, 그 마음을 식어버린 재로써 상징하였다. '몸을 실로 말라죽은 나무처럼 부릴 수 있고, 마음을 실로 식어버린 재처럼 부릴 수 있으신 겁니까?'의 질문은, 비교를 의식조차하지 못하던 때와는 달리, 자신의 몸과 마음이 철저히 통제되고 있음을 의미한다.

사물을 비교하면서도 사물에만 관심을 쏟음으로 인해, 자신이 비교하고 있음을 의식하지 못한다. 그러나 그 관심을 자신의 내면으로 돌림으로써, 자신이 비교하고 있음을 의식할 수 있으며, 나아가 비교 없음에 머무를 수 있다. 이 두 의식 상태의 차이를 만드는 관건은, 결국 사물에서 자신의 내면으로 관심을 돌림이다. 비교한다고 세상이 크게 달라지는 것이 아니고, 그저 제 속만 썩고 제 몸만 고달프게 된다. 비교 없음에 머물 수 있을 때, 이러한 문제를 만들지 않을 뿐 아니라, 전혀 새로운 국면으로 자신을 이끌 수 있다.

　　안성자유가 남곽자기에게 한 말, '오늘 안석에 기대신 모습은, 어제 안석에 기대신 모습이 아니십니다.'는, 결국 비교함과 비교 없음의 차이이고, 자신을 의식하지 못함과 의식함의 차이이다. 남곽자기가 안성자유에게 한 말 가운데, '언아, 또한 좋지 아니하더냐. 네가 그것을 묻고 있구나!'는, 안성자유가, 비교함과 비교 없음의 차이를 인지하고, 그것에 관련하여 자신(남곽자기)에게 질의했다는 것이 매우 기쁘다는 것을 표시하고 있다. '오늘, 나(吾)는 나(我)를 초상 치렀다. 네가 그것을 알겠더냐!'는, 오늘 비로소(처음으로) 남곽자기가, 비교하는 의식 상태에서 벗어나, 비교 없음의 의식 상태가 되었음을 의미하는 것으로, 나(吾)는, 비교 없음의 상태에 머무를 수 있는 자신을 의미하고, 나(我)는, 비교하는 상태의 자신을 의미한다. '초상 치렀다'로 풀이한 원문 상(喪) 자는, 비교하는 기존 주체의 상실을 의미하는 것으로써, 자신(吾)이 자신(我)을 통제하는 상태를 뜻한다. 남곽자기는 안성자유의 스승으로서, 오늘 비로소 그 일(비교에서 벗어남)을 성사시켰는데, 제자인 안성자유가 그 일이 성사되었음을 알아챈 것과 관련해서, '네가 그것을 알겠더냐?' 하고 물었던 것이다. 의식상태(속내 또는 속마음)의 변화가 밖(겉모습)으로 드러나 제자인 안성자유(상대자)가 변별했다는 것에 대하여, 스승이 확인하는 차원에서 되물은 것이다. '네가 인뢰에 대해 들어보았겠지만'부터 '천뢰에 대해서는 들어보지 못했을 것이야.'까지, 인뢰, 지뢰, 천뢰의 점층적 표현으로, 천뢰를 설명할 채비를 한 것이다.

자유가 말했다. '감히 바른 말씀을 청합니다.' 자기가 말했다. '저 땅이 내뿜는 기운을 바람이라 한다. 바람이 일어남 없으면 조용하지만, 일어나면 온갖 구멍들은 요란하게 소리친다. 어찌 자네만이 휘휘거리는 소리를 들어보지 못했겠나? 산림 높은 봉우리에, 백 아름이 되는 큰 나무의 구멍들은, 코 같고, 입 같고, 귀 같고, 두공[11] 같고, 술잔 같고, 절구 같고, 깊은 웅덩이 같고, 얕은 웅덩이 같은 (온갖 모습을 하고), 콸콸 물 부딪히는 소리, 잔혹하게 헐뜯는 소리, 꾸짖는 소리, 들이켜는 소리, 부르짖는 소리, 울부짖는 소리, 깊은 굴에서 나는 소리, 음란한 소리를 낸다. 앞에서 쉬쉬 소리치면 뒤따라서 웅웅 소리친다. 산들바람에는 작게 응하고 회오리바람에는 크게 응한다. 사납던 바람이 멎으면 뭇 구멍은 텅 비어버린다. 어찌 자네만이 크게 또작게 흔들리며 동요되는 모습을 보지 못했겠나?' 자유가 말했다. '지뢰란 뭇 구멍을 말하는 것이고 인뢰란 통소를 말하는 것이군요. 감히 천뢰에 대해 말씀해주실 수 있으신지요?' 자기가 말했다. '저 소리들은 결코 같지 않지만, 자기(自己)에 의한 것이다. 모두 그 자신이

---

11) 두공(枓栱): 큰 규모의 목조건물에서, 기둥 위에 지붕을 받치며 차례로 짜 올린 구조. 〈엣센스 국어사전〉, 민중서림, 2001년, 1,968쪽.

받아들인 것이지. 요란하게 만드는 것이 누구이겠나?'

　이 세상에 똑같은 모습으로 태어나는 경우가 없고 또한 똑같은 상황에 놓이는 경우도 없지만, 한결같이 모든 사람에게 나(자기)라는 의식이 생긴다. 이 나(자기)라는 의식에 의해, 사물은 각종 이름으로 구별되고, 시비선악 호오미추 대소장단 등으로 구별되기 시작한다. 이에 따라 감정이 동요되고 언행 또한 뒤따르게 되는 것이다. 보통의 경우 나(자기)라는 의식은, 나 자신에 의해 의식되기 어렵고, 단지 사물을 구별, 비교, 인식, 판단 등의 일만을 행하며, 오직 사물에 모든 관심을 기울이는 것인데, 이때 자신에게로 관심을 돌리는 일이 일어나고, 자신이 자신을 바라보는 아주 특별한 일이 일어난 것이다. 나(자기)라는 의식이 모든 사물의 기준점이 되고 있음을 깨닫고, 결국 이 기준점을 능히 통제할 수 있게 되어, 사물자체 즉 비교 없이 사물을 바라볼 수 있게 되는 것이다. 나(자기)라는 의식을 자각하고 통제할 수 있을 때, 이름이나 개념 또는 관념에서 벗어날 수 있고, 이렇게 되었을 때 이전의 감정적 동요, 그에 따른 언행의 뒤따름도 중지될 수 있다.

　천뢰에 관련한 남곽자기의 말은, 결국 자신의 내면으로 관심을 돌리는 일이 관건이다. 자신이 자신을 바라보는 의식이 될 때, 기존의 자기의식이 하던 모든 일들 즉 사물에 관련하여 이름, 개념, 관념으로 인지하고 감정적 동요 및 그에 따른 모든 언행을 객관적으로 바라볼 수 있게 된다. 그리하여 이 모든 것을 바로잡을 수 있게 되고 나아가 이 모든 것에서 벗어날 수 있게 되는 것이다. 다음 이어지는 문장에서, 큰 지혜와 작은 지혜, 큰 말과 작은 말로 대비를 이루는 처음 부분은, 자신을 지각하고 통제하는 사람과 그렇지 못한 사람을 상징적으로 부각한 것이라 하겠고, 이어지는 문장은, 자신을 의식하지 못한 채 오직 사물에만 모든 관심을 기울이는 극히 일반적 경우를 빗댄 것이라 하겠다.

> 큰 지혜는 한가롭고 작은 지혜는 깐깐하다. 큰 말은 담담하고 작은 말은 수다스럽다. 잠들어서는 꿈으로 사물과 섞이고, 깨어서는 온갖 구멍을 열어 접촉하며 소란을 피우고, 날마다 마음으로 싸운다. 늘어진 자, 음흉한 자, 빡빡한 자. 작은 공포에는 벌벌 떨고, 큰 공포에는 축 늘어져버린다. 시비를 가리고 살피는 말들은, 쇠뇌[12]에서 화살이 튕겨져 나가는 것 같고, 승리를 지키려고 하는 말들은, 맹세라도 한 듯 끈질기다. 쇠락함이 가을 겨울 같은 것은, 말로써 그 기운을 날마다 써서 없애기 때문이고, 일에 빠져서 돌아가지 못하며, 그 싫증남이(터진 부분을) 붙인 듯하다. 늙을수록 그 말들은 차고 넘쳐나며, 죽음에 가까워진 마음을 따뜻한 상태로 되돌리지 못한다.

자신의 내면으로 관심을 돌리지 못하는 일반적 경우, 사물은 깨어있을 때나 또는 잠들어 있을 때조차 그 의식에 연결되어 있다. '잠들어서는 꿈으로 사물과 섞이고, 깨어서는 온갖 구멍을 열어 접촉한다.'는 것은, 오직 사물에만 모든 관심을 기울이는 의식 상태를 가리킨 것이다. 잠들어서나 깨어서나 사물에 그 의식이 연결되

---

12) 쇠뇌: 여러 개의 화살을 한꺼번에 쏘는 활의 한 가지. 〈엣센스 국어사전〉, 민중서림, 2001년, 1,366쪽

어 있다는 것은, 언제나 사물에 시비호오 대소장단을 구별하는 것을 의미한다. 언제나 시비호오 대소장단을 구별하지만, 이는 나(자기)라는 의식으로 인해 빚어지는 차이일 뿐 사물 그 자체는 아닌 것이다.

슬픔, 분노, 불안, 초조, 욕구, 고집, 시기, 질투, 원망, 증오, 비난, 다툼 등 모든 양상들은, 결국 내(자기)가 만드는 것임을 강조하고 있다. '소란을 피우고 날마다 마음으로 싸운다.'부터 '따뜻한 상태로 되돌리지 못한다.'까지, 바로 나라는 의식이 자초한 것임을 강조한 것이다.

희로애락, 염려탄식, 변덕고집, 아첨방종, 자유분방, 꾸밈. 빈 구멍에서 음악소리가 흘러나오고, 습 찬 땅에서 버섯이 솟아나온다. 낮과 밤이 코앞에서 서로 번갈아들어도, 그 시초를 알지 못하니, 그만두자, 그만두자. 언제나 이렇게 됨은 그 이유가 있어서이다. 내가 없으면 그것이 없다. 내가 없다면 취할 수 없다. 이것이 역시 진리에 가깝다. 그럼에도 이러한 모습들로 나타나게 하는 그것이 무엇인지를 모른다. 모든 것을 도맡은 참된 것이 있지만, 그 흔적만큼은 얻을 수 없다. 행함은 뚜렷하지만, 그 형상만큼은 보지 못한다. 내용은 있지만 형식은 없다. 백 개의 뼈, 아홉 구멍, 여섯 장기. 모두 갖추었지만, 내 어느 것과 가깝게 해야 할까? 당신이라면 이것들을 모두 좋다고 하겠는가? 편애가 있을 것이다. 이와 같으니 모두를 신하와 소실로 여길까? 신하와 소실이라면 서로를 다스리기에는 부족할 것이다. 서로 교대로 임금과 신하가 되는 것일까? 참 주인이 있는 것이다. 그 내용을 구해 얻었든 얻지 못했든, 그 진실에는 보탬도 덜어냄도 없다.

'희로애락'부터 '꾸밈'까지, 삶의 온갖 모양들은, '빈 구멍에서 음악소리가 흘러나오듯, 습 찬 땅에서 버섯이 솟아나듯' 텅 빈 자리를 그 근원지로 하고 있음을 강조하였다. '낮과 밤이 코앞에서 번갈아들어도 그 시초를 알지 못한다.'함이란, 낮과 밤으로 구별하지만, 낮과 밤의 그 시작지점을 정확히 구별해낼 수 없음을 뜻하는 것으로써, 낮과 밤이 맞물려 하나임을 암시하고 있다. '그만두자'란, 하나인 것을 낮과 밤의 둘로써 구별함을 그만두자는 의미라 하겠다. '언제나 이렇게 됨은 그 이유가 있어서이다.'부터 '이것이 역시 진리에 가깝다.'까지, '내'가 모든 것의 이유인 것을 언급하다가, 다시 뭇사람들의 일반적 경우로 방향을 틀어, '이러한 온갖 모습들로 나타나게 히는 그것이 무엇인지를 모른다.'는 말로써 바꾸었다.

'모든 것을 도맡은 참된 것'이란, 자신의 내면으로 관심을 돌려, '나'라는 의식(我)을 발견하고, 이로써 이 의식을 통제하고 나아가 비워낼 수 있는 능력을 갖추게 된 '나(吾)'라고 말할 수 있을 것인데, '그 흔적을 어디에서도 볼 수 없고, 그 형상 또한 어디에서도 찾을 수가 없는 것이다.' 결국 '내용은 있지만 형식은 없다.'로 마무리를 짓고 있다.

'백 개의 뼈'부터 '서로 교대로 임금과 신하가 되는 것일까?' 까지는, 자신의 신체, 감각기관, 장기들까지, 결국 중요한 것은 이러한 것을 바탕으로 한 자신의 의식(吾)으로써, 자신의 의식 안에 존재하는 '나'라는 의식(我)을 발견하고, 그 나라는 의식(我)을 통제함이 무엇보다 중요하다는 것을 강조한 것이다. '참 주인이 있는 것이다.'부터 '그 진실에는 보탬도 덜어냄도 없다.'까지, 자신의 의식 (我), 무의식까지도 자각하고 철저히 통제하며 비워낼 수 있는 능력 (吾)을 가리키는 것으로써, 그 능력은 발휘되든 되지 못하든 내재함을 강조했다.

사람으로 형체를 이루게 되면, 갑작스럽게 죽지 않는 한, 목숨이 다할 때까지 잘 받들자. 사물과 서로 칼질하고 서로 휩쓸린다면, 일생이 말달리듯 지나갈 것이다. 그런데도 능히 이것을 멈추지 못한다면, 역시 비통하지 않은가? 종신토록 힘쓰면서도 성공 보지 못하고, 피로한 채 지쳐 일하면서도 돌아가 쉴 곳 알지 못한다면, 정녕 슬프지 않은가? 사람이 죽지 않았다고 이르지만 무슨 이득이란 말인가! 모습 늙어감에 따라 마음도 그와 더불어 그러하니, 정녕 큰 슬픔이라 이르지 않을 수 있겠는가! 사람의 인생이 실로 이 같이 어두운 것일까? 나만 유독 어둡고, 사람들 중에는 역시 어둡지 않은 자가 있는 것일까? '이미 이루어진 마음(成心)'을 스승으로 삼고 따른다면, 누군들 스승이 없겠는가! 어찌 반드시, 자신의 마음에 (시비호오로) 번갈아들게 하는 것이, 곧 나라는 의식으로 인해 취해진 것을, 아는 자에게만 있겠는가! 어리석은 자도 있는 것이다. 아직 마음이 이루어지지 않았는데 시비가 있다는 것은, 이것은 오늘 월나라로 떠났는데 어제 도착했다는 것이며, 이것은 없음을 가지고 있다고 하는 것이다. 없음을 있다고 한다면, (모르는 것 없는) 신령스런 우(禹)[13]라 해도 알 수 없

---

13) 우(禹): 중국 학계에 의하면 염제는 중화문명을 시작하고, 황제는 중국제왕의 시작이며, 요임금은 중화문명의 핵심을 형성하고, 우임금은 하(夏 기원전 2070~기원전 1600년))나라를 건설했다고 한다. 전설에 의하면, 우임금은 아버지 곤(鯀)을 이어 천하의 치수를 담당했다. 곤은 흙을 이용하여 둑을 쌓는 방법으로 결국 실패했는데, 우는 물길을 트는 방법으로 치수하여 홍수를 안정시켰다. 능력을 인정받은 우는 순

을 것인데, 어찌 나만이 유독 그것을 알 것인가!

위 문장에서는, 사물을 시비호오로 구별하는 일에 있어서, 그 일을 멈춤에 대해 이야기하고 있다. 보통의 경우 사물에서 자신의 내면으로 관심을 돌려, 나라는 의식(我)을, 자기 의식(吾) 안에서 발견하지 못하기 때문에, 나라는 의식에 의해 사물을 시비호오로 구별하면서도, 구별하는 그 일이 자신에 의해 일어나고 있음을 미처 깨닫지 못하는 것이고, 이 때문에 자신이 구별한 그대로 사물의 상태인 줄 생각한다. 때로는 자신이 구별한 옳거나 좋은 사물에 집착하고, 때로는 자신이 구별한 그르거나 나쁜 사물을 배척하면서, 평생 사물에 읽히게 된다. 사물에서 자신의 내면으로 관심을 돌려, 나라는 의식을 발견하고, 이 나라는 의식에 의해 시비호오가 만들어진 것을 깨달으며, 마침내 이 시비호오에서 벗어날 수 있음은, 보통의 경우 좀처럼 일어나지 않기 때문에, 장자가 이 둘의 입장을 오가며 말하는 것들이 난해하게 느껴지는 까닭이다.

의 선양(禪讓)으로 임금 자리에 올라 양성(陽城)에 도읍하였다. 많은 학자들이 덩평(登峰) 왕청강(王城崗) 유적은 초기 우임금이 도읍했던 양성으로, 옌스(偃師) 얼리토우(二里頭) 유적은 하나라 중후기 도읍으로 인식한다. 인터넷 이유표(재단 북방사 연구소 연구위원) 참조/ 전한(前漢) 회남왕(淮南王) 유안(劉安)이 편찬한 〈회남자(淮南子)〉에 의하면, 우임금 때는 오음(五音)으로 듣는 정치(政治)를 하였는데, 종(鐘)과 북과 경쇠(磬)와 방울을 매달아놓고 작은 북을 설치하여 사방의 선비들을 기다리면서 호령(號令)하며 말했다 '과인(寡人)에게 도를 가르쳐주고자하는 자는 북을 치고, 의(義)를 깨우쳐주고자하는 자는 종을 치고, 일을 알리려고 하는 자는 방울을 흔들고, 우환을 말하려는 자는 경쇠를 치고, 형벌의 송사가 있는 자는 북을 흔들어 울려라. 이때 우임금은 한번 식사하면서 열 번 일어났고, 한번 머리감으면서 세 번 머리카락을 움켜잡고 나왔으니, 천하의 백성을 위하여 애를 썼다. 인터넷 참조

시비호오 라는 것이 자신에 의한 것인 줄 미처 깨닫지 못한 사람의 경우, 오직 관심을 기울이는 그 사물에만 더욱 관심을 쏟음으로 인해, 주변의 수많은 사물에 대해서는 아무런 관심도 아무런 느낌도 가질 수 없는 상태가 된다. 비록 관심을 기울인 그 사물이 일단락될지라도, 또 다른 어느 하나의 사물에만 관심을 기울이게 되면서, 이전과 동일한 상태를 반복한다. 이러한 상태로 살아가는 사람들 대부분은, 늘 바빠서 주변을 돌아보며 만끽할 여유가 없고, 그저 일에 쫓기며 몸 한번 제대로 펴지 못한 채, 일에 파묻히게 된다. 이러한데도 아직 이루어야할 일들은 산더미같이 많고, 어느 날 이미 늙어버렸음에 안타까운 마음만 가득한 상태가 된다. 장자는 이러한 삶의 모양에 대하여, 어둡다, 어리석다는 표현을 에둘러하였다. 장자가 추구했던 삶의 모양은, 사물에 얽혀있는 상태로부터 벗어나 있는 상태라고 말할 수 있을 것인데, 이는 결국 사물을 시비호오로 구별하는 것이 곧 나 자신이라는 자각과 통제 그리고 비워냄에 있다.

사람으로 태어나기 어렵다고 한다. 비록 지구상에 90억 가까운 인구가 존재하지만, 아무리 생각해도 사람의 몸으로 태어나, 생각하고, 느끼며 또한 언어를 구사하고 이토록 편리한 문명의 세상을 향유하는 것은, 정말 놀라운 일이 아닐 수 없다. 생각하고, 느끼며 또한 말할 수 있고, 행동할 수 있는, 이 몸을 잘 받들어, 목숨이 다하는 그 어느 시점까지, 생각에서 뒤엉키지 않고, 감정이나 언행에서도 뒤엉킴 없는 상태를 유지해야 할 것이다. 장자는 이러한 상태에 가장 근접할 수 있는 방법을 제시한 것이다.

비교하는 자신을 어느 때라도 자각할 수만 있다면, 그 즉시 비교에서 벗어나 사물 그 자체의 세상에 존재할 수 있다. 이때 마음은 심하게 요동치는 상태에서 평정한 상태가 될 수 있고, 이로 인해 생각이나 말 또는 행위까지도 안정된 상태에 진입할 수 있다.

시비호오가 끊어진 사물 그 자체의 세상에 존재하게 되면, 고금이 맞닿은 듯 시간이 흐른다는 개념에서 벗어나게 되고, 여기나 저기나 어우러진 하나의 공간으로써, 모든 차별에서 벗어나게 된다.

'사람으로 형체를 이루게 되면'부터 '사람들 중에는 역시 어둡지 않은 지가 있는 것일까?'까지는, 사물에 얽혀 일어나는 극히 일반적인 생각들, 감정들 그리고 언행에 이르기까지 그 부정적 측면을 이야기하고 있다.

'이미 이루어진 마음을 스승으로 삼고 따른다면'에서, 이미 이루어진 마음이란 결국 자신의 의식 속에 존재하는, 나라는 의식을 뜻한다할 것이다. '누군들 스승이 없겠는가?'란, 누구나 이 나라는 의식이, 그 의식 안에 존재하고, 이 의식에 의존해서 사물을 바라본다는 의미이다. '어찌 반드시 자신의 마음에 (시비호오로) 번갈아들게 하는 것이, 곧 나라는 의식으로 인해 취해진 것을, 아는 자에게만 있을 것인가!'의 구절은, 원문을 이해하기 쉽게 풀어쓴 것으로써, 원문을 살펴볼 필요가 있다.

해필지대이심자취자유지

奚必知代而心自取者有之

에서, 해필(奚必)은, 의문사인 어찌 해(奚)와 부사인 반드시 필(必)로, 큰 의미를 담고 있지 않다. 이에 반해 지(知)는, 단순히 외부사물을 시비호오로 의식(구별)할 수 있는 정도의 지(知)라기 보다는, 이미 자신의 내면으로 관심을 돌려, 자신의 의식(我)을 객관적으로 살필 수 있는, 또 하나의 자기의식(吾)인 것이라 말할 수 있다. 위의 심(心) 자는, 객관적 대상이 된 자신의 의식(我)을 뜻하는 것으로써, 심(心)은 아(我)와 동일한 의미라고 하겠다. 나라는 의식(心=我)이, 경우에 따라 눈앞의 사물을 취하여 시든 비든 구별하는 것이, 곧 자취(自取)의 의미이고, 따라서 자(自)와 심(心)과 아(我)는 동일한 의미이다. 취(取)는 사물을 취한다는 의미이며, 대(代)는 경우에 따라 시라고 여기든지 또는 비라고 여기든지, 그 시비가 자신의 마음속에 번갈아든다는 의미이다. 대(代) 자는 앞서 '밤낮이 코앞에서 서로 번갈아들어도 그 시초를 알지 못하니(日夜相代乎前)'의 구절에서 이미 사용된 바 있고, 자취(自取) 역시 이보다 앞서 천뢰(天籟)를 언급할 때, '저 소리들은 결코 같지 않지만, 자기(自己)에 의한 것이다. 모두 그 자신이 받아들인 것이지.(夫吹萬不同 而使其自己也 咸其自取)'에서 사용된 바 있다. 이(而) 자는 심(心) 자 앞에 놓인 전치사(조사) 정도로 보면 될 듯싶고, 유지(有之)에서 지(之) 자는 스승이라는 뜻을 품은 지시대명사라 할 것이다. 나라는 의식(我)을 미처 발견하지 못한 경우, 스승은 나라는 의식(我)인 것이고, 이미 발견한 경우, 나라는 의식(我)을 통제하고 비워내는 그 의식(吾)이 스승이다.

　'아직 마음이 이루어지지 않았는데 시비가 있다는 것'과 관련
해서, 이는 '오늘 월나라로 떠났는데 어제 도착했다.'[14]는 것이고,
'없는 것을 가지고 있다.'고 하는 것과 같은 황당무계한 이야기임
을 거듭 주장하고 있다. '아직 마음이 이루어지지 않았다.'함이란,
그 마음속에 존재하는 나라는 의식을 통제하고 비워냄으로써 무
심의 상태에 있는 것을 의미하며, 이에 반해 '시비가 있다.'는 것
은, 이러한 무심의 상태를 인식하지 못한 채, 외부사물에 시비가
고정되어 있다고 생각하는 것이다. 즉 위의 구절은, 사물의 시비
호오란, 자신의 의식 속에 존재하는, 나라는 의식이 만드는 것으로
써, 이 의식이 만들지 않는다면 없음을 주장한 것이다. 끝으로 '(모
르는 것 없는) 신령스런 우(禹)(임금)'까지 거론하면서, 외부사물에 시
비가 고정되어 있다고 생각하는 사람들에 대해서, 즉 나라는 의식
(我)을 아직 발견하지 못한 사람들이 거듭 시비를 논하는 것에 대해
서, 누구의 말이 정녕 옳고 그른지는 알 수 없다고 주장한 것이다.
　시비란 결국 모든 사람에게 똑같이 존재하는, 바로 나라는 의식
에 기초하기 때문이다. '없음을 있다고 한다면'부터 '어찌 나만이
유독 그것을 알 것인가?'까지, 사물 그 자체의 시비 없음을 바라볼
수 있어야 함을 주장한 것이라 하겠다.

---

14) 오늘 월나라로 떠났는데 어제 도착했다: 원문 금일적월이석지야(今日適越而昔至也)
　　의 풀이로, 천하 편에서 혜시의 10개 주장 가운데 하나인 것으로, 금일적월이석래
　　(今日適越而昔來)로 되어있다.

저 말이란 소리가 아니다. 말에는 (따지고 살피는) 생각이 담겨 있다. 그 말하는 자가 보통의 경우와는 아주 다르게, 아직 정해놓은 바 없다면(나라는 의식을 자각하고 통제하며, 언제든지 그것을 비워낼 수 있는 상태라면), 과연 말이란 것 있는 것일까? 그 말이란 것 아직 맛조차 보지 못한 것일까? 그래도 '막 알에서 깨어난 새 새끼들 소리'와는 다르다고 한다면, 역시 분별이 있는 것일까? 거기 분별이란 없는 것일까? 도는 어쩌다가 가려져 참과 거짓으로 나누어지는 것이고, 말은 어쩌다가 가려져 시와 비로 나누어지는 것인가! 도는 어찌하여 가버린 채 존재하지 않는 것이고, 말은 어찌하여 존재하되 찬성할 수 없게 된 것일까! 도는 '목적한 바를 이루려는 마음(小成)' 때문에 가려지고, 말은 부귀영화에 대한 마음 때문에 가려진다. 그러므로 유가와 묵가의 시비공방이 있다. 자신이 옳다고 주장하는 것을 가지고, 상대방이 그르다고 주장하는 것을 공격하고, 자신이 그르다고 주장하는 것을 가지고, 상대방이 옳다고 주장하는 것을 공격한다. 시로써 비를 공격하고, 비로써 시를 공격하는 것은, '밝음으로써(以明)' 하는 것만 못하다.

'저 말이란 소리가 아니다.'에서, 말과 소리는, 크게 볼 때 다 같은 소리에 포함될 것이나, 여기서 이처럼 구별한 까닭은, 말에는 말하는 자의 의도가 담겨지는데 비해, 사람이 아닌 물체가 어딘가에 부딪혀 소리가 날 때, 그 소리에는 의도라는 것이 담겨지지 않는다는 점을 부각시키고자 한 것이다. 즉 소리를 내는 주체의 의도가, 그 소리에 담겨있는가 없는가 하는 점에서 볼 때, 말에는 그 주체의 의도가 담겨있고, 소리에는 그 주체의 의도가 담겨있지 않다고 말할 수 있다. 말에 있어서, 나라는 의식을 미처 깨닫지 못한 채 말하는 일반적 경우가 있고, 이 나라는 의식에 대해 자각, 통제 그리고 비워낸 상태로 말하는 특별한 경우가 있을 수 있는데, 이 나라는 의식을 비워낸 상태에서 하는 말과, 이 의식에 대해 의식조차 하지 못한 상태에서 하는 말이, 크게 볼 때 말과 소리가 다 같은 소리에 포함되는 것처럼, 이 두 경우의 말도, 다 같은 말에 포함되는 것인지를 묻고 있다.

'말에는 (따지고 살피는) 생각이 담겨 있다.'로 풀이한, 원문 '언자유언(言者有言)'은, 참으로 적절하게 풀이하기 어려운 부분이다. 하지만 말에는, 말하는 자가 그 사물(대상)에 대해, 어떤 생각을 하는지가 그대로 반영된다고 말할 수 있을 때, 사물(대상)에 대해 이리저리 (따지고 살피는) 그 생각을, '유언(有言)'의 '언(言)'으로써 이해했다. 물론 사물(대상)에 대해 (따지고 살피는) 생각이란, 그의 의식 속에 존재하는 나라는 의식에 다름 아니다. 따라서 '유언(有言)'의 '언(言)'자는, 앞에서 다룬 '해필지대이심자취자유지(奚必知代而心自取者有之)'에서 심(心)이나 자(自)와 동일하다고 하겠다.

'그 말하는 자가 보통의 경우와는 아주 다르게 아직 정해놓은바 없다면'에서, '그 말하는 자'란, 사물에서 자신의 의식으로 관심을 돌리는, 즉 자신의 의식을 객관화시킬 수 있는 자를 뜻하고, '보통의 경우와는 아주 다르게 아직 정해놓은바 없다'란, 보통의 경우 즉 자신의 의식을 객관화시키지 못하는 경우와는 아주 다르게, 자신의 의식을 객관화시켜, 자신의 의식 속에 있는 나라는 의식을 자각, 통제, 비워냄으로써, 시비호오에서 벗어나 있는 상태가 되었음을 의미한다.

'과연 말이란 것 있는 것일까? 그 말이란 것 아직 맛조차 보지
못한 것일까?'에서, '말이란 것'은, 자신의 의식에 대해 의식조차
하지 못한 상태에서 하는 말로써, 언제나 시비호오를 구별하는 말
을 의미한다. 즉 비워낸 상태에서 하는 말이란, 비워내지 못한 상
태에서 하는 말과는, 다르다는 것을 강조한 것이다. '그래도 막 알
에서 깨어난 새 새끼들 소리와는 다르다고 한다면, 역시 분별이 있
는 것일까? 거기 분별이란 없는 것일까?'에서, '막 알에서 깨어난
새 새끼들 소리'란, 정말 아무것도 알지 못한 채, 즉 어떤 분별도
불가능한 상태에서 내는 소리로써, 이는 마치 시비호오에서 벗어
난 상태에서 하는 말과, 같다고 하는 것을 암시하고 있다. '막 알에
서 깨어난 새 새끼들 소리'와 자신의 의식에서 나라는 의식을 철저
히 비워낸 상태에서 하는 말이, 이처럼 '분별이 없다'는 측면에서,
같다고 말할 수 있는 것인데, '그래도 분별이 불가능한 새 새끼들
소리'와, 분별의 근거인 나라는 의식을 비운 상태에서 하는 말이,
서로 다른 것이라고 주장하는 사람이 있다면, 이 같은 분별에 과연
무슨 의미가 있을 것인지 묻고 있는 것이다. '막 알에서 깨어난 새
새끼들 소리와, 나라는 의식을 비운 상태에서 하는 말이란, 모두
분별에서 떠나있음을 강조한 것이다. 이것은 물론 분별을 일삼고
있는, 대다수의 지극히 일반적 경우, 즉 나라는 의식을 비우지 못
한 상태에서 하는 말을, 염두에 두고 하는 말인 것이다.

'저 말이란 소리가 아니다.'부터 '거기 분별이란 없는 것일까?' 까지는, 결국 나라는 의식에 의해 언제나 사물에 얽혀 그 시비호오 만을 일삼지 말고(즉 분별하지 말고), 분별에서 벗어나 사물 그 자체 를 바라볼 수 있도록 노력해야한다는 의미를 담은 것이다.

'도는 어쩌다가 가려져 참과 거짓으로 나누어지는 것이고'부터 '말은 부귀영화에 대한 마음 때문에 가려진다.'까지, 참과 거짓, 시 와 비로써 서로 의견이 분분할 뿐 일치됨이 없는 사람들에 대하여 자문자답의 형식으로 자신의 생각을 부각시키고 있다. 사람들이 세상에 대해, 거짓이 판친다거나 또는 싸우기만 한다며 입을 모으 는 까닭은, 즉 세상에 대해 언제나 아름답고, 참되고, 올바르고, 평 화로운 것으로 바라보지 못하는 까닭은, 사람들의 마음속에 똑같 은 모양으로 존재하는, 나라는 의식에 대한 실현욕구 또는 실현의 지 때문인 것이고, 또한 똑같은 모양으로 존재하는, 부귀영화에 대 한 집착 때문임을 주장하고 있다. 모든 사람들 마음속에 똑같은 모 양으로 존재하는, 나라는 의식에 대한 실현욕구, 실현의지 그리고 부귀영화에 대한 집착 때문에, 바라보는 사물(대상)은, 언제나 아름 답고 참된 것으로써 느끼지 못한 채, 참과 거짓으로 나누어지는(분 별되는) 것이고, 언제나 평화롭고 올바른 것으로 느끼지 못한 채, 시 와 비로써 나누어지는 것이다. 나라는 의식, 부귀영화에 대한 집착 을, 자각하고 떨쳐버리지 못하는 한, 참과 거짓, 시와 비의 분별은 계속되는 것이고, 결국 언제나 아름답고 참되고 올바르고 평화로 운 상태인 것을, 바라볼 수 없는 것이다. 세상은 있는 그대로 존재하는 것으로써, 추하지도 아름답지도 않고, 더럽지도 깨끗하지도 않으며, 크지도 작지도 않은 상태로 존재하는 것이건만, 다름 아닌 나라는 의식, 내안에 존재하는 부귀영화에 대한 집착으로 인해, 추하게, 더럽게, 또는 크게 보인다고 주장하는 것이다. 만일 나라는 의식, 내안에 존재하는 부귀영화에 대한 집착에서 능히 벗어날 수 있다면, 세상은 늘 아름답고, 참되고, 올바르고, 평화로운 것으로 바라볼 수 있다는 주장이다.

'그러므로 유가와 묵가의 시비공방이 있다.'부터 '상대방이 옳다고 주장하는 것을 공격한다.'까지, 보편적 시비다툼의 양상을, 유묵의 시비공방에 빗댄 것이다. 가령 부모상을 당했을 때, 유가에서는 3년 상을 바른 것으로 주장하고, 1년 상은 그른 것으로 주장한데 비해, 묵가에서는 3년 상을 그른 것으로 주장하고, 1년 상은 바른 것으로 주장한다. 유가와 묵가는 모두 자신들의 입장에 의해, 시와 비로써 의견을 갖는 것이고 시와 비로써 나누는 것이다. 누군가 자기 입장을 양보하지 않는 한, 시비든 미추든 대소든 간에, 분별에 관련된 논쟁은 결코 사라질 수 없다.

'시로써 비를 공격하고, 비로써 시를 공격하는 것은, 밝음으로써 하는 것만 못하다.'에서, 윗부분은 자기 입장을 고수하는 것이고, '밝음으로써'의 부분은, 결국 자기 입장에 대한 양보 또는 자기 입장에서 완전히 벗어나 있는 상태를 상징한 것이다. '밝음으로써'라고 풀이한 원문 '이명(以明)'의 '명(明)' 자는, 앞에서 다룬 '지대이심자취자유지(知代而心自取者有之)'에서, '지(知)' 자와 같은 의미로써, 자신의 의식(我)을 객관적으로 바라봄을 상징하고 있다. 도덕경 33장에 다음과 같은 내용이 있다.

> 남을 알면 지혜롭고
> **자신을 알면 밝다.**
>
> 지인자 지 자지자 명
> **知人者 智 自知者 明**

여기서 '남을 안다'로 풀이한 '지인(知人)'은, 사물에만 온통 관심을 쏟는 경우를 상징하고, '자신을 안다'로 풀이한 '자지(自知)'는, 사물에서 자신의 내면으로 관심을 돌린 경우를 상징한다. '지인(知人)'과 '자지(自知)'에서 동일하게 '지(知)' 자가 사용되고 있지만, 앞의 지(知) 자는, 아직 자신을 객관화시키지 못한 단계를 가리키고, 뒤의 지(知) 자는, 이미 자신을 객관화시킨 단계를 가리킨다. 사물에서 자신의 내면으로 관심을 돌려, 자신을 객관화시킴이 너무나 중요한 일이기에, '지인(知人)'의 경우에서처럼, '지자(知自)'라고 사용하지 않고, '자(自)'를 앞으로 끄집어내어 그 위치를 바꾼 것이다.

'지혜롭다'로 풀이한 '지(智)' 자는, 사물에 얽혀 시비호오에서 벗어나지 못하는 경우를 상징하고, '밝다'로 풀이한 '명(明)' 자는, 시비호오에서 벗어나 있는 경우를 상징한다. 도덕경 33장의 '명(明)' 자는, 바로 앞에서 다룬 제물론 편 '명(明)' 자와 완벽하게 그 의미

가 같다. '명(明)' 자에 관련하여 도덕경 16장 내용을 짚어볼 필요
가 있다.

텅 빈 (마음) 상태에 도달하라.
고요한 (마음) 상태를 신실하게 지키라.

만물이 온갖 모습으로 존재해도,
나는 돌아감을 바라볼 것이다.
저 사물들 운집해있다 해도,
제각기, 그 뿌리로 돌아간다.

뿌리로 돌아감을 고요함이라 말하고,
이를 자연의 법칙대로 돌아감이라 이른다.
자연의 법칙대로 돌아감을 항상(언제 어디서나 일어나는 일) 이라 말하고,
항상(언제 어디서나 일어나는 일인 줄)을 아는 것을 밝음이라 말한다.
항상(언제 어디서나 일어나는 일인 줄)을 알지 못하면, 망령된 언행을 일삼
지만,
항상 (언제 어디서나 일어나는 일인 줄)을 알면, 모든 것을 받아들인다.

받아들이면 공정하고,
공정하면 온전하며,
온전하면 하늘이고,
하늘이면 도이다.
도라야 오래가는 것인즉,
몸이 다하도록 위태롭지 않다.

치허극 수정독
致虛極 守靜篤

만물병작 오이관복
萬物竝作 吾以觀復

부물운운 각복귀기근
夫物芸芸 各復歸其根

귀근왈정 시위복명 복명왈상 지상왈명
歸根曰靜 是謂復命 復命曰常 知常曰明

부지상 망작흉 지상용 용내공 공내전 전내천 천내도 도내구 몰신불태
不知常 妄作凶 知常容 容乃公 公乃全[15]全乃天 天乃道 道乃久 沒身不殆

16장은, 도덕경을 읽은 사람들에게는, 매우 잘 알려진 문장이다. '마음을 비우고 마음을 고요하게' 만드는 일은, 오늘날에도 여전히 많은 사람들의 사랑을 받고 있다. '만물병작(萬物竝作)'부터 '각복귀기근(各復歸其根)'까지는, 자신의 마음을 비우고 고요한 상태로 만드는, 그 방법에 대한 기술(記述)이다.

사물을 바라보게 될 때, 대부분은 사물의 '존재적 측면'에 100%

---

15) 전(全): 한국의 많은 기존 도덕경 해설서에서는, 왕필본에서 사용된 '왕(王)' 자 그대로 따르고 있는데, 여기서는 '왕(王)' 자가 '전(全)' 자의 오류라는 노건(勞健)의 주장에 따라 '전(全)' 자를 취한 여배림(余培林)의 도덕경 해설서에 따라 '전(全)' 자를 취했다. 〈新譯老子讀本〉, 三民書局, 中華民國 67年, 40쪽

관심을 쏟는다. 물론 이러한 의식 상태가 되는 것은 거의 무의식적으로 일어나기에, 의식하지 못한 채 지나치게 되지만, 자신의 내면으로 조금만 관심을 돌려보면 대체로 수긍할 수 있다.

'만물이 온갖 모습으로 존재해도, 나는 돌아감을 바라볼 것이다.'의 '만물병작 오이관복(萬物竝作 吾以觀復)'은, 사물의 존재적 측면에만 100%, 무의식적으로 쏠리는 자신의 관심을 거두어, 그 돌아감에 관심을 기울인다는 의미이다. 자신의 코앞에 존재하는 사물이, 지금 변화라고는 조금도 없이, 고정된 상태로써 존재한다는, 자신의 그 무의식적 인식에서 벗어나, 그 어떤 존재라도 끊임 없이 생멸의 변화 중에 있고, 결국 사멸되고 만다는, 본질에 대한 인식으로, 사물을 바라보는 것이다. 이는 메멘토모리(Memento mori)와 완전히 똑같다고 말할 수 있다.

'저 사물들 운집해 있다 해도, 제각기, 그 뿌리로 돌아간다.'의 '부물운운 각복귀기근(夫物芸芸 各復歸其根)'은, 사물들이 운집해 있는 광경을 바라보게 될 때, 운집으로 인해 확대된 사물의 존재적 측면에, 100% 무의식적으로 쏠리는 자신의 관심을 거두어서, 제각기 그 뿌리로 돌아가는 것에 대하여, 관심을 기울인다는 것이다. 운집은, 사물의 존재적 측면에 대한 무의식적 인식을 보다 강화시키기 때문이다.

'만물병작 오이관복'의 구절과 '부물운운 각복귀기근'의 구절은, 둘 다 사물의 존재적 측면에만 모든 관심을 쏟는데서 벗어나, 사멸의 측면에도 관심을 기울여, 이 두 측면을 언제나 함께 기억해야함을 강조한 것이다. 언제나 이러한 의식상태가 될 때, 자신의 마음은 텅 비워진 상태가 될 수 있고, 고요한 상태를 유지할 수 있다.

'뿌리로 돌아감을 고요함이라 말하고'부터 '항상(언제 어디서나 일어나는 일) 을 아는 것을 밝음이라 말한다.'까지, 일상에서는 거의 의식하지 못하고 지나치게 되는, 그러나 모든 존재가 떠안고 있는, 이 사멸의 측면에 대하여, 고요함, 자연의 법칙대로 돌아감, 항상(언제 어디서나 일어나는 일) 이라는 세 가지 이름을 붙였고, 이것을 기억히는 의식에 대해, 밝음 이라는 이름을 붙인 것이다. 사멸의 측면은, 마음을 텅 비워 고요한 상태가 된 그때처럼 고요한 것이기에, '고요함'이라 말할 수 있고, 사멸의 측면은, 생물이든 무생물이든 몸체가 있는 것은 어느 것이나, 그 몸체에 내장된 것으로써, 몸체가 있는 한 자신이 원하고 노력한다 해도 떨쳐버릴 수 있는 것이 아니기에, '자연의 법칙대로 돌아감'이라 이를 수 있으며 자신의 통제력을 벗어나있다는 점에서, '항상(언제 어디서나 일어나는 일)' 이라 말할 수 있다. 언제 어디서나, 생물이나 무생물이나 나 자신이나, 사멸이 일어날 수 있음을 기억하는 의식 상태, 이것을 '밝음'이라 말한 것이다.

제물론 편에서 '밝음(明)'이, 사물에서 자신의 내면으로 관심을 돌려, 나라는 의식을 자각, 통제, 비워냄이었다면, 16장에서 '밝음

⑽'은, 사물의 존재적 측면에서 사멸의 측면으로 관심을 돌려, 이 사멸의 측면을 만물의 보편적 법칙으로써 항상 기억함이다. 제물론 편에서 말하는 '명'의 의식 상태에 이르게 되면, 사물 그 자체를 바라볼 수 있게 되고, 16장에서 말하는 '명'의 의식 상태에 이르게 되면, 사물의 존재적 측면(몸체)에 내장된 그 사멸의 측면까지 바라볼 수 있게 되는 것인데, 이는 사물의 본바탕(본질)이라고 말할 수 있는, 존멸의 법칙을 바라봄에 다름 아닌 것이다. 따라서 사물 그 자체를 바라보는 '명'과 모든 사물에 적용되는 공통의 존멸법칙을 바라보는 '명'은, 일맥상통한 것으로 말할 수 있다.

사물의 존재적 측면(몸체)과 관련해서, 불쑥 존재적 측면이라는 말을 사용했지만, 일상의 경우 존재적 측면에 대한 인식은 거의 없고, 그저 이름이나 개념 또는 관념으로써 사물을 인식한다. 마음이 텅 비워지고, 그래서 고요한 상태가 되려면, 이름이나 개념 또는 관념으로써는 도달하기 어렵고, 제물론 편과 16장에서 말하는 '명'의 의식상태가 될 때, 비로소 가능하다.

'항상 을 알지 못하면, 망령된 언행을 일삼지만, 항상 을 알고 있으면, 모든 것을 받아들인다.'에서, '항상'을 알지 못하는 의식 상태와 '항상'을 알고 있는 두 의식상태가 크게 대비되어 있다.

항상 을 알지 못하는 의식상태란, '명'의 의식상태가 아닌, 즉 사물에만 모든 관심을 쏟고, 그 시비호오만을 일삼는 것으로써, '나

(我)'라는 의식이 주도하는 것이라 말할 수 있겠으며, 이를 이기(利己)라고도 말할 수 있다. 나라는 의식 즉 이기에 상합하면 좋아하며 끌고, 나라는 의식 즉 이기에 위배되면 싫어하며 저항한다. 망령된 언행이란 나라는 의식 즉 이기에 그 뿌리를 박고 있는 언행이라고 말할 수 있다. 이에 반해 항상 을 알고 있는 의식상태란, '명'의 의식상태 즉 '내려놓음'의 의식 상태로써, 여기에는 나라는 의식의 이기가 걷어지고, 그로써 시비호오 없이, 있는 그대로 사물을 바라볼 뿐 아니라, 만물의 보편법칙으로써 사멸의 측면도 바라볼 수 있는(기억할 수 있는) 의식 상태를 의미한다. 이러한 의식상태가 되었을 때, 사물이 어떤 모습이든 가령 마주한 상대자가 제삼자나 또는 자신을 비난하며 시비호오를 일삼는다 해도, 절대긍정의 시각을 가질 수 있는 것인데, 이것을 '받아들인다.'로써 표현한 것이다.

'받아들이면 공정하고'부터 '도라야 오래가는 것인즉'까지는, 모든 것을 가령 자신을 비난하거나 또는 제삼자를 비난하면서 시비호오를 일삼는 경우나 낡거나 더럽거나 훼멸 되었거나 해도, 모든 경우의 것을 바르다, 좋다고 하면서 절대긍정의 시각(의식상태)이 되는 것에 대하여, 공정함, 온전함, 하늘, 도, 오래감 이라고 하는 5가지 최대 언사로써 칭송한 것이다.

'공정함'이란, 나라는 의식 즉 이기에 의해, 시비호오의 분별을 일삼는 경우와는 달리, 모든 것을 절대긍정의 시각으로 올바른 것, 좋은 것으로 받아들이는 것을 의미한다. 때문에 이러한 의식 상태에는, 그릇됨이거나 나쁨의 대상은 더 이상 존재하지 않는데, 이것을 공정함으로써 표현한 것이다. '온전함'이란, 타고난 그대로 나라는 의식 즉 이기심이 그 마음에 들어있지 않은 상태를 의미한다.

이는 그 마음속에 더는 비교할 수 있는 기준잣대가 없음을 의미하는 것이다. '하늘'이 쭉정이나 벼이삭이나 똑같이 그 햇살을 내려주는 것처럼, 차별 없이 대하는 의식 상태를 의미한다. 어떤 사물에 대해서도 동일하게 오직 사랑으로만 응대하는 의식 상태를 뜻하는 것이다. '도'란 오직 똑같은 사랑의 마음으로, 모든 것을 올바른 것, 좋은 것으로 여기며, 절대긍정의 마음으로 받아들이는 의식 상태를 의미한다. '오래감'이란, 모든 것을 절대 긍정하는 마음이 될 때, 외물에 대한 그 어떤 저항도 배척도 없게 되는 것이며, 이로써 외물과 어떤 대립, 갈등, 다툼이 없어지는 것이다.

설령 상대자가 자신을 향해 공격이나 방해를 일삼는다 해도, 모든 것을 올바른 것, 좋은 것으로 용납하며 받아들이는 의식 상태 앞에서는, 결코 오래 지속할 수 없는 것이다. (물론 이때 자신의 목숨을 잃는 경우도 발생할 수 있지만, 모든 것을 절대긍정으로 받아들이는 의식 상태에서는, 이때조차 동요 없이 받아들인다는 점이다.) 오래감이란, 스스로 외물에 얽혀 그 시비호오를 비교 분별함으로써 자신의 심신을 부정적 상태로 만들거나 또는 공격이나 방해를 불러일으키게 되는, 극히 일반적 삶의 형태와는, 정반대의 측면에 있는 것이라 하겠다. 끝으로 '몸이 다하도록 위태롭지 않다.'란, 그 어떤 것이라도 자연이 허락한 올바른 것, 좋은 것으로 용납하며 받아들이는 절대긍정의 의식상태가 될 때, 자신이 원하고 쫓을 대상도 없게 되는 것이고, 저

항하고 배척할 대상도 더는 없게 되는 것으로써, 자신은 그저 자연이 허락한 그대로 발걸음을 옮기게 되는 것이다. 이때 그 의식 상태는 고금의 경계나 여기 또는 저기의 차별이 더 이상 존재하지 않는 대통합의 상태가 되는 것이며, 매순간 이러한 의식상태가 됨으로 인해, 몸이 다하도록 즉 자연이 허락한 천수를 다 누릴 때까지, 외물로부터 또는 그 스스로, 자신의 몸을 위태로운 상태에 있지 않게 할 수 있다는 의미이다.

> 사물은 그것 아님이 없고,
> 사물은 이것 아님이 없다.
> 그것에서는 보이지 않지만,
> 지(知)에서는 알 수 있다.
> 그러므로 그것은 이것에서 나오고,
> 이것 역시 그것 때문이라고 말한다.
> 그것과 이것은 동시에 생기는 말(說)이다.
> 비록 동시에 생기지만 동시에 사라진다.
> 동시에 사라지고 동시에 생긴다.
> 동시에 되고 동시에 안 되며,
> 동시에 안 되고 동시에 된다.
> 옳음이기 때문에 그릇됨이고,
> 그릇됨이기 때문에 옳음이다.
> 이러하기에 성인은 이를 따르지 않고
> 하늘에 비춘다. 역시 옳음 때문이다.
>
> 옳음 역시 그것이고,
> 그것 역시 옳음이다.

그것 역시 하나의 시비이고,

이것 역시 하나의 시비이다.

과연 그렇다면 그것과 이것이 있는 것일까?

과연 그렇다면 그것과 이것이 없는 것일까?

그것과 이것이 서로 짝이 되지 못한 상태,

이를 도의 지도리라 한다.

지도리란 돌고 도는 그 중앙을 얻은 것으로써,

무궁함에 응한다.

옳음 역시 하나의 무궁함이고

그릇됨 역시 하나의 무궁함이다.

그러므로 밝음으로써 하는 것만 못하다고 말하는 것이다.

위 문장이 쉽게 이해되지 않는 까닭은,

그것과 이것을 뜻하는 단어로써,

피차(彼此)만을 사용하지 않고,

피시(彼是)를 겸용했고,

이 피시(彼是)를,

그릇됨과 옳음을 뜻하는

비시(非是)와 겸용했기 때문이다.

장자는 위 문장에서 그것과 이것을 뜻하는 피차(彼此)와, 그릇됨과 옳음을 뜻하는 비시(非是)를, 동일한 것으로써 사용하고 있는데, 사물에만 관심을 기울이는 일반적 시각으로는, 이점을 받아들일 수 없고, 따라서 무슨 말인지 이해할 수 없게 되는 것이다. 또한 '그것에서는 보이지 않는다.'의 구절에서, 그것은, 그것과 이것으로 단순히 사물을 칭하는 경우와는 다른 의미로써 사용한 것인데, 이에 대해 상세히 밝히지 않음으로써 더욱 이해하지 못하는 것이며, '지(知)에서는 알 수 있다.'의 구절 역시 '지(知)'에 관련해서 아무런 설명도 하지 않음으로 인해 이해가 쉽지 않은 것이다.

사물에만 관심을 기울이는 일반적 시각이란, 사물을 인식하는 인식주체로서만 자신의 시각을 사용할 뿐, 자신의 시각을 다시 자신이 바라보지 못하는 것이다. 즉 자신의 시각을 객관적으로 대상화시키지 못하는 것인데, 이는 사물에서 자신의 내면으로 관심을 돌리지 못한 상태를 의미한다. 이러한 의식 상태에서 가령 '이것'으로 칭해진 사물은 '이것'으로만 칭해질 뿐, '그것'으로 칭해질 수는 없는 것이어서, '사물은 그것 아님이 없고, 사물은 이것 아님이 없다.'는 구절 앞에서, 뭐지? 하는 의문을 갖게 되는 것이다.

'그것에서는 보이지 않는다.'의 구절에서, '그것'은 바로 사물에만 관심을 기울이는 일반적 시각을 가리키는 것이고, '보이지 않는다.'는 것은, 바로 '사물은 그것 아님이 없고, 사물은 이것 아님이 없다.'는 이점이, 이해되지 않는다는 의미이다.

'지(知)에서는 알 수 있다.'의 구절에서, '지(知)'가 뜻하는 것은, 바로 '탈일반적 시각'인 것으로써, 사물에서 자신의 내면으로 관심을 돌려 자신의 시각을 바라볼 수 있는 '지(知: 지능 또는 지혜)'인 것이며, 앞에서 '명(明)'이라고 규정한 의식 상태를 의미한다. 이 '지

(知)'는, 사물을 시비호오로 비교 분별하는 그 분별지(分別知)를 가리키는 것이 아니므로, 이 '지(知)' 자 앞에서 많은 사람들이 혼선을 빚게 된다.

사물에서 자신의 내면으로 관심을 돌려보면, 즉 자신의 시각을 객관적으로 바라볼 수 있게 되면, 자신이 사물에 대해 '이것'이라고 칭한 것을, 타인은 '그것'으로 칭하고 있음을 알 수 있고, 따라서 사물이 그것과 이것으로 동시에 칭해질 수 있음을 이해할 수 있다. 사람은 모두 나라는 기준잣대를 갖고서, 이 잣대에 의해 사물을 바라본다. 다만 이 나라는 기준잣대에 대해 미처 의식하지 못하고 사용하는 경우가 대부분인데 반해, 여기서 말하는 '지(知)' 또는 '명(明)'은, 의식을 했다는 점이 다르다.

'그러므로 그것은 이것에서 나오고, 이것 역시 그것 때문이라고 말하는 것이다.'의 구절은, 그것과 이것의 맞물림을 강조한 것이다. 사물에만 관심을 쏟을 때는, 이것은 이것이고, 그것은 그것으로써 서로 분리되어 있다고 생각한다. 그러나 사물에서 자신의 내면으로 관심을 돌려보면, 그것과 이것이 나라는 기준잣대에 의해 언제나 동시에 발생하는 것임을 알게 된다. 가령 나라는 기준잣대에 의해 A라는 어떤 사물을 '이것'으로 칭하게 되면, B라는 어떤 사물은 반드시 '그것'으로 칭하는 점이다. 또한 A라고 하는 어떤 사물에 대해서, 자신이 '이것'으로 칭할 때, 상대방은 '그것'으로 칭한다는 점이다. 여기서 그것과 이것은, 서로 맞물려 있다고 말할 수 있다. 그것과 이것이 이렇듯 서로 맞물려서 발생되는 까닭은, 사람에게 나라는 기준잣대가 있기 때문이며, 언제나 이 나라는 잣대가 사물의 기준잣대로써 작동하기 때문이다. '그것과 이것은 동시에 생기는 말(說)이다.'의 구절은, '사물은 그것 아님이 없고, 사물은 이것 아님이 없다.'와 동일한 의미이다.

'비록 동시에 생기지만 동시에 사라진다.'부터 '동시에 안 되고 동시에 된다.'까지는, 사물에서 자신의 내면으로 관심을 돌렸을 때, 나라는 기준잣대에 의해 그것과 이것이 동시에 생기는 것을 알게 되는 것이고, '동시에 사라진다.'는 것은, 이 나라는 기준잣대를 의식하고 통제하며 비워낼 때, 이것은 물론 그것까지 동시에 사라지는 것을 알게 되는 것이다. '동시에 생기지만 동시에 사라진다. 동시에 사라지고 동시에 생긴다. 동시에 되고 동시에 안 된다. 동시에 안 되고 동시에 된다.'는 이 구절은, 나라는 기준잣대에 따르는가 아니면 비워냈는가의 문제에 대하여, 도치와 반복을 거듭하면서 부각시키고 강조한 것이다.

'옳음이기 때문에 그릇됨이고, 그릇됨이기 때문에 옳음이다.'의 구절은, 바로 앞 '그것은 이것에서 나오고, 이것 역시 그것 때문이다.'의 구절과 전혀 다를 게 없다. 위 구절을 앞에서 이미 이해했다면, 옳음과 그릇됨이 서로 맞물린 것이라는 위주장도 결국은 받아들일 수밖에 없는 것인데, 이 맞물림에 대한 이해는, 나라는 기준잣대에 의해 시비주장을 격렬히 하던 경우와는 정반대의 의식 상태라는 점이다. ‘이러하기에 성인은 이를 따르지 않고 하늘에 비춘다.’에서, ‘이러하기에’란, 시비란 언제나 맞물린 하나라는 점인 것이고, ‘성인(聖人)’이란 이 맞물림을 늘 기억하는 사람, 즉 자신을 늘 객관적으로 바라볼 수 있는 사람인 것이다. ‘이를 따르지 않고’에서 ‘이’는, 시나 비가 각각 분리된 상태로써 존재하는, 즉 나라는 기준잣대에 의해 비교 분별을 일삼는 상태를 의미하고, 이에 반해 ‘하늘에 비춘다(照之於天)’에서 ‘하늘(天)’이란, 이 나라는 기준잣대가 비워지고 그리하여 텅 빈 의식 상태에서, 사물을 있는 그대로 바라보는 것을 의미한다.

‘역시 옳음 때문이다’의 원문은, ‘역인시야(亦因是也)’인데, 여기서 ‘시(是)’를 ‘사물은 그것 아님이 없고, 사물은 이것 아님이 없다.(物無非彼 物無非是)’에서처럼, ‘이것’으로 풀 수 있겠지만, 바로 앞 ‘옳음이기 때문에 그릇됨이고, 그릇됨이기 때문에 옳음이다.(因是因非 因非因是)’와 연결시켜 ‘옳음’으로 푼 것이다. 이 부분은 대단히 중요한 부분이다. 왜냐하면 나라는 기준잣대가 비워진 성인(聖人)의 의식 상태란, 사물에 대하여 시비호오로 분별하지 않는 상태라고 말할 수 있는데, 이러한 성인의 의식 상태를 놓고, ‘역시 옳음 때문이다.’라고 말하기 때문이다. 이는 성인의 의식상태 역시 사물에 대하여 ‘옳음’이라는 분별에 근거함을 말한 것이다.

나라는 기준잣대가, 사물에 대하여 시비호오의 분별을 일삼는 것이라면, 나라는 기준잣대를 비운 성인의 의식 상태에서는, 사물에 대하여 시비호오의 분별이 없어야 마땅하지만, 이 역시 사물에 대하여 시비호오의 분별이 있음을, 지적한 것이다. 나라는 기준잣대를 미처 익식하지 못한 채 사용하는데 만 급급한 극히 일반적 시각의 경우, 사물에 대하여 그 시비호오를 일삼는 것은, 다름 아닌 자신의 몸과 마음을 행복한 상태로 이끌기 위함인 것인데, 나라는 기준잣대를 비우고 사물에 대하여 그 시비호오를 일삼지 않는 탈일반적 시각의 경우, 역시 다름 아닌 자신의 몸과 마음을 행복한 상태로 이끌기 위함인 것을 인식하였다는 점이다.

일반적 시각의 경우, 코앞의 사물을 시비호오로 비교 분별하는 것으로써, 자기 행복을 성취하는 수단이 되게 한다면, 탈일반적 시각의 경우, 코앞의 사물을 시비호오로 비교 분별하지 않는 것으로써, 자기 행복을 성취하는 수단이 되게 한다는 점이다. '역시 옳음 때문이다(亦因是也)'에서, '옳음'이란, 비움의 방식을 비우지 않은 방식과 비교해볼 때, '옳다'고 인식한 성인의 의식 상태를 지적한 것으로써, 성인의 탈일반적 시각을, 즉 성인자신의 시각을 다시 한 번 객관적으로 바라볼 수 있을 때, 인식 가능한 부분이다.

자신의 내면으로 관심을 돌림으로써, 사물에 대한 시비호오의 분별이 결국은 자신이 끌어대는 것임을 알게 되고, 또 자신의 내면으로 관심을 돌림으로써, 비움의 방식 역시 자신의 행복을 위한 수단임을 알게 되면서, 사물을 시비호오로 분별하는 방식이나 시비호오로 분별하지 않는 방식이나 모두, 자신의 행복을 지향하는 동일한 것임을 알게 된 것이다. '옳음 역시 그것이다(是亦彼也)'에서,

'옳음'이란 비움의 방식을 가리키는 것이고, '그것'이란 비우지 못한 방식을 가리키는 것이나, 이 두 가지 방식에 어떤 차이도 없음을 말하고 있는 것이다. 장자는 '옳음 역시 그것이다(是亦彼也)'를 그대로 도치해서, '그것 역시 옳음이다(彼亦是也)'로 다시 한 번 언급하였다.

'그것 역시 하나의 시비이고, 이것 역시 하나의 시비이다(彼亦一是非 此亦一是非)'에서, 장자는 그것과 이것을 피차(彼此)라는 용어로써 표시했다. 위에서처럼 피시(彼是)가 아닌 피차(彼此)로써 구별하여 사용한 것이다. 물론 이 경우 피시(彼是)를 사용한다면, '이것 역시 하나의 시비이다(是亦一是非)'라고 말해야할 때, '시(是)'가 중복될 것이고, 장자는 이 중복을 꺼렸던 것이다. '그것 역시 하나의 시비이다'에서 그것은, 비우지 못한 방식으로 일반적 시각을 가리키는 것이고, '이것 역시 하나의 시비이다'에서 이것은, 비움의 방식으로 탈일반적 시각을 가리킨다. '그것 역시 하나의 시비이다'에서 '하나의 시비'란, 사물을 시비호오로 비교 분별하는 것을 가리키고, '이것 역시 하나의 시비이다'에서 '하나의 시비'란, 비움의 상태인 자신을 객관화시켜보았을 때, 비우기전의 '비우지 못한 방식'과 지금의 '비움의 방식'을 비교할 수 있는데, 스스로 이 같은 비교에 근거해서, 비움의 방식을 옳다고 생각하며 따른다는 점에서, 시비분별이라고 말한 것이다.

'과연 그렇다면 그것과 이것이 있는 것일까? 과연 그렇다면 그

것과 이것이 없는 것일까?(果且有彼是乎哉 果且無彼是乎哉)’에서, 장자는
그것과 이것을 다시 피시(彼是)로써 표시하고 있다. 비우지 못한 방
식이나 비움의 방식이, 결국 사물에 대한 시비 분별에서 자유롭지
못할 때, 즉 비우지 못한 방식은 사물에 대해 시비호오로써 분별하
지만, 비움의 방식 역시 자신이, 나라는 기준잣대를 비우기 전 상
태와 비운 후 상태를, 하나의 사물로써 비교한다는 점에서, 같다
는 것이다. 이러할 때 과연 비우지 못한 방식과 비움의 방식에 있
어서, 차이가 있다는 것일까 없다는 것일까 하면서 자문하는 모습
인 것이다. 자신의 내면으로 관심을 돌려 스스로 나라는 기준잣대
를 비우기 전의 상태는, 많은 사람들이 나라는 기준잣대에 의해,
사물을 시비호오로 비교 분별하는 상태와 전혀 다르지 않다. 다만
자신은 스스로 이 기준잣대를 비움으로써 기준잣대의 작동을 중
지하고 있을 뿐, 비움의 상태나 비우지 못한 상태에 있어서, 같은 하
나의 의식인 것이다. 비웠든 비우지 못했든 사물(객체)을 마주한 의식
주체로서, 주체의 그 의식이 어딘가로 사라져버리는 문제는 아닌 것
이다.

    ‘그것과 이것이 서로 짝이 되지 못한 상태, 이를 도의 지도리라
이른다.(彼是莫得其偶 謂之道樞)’에서, 장자는 나라의 기준 잣대를 비운
의식상태를 그것과 이것이 서로 짝이 되지 못한 상태, 도의 지도
리라 했다 나의 기준 잣대를 주관적으로만 사용하는 경우, 그것은
‘비’로만 인식되고 이것은 ‘시’로만 인식되어, 그것과 이것이 서로
시비의 짝이 될 것이나, 나의 기준 잣대를 객관적으로 바라보며 주

관적으로만 사용함에서 벗어난 경우, 그것에 시비가 공존하고 이 것에도 시비가 공존함으로 인식하게 되어, 그것과 이것이 동일한 것으로써 서로 시비의 짝이 되지 못하는 것이다. 이는 나라는 기준 잣대가 없는 의식 상태로써, 사물을 있는 그대로 바라보는 의식 상 태를 가리키는 것이며, 제물론 편 서두에서 '멍하니 그 짝을 잃은 듯했다.'로 표현한 바로 그 상태이다. 지도리(樞)란 '돌쩌귀'[16], 문장 부[17] 등의 통칭으로[18], 추기경(樞機卿), 신경중추(神經中樞) 등의 낱말 에서 사용되고 있다.

'지도리란 돌고 도는 그 중앙을 얻은 것으로써 무궁함에 응한 다. 옳음 역시 하나의 무궁함이고, 그릇됨 역시 하나의 무궁함이 다.'에서, '돌고 도는 그 중앙을 얻었다'는 것은, 사람들이 끝없이 시비분별을 일삼음에도 불구하고, 비움의 의식 상태에서는 그것 이나 이것으로, 또는 시나 비로써 분별하지 않는 상태로 응한다 는 것을 가리킨다. '옳음과 그릇됨'이란, 나라는 기준잣대를 비우 지 못한 의식 상태에서 일삼는 시비분별을 가리키는 것이고, '하나 의 무궁함'이란 이 시비분별이 끝없음을 가리키는 것이다. 끝없이 시비분별을 일삼는 사람들이 결국은 자신의 행복 때문인 것이고, 또한 시비분별에서 벗어나 있는 경우도 결국은 자신의 행복 때문

---

16) 돌쩌귀: 문짝을 문설주(기둥)에 달고 여닫기 위한 쇠붙이로, 암수 두 개의 물건으로 됨. 〈엣센스 국어사전〉, 민중서림 2001년, 626쪽
17) 문장부: 널문짝 한쪽 끝 의 아래 위로 상투같이 내밀어, 문둔테(문장부를 끼는 구멍이 뚫린 나무) 구멍에 끼우게 된 것. 상동 852쪽
18) 상동 2,156쪽

일 때, 시비분별을 끝없이 일삼는 것 보다는, 예서 벗어나 있는 '명(眀)'의 의식 상태가 되는 것이 더 낫다고 말하는 것이다. '그러므로 밝음(眀)으로써 하는 것만 못하다고 말하는 것이다.'는 바로 이 같은 의미라 할 것이다.

나라는 기준잣대에 의해 옳음을 주장하는 경우나 그릇됨을 주장하는 경우, 비움의 의식 상태에서는, 전혀 다르지 않은 하나의 동일한 것으로써 대할 수 있게 된다. 이는 옳고 그름의 두 주장에서 모두 떠나있음을 의미하는 것이자, 한편으로는 두 주장을 모두 절대 긍정하는 것을 의미하기도 한다. '명'이라는 비움의 의식 상태가 되면, 그 어떤 것도 부정하지 않는 절대 긍정의 시각을 갖게 됨으로 인해, 설령 옳음을 주장하든 또는 그릇됨을 주장하든, 그들 모두를 언제나 절대 긍정시키며 받아들이는 상태가 된다. '명'의 의식 상태에서는, 옳음이든 그릇됨이든 동일하게 받아들인다는 점에서, 도덕경 16장의 용(容)과 연결시켜 이해할 수 있다.

> 손가락으로써 가리키는 것을,
> 손가락 아니라고 말하는 것은,
> 손가락 아닌 것으로써 가리키는 것을,
> 손가락 아니라고 말하는 것만 못하다.
> 말로써 말인 것을,
> 말 아니라고 말하는 것은,
> 말 아닌 것으로써 말인 것을,
> 말 아니라고 말하는 것만 못하다.

천지는 하나의 손가락이고,

만물은 하나의 말이다.

되면 되고, 아니 되면 아니 된다.

도가 운행되기에 이루어지는 것이고,

사물은 그러하다 이르기에 그러한 것이다.

어찌하여 그러한가? 그러하니 그러하다.

어찌하여 그러하지 아니한가?

그러하지 아니하니 그러하지 아니하다.

사물은 실로 그러한 바가 있고,

사물은 실로 되는 바가 있다.

그러하지 아니한 사물은 없고,

되지 아니하는 사물은 없다.

그러므로

풀과 기둥,

문둥병자와 서시[19],

몹시 이상야릇하게 느껴지거나

괴이할 만큼 아름답게 느껴지는 것을 예로 든다 해도,

도에서는 통해 하나가 된다.

나누어졌다지만 이루어진 것이고,

이루어졌다지만 망해버린 것이다.

천지간의 모든 사물은

---

19) 서시(西施): 중국 4대 미녀가운데 한사람으로, 서시의 성(姓)은 시(施)이고 이름은 이광(夷光)이며, 춘추시대 월(越)나라 사람이다. 그녀는 절강성(浙江省) 주지산촌(諸暨山村)에서 태어나 그곳에서 성장했다. 주지산촌에는 두 마을이 있었고 서시는 서쪽 마을에 살았으므로 이 이름으로 불려졌다. 그녀가 활동하던 시기 월나라는 오(吳)나라에 신하를 자칭하고 있었는데, 당시 월왕 구천은 와신상담하면서 국가의 부흥을 도모했다. 월왕 구천에 의해 서시는 오왕 부차에게 바쳐졌고, 그녀는 오왕이 가장 총애하는 후비가 되어 오나라 궁궐을 어지럽힘으로써 월왕 구천이 패자가 되도록 도왔다. 인터넷 참조

이루어짐도 망해버림도 없다.

다시 통해 하나가 된다.

오직 통달한 자만이 통해서 하나가 됨을 안다.

이러하기에 사용하지 않고,

평범한 것에서 머무른다.

평범한 것이란 사용하는 것이고,

사용하는 것이란 통하는 것이며,

통하는 것이란 얻는 것이다.

알맞추 얻게 되면 가까운 것인데,

옳음 때문이다.

그만 두었지만 그러한 줄 모르는 의식 상태

이를 도라 이른다.

위 문장 역시 쉽게 이해되는 것은 아니지만, 앞에서 언급했던 것들을 대입해 본다면, 어느 정도 이해할 수 있다.

'손가락으로써 가리키는 것을,

손가락 아니라고 말하는 것은,

손가락 아닌 것으로써 가리키는 것을,

손가락 아니라고 말하는 것만 못하다.'의 원문

'이지유지지비지 불약이비지유지지비지야(以指喩指之非指 不若以非指喩指之非指也)'에서, 맨 앞 '지(指)' 자는, 나라는 잣대로써 이해할 수 있고, 두 번 째 '지지(指之)' 자는, 가리키는 사물로써 이해할 수 있으며, 세 번 째 '지(指)' 자는 시비호오의 비교 분별로써, 그중 하나를 뜻한다고 이해할 수 있다. 여기서 '유(喩)'자는, 이르다, 고하다는 뜻으로써 말한다는 의미이며, '이(以)' 자는 ~으로써 또는 무엇을 가지고 라는 의미를 지니고 있다. 따라서 위문장은 이렇게 바꿀수 있다. '나라는 잣대로써 가리키는 사물을, 올바른 것 아니라고이르는 것은, 나라는 잣대 아닌 것으로써 가리키는 사물을, 올바른것 아니라고 이르는 것만 못하다.'

'말로써 말인 것을,
말 아니라고 말하는 것은,
말 아닌 것으로써 말인 것을,
말 아니라고 말하는 것만 못하다.'의 원문

'이마유마지비마 불약이비마유마지비마야(以馬喩馬之非馬 不若以非馬喩馬之非馬也)'에서, 맨 앞 '마(馬)' 자는, 말 중에서도 백색 말이나또는 흑색 말이라고 이해할 수 있고, 두 번째 '마지(馬之)' 자는, 백색 말, 흑색 말, 황색 말이 모두 포함된 말이라고 이해할 수 있으며, 세 번째 '마(馬)' 자는, 극히 일반적 황색 말로써 이해할 수 있다. 따라서 위 문장은 이렇게 바꿀 수 있다. '(백색) 말로써 말인 것을, (황색) 말 아니라고 하는 것은, (백색) 말 아닌 것으로써 말인 것을, (황색) 말 아니라고 하는 것만 못하다.'

위 문장에서 장자는 결국 나라는 잣대는 누구에게나 있는 것으로써, 이 잣대로 인해 동일한 사물이 누구에게는 옳은 것으로 보이고, 또 누구에게는 그릇된 것으로 보여, 여기서 시비로 나누어지게 되는데, 참으로 누구의 견해가 옳은지는, 누구도 알 수 없다는 것이다. 이러한데도 여전히 많은 사람들은 자신의 견해만을 옳다고 주장하는 것이다. '천지는 하나의 손가락이다(天地一指也)'와 '만물은 하나의 말이다(萬物一馬也)'에서, '천지'나 '만물'이라 해도 하나의 손가락으로 볼 수 있고, 하나의 말로 볼 수 있는 것으로써, 그 본질적인 면에서는 같음을 주장한 것이다.

'되면 되고, 아니 되면 아니 된다(可乎可 不可乎不可)'란, 나라는 잣대로 인해 보이는 쪽만을 인식하는 것으로써, '이것은 이것일 뿐이고, 그것은 그것일 뿐'이라고 말히는 경우와 같은 경우이다. 여기까지가 나라는 잣대를 주제로 삼고 이야기한 일단락이라고 말할 수 있다.

'도가 운행되기에 이루어지고(道行之而成)'에서, '도'란, 천체가 궤도를 따라 운행하는 자연법칙을 가리키는 것이고, '이루어진다.'란, 이 운행으로 인해 만물이 이루어지는 것을 가리킨 것이다. '사물은 그러하다 이르기에 그러한 것이다(物謂之而然)'에서, 사물이 아름답다, 추하다 또는 올바르다, 그르다는 소위 '그러하다'의 상태인 것은, 나라는 잣대로 인해 그러한 상태로 인식하기 때문이다 로 이해할 수 있다. '어찌하여 그러한가? 그러하니 그러하다. 어찌하여 그러하지 아니한가? 그러하지 아니하니 그러하지 아니하다(惡乎然 然於然 惡乎不然 不然於不然).'는 말은, 나라는 잣대를 의식하지 못한 채, 이것에 따라 사물을 보게 되면, 아름다우니까 아름다운 것이고, 추하니까 추한 것이라고 말할 수밖에 없는 상황(의식 상태)이 된다. 이것은 이것일 뿐이고 그것은 그것일 뿐, 아름다우면서 추하다는 인식은 불가한 것이고, 이것이기도 하고 그것이기도 한 인식 역시 불가한 상태임을 말한 것이다.

'사물은 실로 그러한 바가 있고, 사물은 실로 되는 바가 있다. 그러하지 아니한 사물은 없고, 되지 아니하는 사물은 없다(物固有所然 物固有所可 無物不然 無物不可).'에서는, 사물은 모두 그러한 상태에 있고, 되는 상태에 있음을 강조한 것으로써, 위에서 말한 것처럼 사물은, 그러하지 아니하거나(不然) 또는 아니 되는(不可) 상태로써 존재하지 않는다는 것이다. 여기서는 나라는 잣대를 의식하고, 그것을 비운 상태에서 사물을 바라볼 때, 사물에는 이것과 그것이 동시에 존재하고, 아름다움과 추함이 동시에 존재하며, 존재와 사멸 역시 동시에 존재함을 의식하는 것인데, 이는 사물이 끊임없이 변하는 것을 의식하는 것이자 나라는 잣대에서 벗어나 있는 상태를 강조한 것이다. '풀과 기둥, 문둥병자와 서시, 몹시 이상야릇하게 느껴지거나 괴이할 만큼 아름답게 느껴지는 것을 예로 든다 해도'에서는, 아무리 대소(大小), 미추(美醜) 또는 허황될 만큼 홀리는 대상일지라도, 모두가 나라는 잣대 때문에 그렇게 보이는 것이고, 만일 나라는 잣대를 비울 수만 있다면, 이 모든 차이에서 벗어나, 다르지 않다고 생각할 수 있다는 것이다. 즉 나라는 잣대에 따르면, 만물은 지극히 다양한 것이나, 나라는 잣대를 비우게 되면, 만물은 하나라고 말할 수 있게 된다.

'나누어졌다지만 이루어진 것이고, 이루어졌다지만 망해버린 것이다. 천지간의 모든 사물은 이루어짐도 망해버림도 없다. 다시 통해 하나가 된다. 오직 통달한 자만이 통해서 하나가 됨을 안다(其分也 成也 其成也 毀也 凡物無成與毀 復通爲一 唯達者知通爲一).'에서, '나누어졌다'고 인식하는 것은, 나라는 잣대에 따른 것이고, 이 '나누어진 것'을 '이루어진 것'으로 인식하는 것은, 나라를 잣대를 비워 그것이 하나임을 인식하는 의식 상태를 가리킨 것이다. '이루어졌다'고 인식하는 것은, 나라는 잣대에 따른 것이고, 이 '이루어진 것'을 '망해버린 것'으로 인식하는 것은, 나라는 잣대를 비워 그것이 하나임을 인식하는 의식 상태를 가리킨 것이다. '천지간의 모든 사물은'부터 '오직 통달한 자만이 통해서 하나가 됨을 안다'까지는, 나라는 잣대를 비운 의식 상태란, 나라는 잣대가 그 의식에 없기도 하지만, 사물과 더 이상 짝이 될 것이 없게 됨으로써, 사물과 어떤 얽힘도 없게 된다. 사물이 어떤 모습으로 변천된다할지라도 그것은 늘 하나로써, 그 의식에서는 늘 같은 것으로써 응할 뿐, 어떤 동요도 없게 되는 것이다.

'이러하기에 사용하지 않고, 평범한 것에서 머무른다(爲是不用而寓諸庸).'에서, '이러하기에'란, 통달한 자가 모든 사물의 다양한 모습을 같은 것으로써 응하기 때문에 라고 이해할 수 있고, '사용하지 않는다.'란, 결국 나라는 잣대를 사용하지 않는 것으로 이해할 수 있다. '평범한 것에서 머무른다.'란, 통달한 자에게 모든 사물은, 동일한 자연법칙의 지배하에 있는 지극히 평범한 것이고, 여기든 저기든 사물은, 다르지 않은 것으로써 존재하는 것이다. 그리하여 자신에게 주어진 일상이 어떠하든지 지극히 평정한 의식 상태가 되어 머물 수 있는 것이다.

'평범한 것이란 사용하는 것이고(庸也者 用也)'에서, '평범한 것'이란, 자연법칙의 지배하에 있는 물체(사물)를 가리킨다할 것이고, '사용하는 것'이란, 비움의 상태를 운용하는 것을 가리킨다할 것이다. '사용하는 것이란 통하는 것이며(用也者 通也)'에서, '통하는 것'이란, 다양한 사물의 모습을 하나로써, 같은 것으로써, 연계된 것으로써 인식하는 비움의 의식 상태를 가리키는 것이며, '통하는 것이란 얻는 것이다(通也者 得也)'에서, 하나로써, 같은 것으로써, 연계된 것으로써 인식하게 되면, 어떤 경우가 되던 평정함을 얻을 수 있다는 말이다. '알맞추 얻게 되면 가까운 것인데, 옳음 때문이다(適得而幾矣 因是已)'에서, '알맞추 얻는다.'는 것은, 어떤 경우가 되던 언제나 평정한 상태가 되는 것으로써, 이러한 의식 상태에 있을 때, 앞에서 언급한 '도통위일'의 그 '도'에 가까운 상태가 된다는 것이다.

'옳음 때문이다(因是已).'란, 앞서 '성인은 이를 따르지 않고 하늘에 비춘다. 역시 옳음 때문이다(聖人不由而照之於天 亦因是也).'라고 주장했을 때와 같이, '인시(因是)'를 거듭 언급한 것인데, 위의 '인시이

(因是已)'에서 '이(已)' 자가, '그만두다.'라는 의미가 있을 뿐 아니라, 단정이나 한정의 뜻을 나타내는 조사로써 사용되는데 반해, '인시야(因是也)'에서 '야(也)' 자는, 단정, 결정의 뜻을 나타내는 조사로써만 사용되는 점이 다르다. 장자는 '인시야'와 '인시이'를 의식적으로 구별하여 사용한 것이며, '인시이(因是已)'에 좀 더 강한 어조를 실은 것이다.

'그만두었지만 그러한 줄 모르는 의식상태 이를 도라 이른다(已而不知其然 謂之道).'에서, '그만두었다'는 것은, 나라는 잣대사용을 중지했다는 것이며, '그러한 줄 모른다.'는 것은, 자신이 중지한 것을 의식하지 못한다는 것으로써, 이 중지한 상태가 너무나 익숙한 상태가 되어버린 것이다. 나라는 잣대가 있는데도 그것이 있는 줄 의식하지 못하던 상태에서, 이제는 나라는 잣대가 없는데도 그것이 없는 줄 의식하지 못하는 상태가 되어버린 것, 이러한 의식 상태를, '도라 이른다(謂之道).'고 한 것이다.

온 정신을 다해 하나 됨을 밝히려하지만 그 같음을 알지 못한다. 이를 '조삼'이라 이른다. 무엇을 조삼이라 이르는가! 말하자면 이와 같다. 원숭이를 사육하는 사람이 도토리를 내주면서 말했다. '아침에는 세 됫박 저녁에는 네 됫박이다.' 많은 원숭이들이 모두 분노했다. 그래서 말했다. '그렇다면 아침에는 네 됫박 저녁에는 세 됫박이다.' 많은 원숭이들이 모두 기뻐했다. (겉에 드러난) 이름과 (속에 있는) 내용에 있어서, 조금도 이지러지지 않았건만, 기쁨과 분노로써 다르게 표출했다. 역시 옳음 때문이다. 이러하기에 성인은 시비가 그치지 않는 사람들과 화합하며, '하늘의 저울추'에 (앉아)서 쉬는 것인데, 이것을 '양행'이라 이른다.

'온 정신을 다해 하나 됨을 밝히려하지만 그 같음을 알지 못한 다.'의 원문은, '노신명위일 이부지기동야(勞神明爲一 而不知其同也)'이 다. 원문에서 보면, 앞에서 무척이나 중요한 것으로써 누차 언급했 던 '명(明)' 자가 있고, 또 '도통위일(道通爲一)'의 '위일(爲一)' 자도 있 으며, '그만두었는데 그러한 줄 모른다(已而不知其然).'고 할 때, '부 지(不知)'도 있고, '일(一)'과 같은 의미의 '동(同)' 자도 있다.

나라는 잣대에 대하여 인식이 없고, 따라서 이것을 비워냄이 어 떠한 상태인지 알지 못한다면, 아무리 '하나 됨(爲一)'을 규명(糾明) 하고자 해도 불가능하다는 말이다. 오직 나라는 잣대를 비운 의식 상태가 될 때, 사물의 다양한 모습을 볼지라도, 그것들이 서로 연 계되어 있음을 깨닫는 것 이것이 곧 '하나 됨(爲一)'인 것이다. 이를 모른 채 여전히 나라는 잣대에 의지한 채, 하나 됨을 규명하고자 한다면, 이는 '같은 것을 자신이 다른 것으로 보면서, 그 다른 까 닭을 자신이 아닌 외물에서 찾는 것'과 같은 일이 되는 셈이다. 비 움의 상태에서는 같은 것으로 보여도, 비우지 못한 상태에서는 천 양지차 다르게 보일 따름이다. 자신이 다르게 보면서, 다른 까닭 을 자신에게서 찾지 못하고 외물에서 찾는 것, 이것을 '조삼(朝三)' 이라 말한 것이다. 원숭이 사육사의 이야기를 통해서, 장자는 다시 한 번 나라는 잣대를 비운 의식 상태와 비우지 못한 의식 상태를 대비시켰다. 즉 비운 상태에서는, 아침에 세 됫박이 되던, 저녁에 네 됫박이 되던, 언제나 같은 것으로 보여 즉 '명실미휴(名實未虧)'의 상태로 보여, 동요 없이 있을 수 있는데 비해, 비우지 못한 상태에서는 천양지차로 다르게 보여, 때로는 기쁨으로 때로는 분노로 각각 표출하게 되는 것이다. 즉 '희노위용(喜怒爲用)'의 상태가 되는 것이다. 겉에 드러난 이름(아침, 저녁, 세 됫박, 네 됫박)도, 속에 있는 내용(일곱 됫박)도, 비운 상태에서는 전혀 다르지 않지만, 비우지 못한 상태에서는 너무나 다른 것으로써 인지된다.

'역시 옳음 때문이다(亦因是也).' 에서 장자가 다시 이 말을 한 까닭은, 원숭이들에게, 나라는 잣대가 있고, 이 잣대에 의해 옳고 그른 것이 존재하게 되며, 이중 옳은 것을 따르고 있다는 의미이다. 이 말은 앞서 성인의 경우를 언급할 때도, '역인시야(亦因是也)'로 사용한 바 있고, 통달한 사람의 경우를 언급할 때도, '인시이(因是已)'로 사용한 바 있는데, 장자는, 비교 분별을 일삼는, 비우지 못한 의식 상태의 사람이나, 비교 분별에서 벗어난, 비움의 의식 상태에 있는 사람이나, 역시 기본적으로는 동일한 비교 분별에 근거하고 있음을, 다시 한 번 기억하고자 했던 것이다. 이것을 기억해야만, 비교 분별을 일삼는 비우지 못한 의식 상태의 사람을 만나더라도, 아무런 동요 없이 같은 것으로 보며 응대할 수 있기 때문이다.

'이러하기에 성인은, 시비가 그치지 않는 사람들과 화합하며, 하늘의 저울추에 (앉아)서 쉬는 것인데, 이를 양행이라 이른다(是以

聖人和之以是非 而休乎天鈞 是之謂兩行).'에서, '이러하기에'란, 결국 나라는 잣대에 의해 비교 분별을 일삼는 경우나, 비교 분별에서 벗어난 경우나 모두, 비교 분별에 근거하는 똑같은 것이라는 의미로 볼 수 있겠다. 똑같은 것이기에 성인은, 비록 시비가 그치지 않는 사람들을 만날지라도, 화합의 상태가 가능한 것이다. 여기서 위 원문 '이시비(以是非)'의 '이(以)' 자는, '그만두다'는 뜻의 '이(已)' 자를, 그 반대방향으로 뒤집어 놓은 모양인 것으로써, 그 의미도 역시 '이(已)'와는 반대로, '하다, 쓰다'가 된다. '이시비(以是非)'를 '시비가 그치지 않는 사람'으로 푼 것은 이에 근거한다.

'하늘의 저울추에 (앉아)서 쉰다(休乎天鈞)'고 했는데, '하늘의 저울추(天鈞)'란, 앞서 '하늘에 비춘다(照之於天).'에서 '하늘(天)'과 동일한 의미이며, 더 앞서 '지도리란 돌고 도는 그 중앙을 얻은 것(樞始得其環中)'에서 '추(樞)'나 '중(中)'과 동일한 의미이다. '하늘(天)'이란 낱말은, 도덕경 16장에서도 '도(道)'와 동일한 의미로써 사용된 바 있다. '하늘' 한쪽에, 언제든 만물을 걸 수 있는, 그 일정한 무게의 쇳덩어리가, '하늘의 저울추(天鈞)'라고 말할 수 있는데, 비움의 의식 상태가 될 때, 하늘의 저울추처럼, 만나는 사람이나 또는 바라보는 사물이나, 모든 경우에 있어서 언제나, 변함없이 평정하다는 것이다. '쉰다(休)'란, 이러한 의미라 할 수 있다. '이것을 양행이라 이른다.'에서는, 앞서 '옳음 역시 하나의 무궁함이고, 그릇됨 역시 하나의 무궁함이다.'에서처럼, 가령 시비분별을 일삼는 사람의 경우, 대립은 무궁히 지속되는 것이고, 오직 통달한 사람만이 이 대립에서 평정한 상태를 유지한다는 말이다.

옛사람 중 그 지(知)가 지극했던 자가 있었다. 어떻게 이르게 되었을
까? 물질이라는 것이 아직 존재하지 않았던 때를 생각했다. 지극하
다. 할 수 있는 한 다했다. 더할 것이 없다. 그다음 물질이 존재하지
만, 경계가 아직 만들어지기 전을 생각했고, 그다음 경계가 존재하지
만, 시비가 아직 시작되기 전을 생각한 것이다.

시비가 뚜렷한 것은, 도가 이지러졌기 때문이고,
도가 이지러진 까닭은, 애착이 만들어졌기 때문이다.
과연 이루어짐이나 이지러짐이 있는 것일까?
과연 이루어짐이나 이지러짐이 없는 것일까?
이루어짐이나 이지러짐이 있었기에 소씨[20]는 거문고 줄을 뜯은 것
이고,
이루어짐이나 이지러짐이 없었다면 소씨는 거문고 줄을 뜯지 않았
을 것이다.
소문이 거문고 줄을 뜯었고,

---

20) 소씨(昭氏): 중국 정(鄭)나라 때 궁중악사로 거문고 연주에 탁월했으며, 성(姓)은 소
(昭), 이름은 문(文)으로. 사문(師文)과 동일인으로 보기도 한다. 유월(兪樾)은 사문(師
文)의 사(師)를 그의 관명(官名)으로 밝히고 있다.〈장자〉, 안동림 역주, 현암사, 1993
년, 67쪽/〈한비자〉에 의하면, 정(鄭)나라 사문(師文)이 사양(師襄)을 따라다니며 거
문고를 쳤다. (중략) 사양이 말하길 '사광(師曠)의 청각(淸角)이나 추연의 취율(吹律)도
(그대의 연주를) 능가하지 못할 것이오.'라 했다. 살피건대 사청(四淸)이란 오음(五音:궁
상각치우)의 사잇소리이다. 무릇 음(音)이 궁(宮)을 넘으면 너무 탁하므로 성인이 이
를 버리고 쓰지 않았고, 우(羽)를 넘으면 너무 맑으므로 성인이 버리고 쓰지 않았으
니, 이것이 궁상각치우(宮商角徵羽)에, 다 청성(淸聲)이 있고, 오직 우(羽)에만 없는 이
유이다. 인터넷 참조/〈열자〉 탕문(湯問)편에 사문(師文)에 관련하여 다음과 같은 이
야기가 있다. '사문이 가을이 되어 각(角) 음 줄을 퉁겨서 2월을 대표하는 협종(夾鍾)
가락을 연주해내자 따스한 봄바람이 서서히 감돌며 풀과 나무에 꽃이 피었다.(秋而
叩角弦以激夾鍾 溫風徐迴 草木發榮)'〈열자〉, 김영식 옮김, 지식을 만드는 지식, 2010년,
159쪽

사광²¹⁾이 북채로 박자를 맞추었으며,

혜자²²⁾가 책상에 기대어 열심히 떠들었다.

삼자(三者)의 분별지(分別知)에 버금갈만한 사람이 없었고,

다 그 분야에서 최고 정점을 찍은 사람들이었다.

그러므로 말년에 이르기까지

오직 그 애호하는 것으로

저들과 차별화했고,

그 애호하는 것으로

저들에게 드러내고자 했다.

드러낼 것이 아닌데 드러낸 것이다.

그러므로 견백(堅白)²³⁾ 따위로 끝까지 어리석게 지냈고,

---

21) 사광(師曠): 중국 진(晉)나라 평공(平公)의 악사로 음률에 정통하였다고 알려져 있음. 사광이 평공을 위해 거문고로 청각(淸角)의 곡을 연주했다. 청각이란 각(角) 음으로 독주한 악곡을 말하는데, 그가 청각의 곡을 처음 연주하자 흰 구름이 서북쪽에서 피어올랐고, 다시 연주하자 광풍(狂風)과 폭우가 갑자기 이르렀으며, 세 번째 연주하자 대지가 진동하고 장막이 찢어졌으며, 바람이 기왓장을 말아가 버리고 제기(祭器) 용품을 부숴버렸다. 그 결과 진나라에 큰 가뭄이 들어 삼년간 땅이 황폐했다고 한다. 상동, 158쪽/ 〈한비자〉에 의하면, 진평공이 사연(師涓)을 불러, 사광(師曠) 옆에 앉게 하고 거문고를 치게 했다. (중략) 평공이 사광에게 물었다. '소리는 청치(淸徵)보다 슬픈 게 없는가?' 사광이 말했다. '청각(淸角)만 못합니다.' 인터넷 참조

22) 혜자(惠子: 기원전 370~309년): 중국 송(宋)나라 사상가로, 성(姓)은 혜(惠), 이름은 시(施)이며, 위혜왕(魏惠王: 기원전 400~334년) 시기 재상(宰相)을 지낸바 있다. 혜왕 당시 위나라는 누차에 걸친 전쟁패배로 쇠약해져갔고, 혜시는 강대국 진(秦)나라의 위협에 대항해서, 합종(合縱)을 주장했다. 연횡(連衡)을 주장하는 장의(張儀)와 불화하여, 위나라에서 쫓겨난 뒤 초나라로 갔다가, 고향인 송나라로 갔고, 거기서 장자와 벗이 되어 철학을 토론했다. 혜왕이 죽은 뒤에 장의가 권력을 잃었고, 혜시는 다시 위나라로 복귀해서 합종책을 추진했다. 그는 공손룡(公孫龍)과 더불어서 명가(名家)의 대표적 인물이다. 그의 저술은 매우 많았다고 하나, 현재 전해지는 것은 없고, 장자 천하 편에 10개의 명제가 전해지고 있다. 인터넷 참조/ (장자 제물론 편에서 다루어진 '동시에 생기지만 동시에 사라진다(方生方死)'나 '오늘 월나라로 떠났는데 어제 도착했다(今日適越而昔來)'의 구절은, 혜시의 명제로 천하 편에 수록되어 있다)

23) 견백론(堅白論): 당시 명가(名家)로 이름난 공손룡(公孫龍)의 주장으로 알려져 있음. 가령 단단한 흰 돌이 있다고 할 때, 손으로 만진다 해도 희다는 것은 알 수 없고, 눈으로는 단단함을 알 수 없기 때문에, 단단한 돌(堅石), 또는 흰 돌(白石)로 부를 수

그리하여 그 아들은, 다시 소문의 거문고 줄을 이어받는데 그쳤을 뿐,
평생 이룬바가 없었다.
이와 같거늘 이루었다고 이를 수 있을까?
그렇다면 비록 나라도 역시 이루었다할 것이다.
이와 같거늘 이루었다 이를 수 없는 것일까?
만물과 나는 이룬바 없는 것이다.
이러한 까닭에 흐린 빛 반드럽게 함이,
성인이 도모하는 바다.
이러하기에 사용하지 않고 뭇 평범한 것에 머무르는 것이며,
이것을 밝음으로써 라고 이르는 것이다.

'옛사람 중 그 지(知)가 지극했던 자가 있었다(古之人 其知有所至矣).
어떻게 이르게 되었을까(惡乎至)? 물질이라는 것이 아직 존재하지
않았던 때를 생각했다(有以爲未始有物者). 지극하다(至矣). 할 수 있는
한 다했다(盡矣). 더할 것이 없다(不可以加矣)'에서, 장자는 '그 지(知)
가 지극함(其知有所至)'에 '이르려면(惡乎至)' '물질이라는 것(物者)'이
'아직 존재하지 않았던 때(未始有)' 즉 없음(無)을 '생각해야하고(有以
爲)' 이러한 지(知)에 대하여, '지극하다(至矣)' '할 수 있는 한 다했다
(盡矣)' '더할 것이 없다(不可以加矣)'며 강조했다.

'그다음(其次) 물질이 존재하지만(有物矣) 경계가 아직 만들어지기
전(而未始有封也)을 생각했고(以爲)'에서, 장자는 물질, 존재, 있음을

는 있지만, 희고 단단한 개념을 합쳐서 하나로써 견백석(堅白石)으로 부를 수는 없다
고 주장한 것이다. 이외에도 공손룡은 백마비마론(白馬非馬論)을 주장했다. 〈장자〉,
안동림 역주, 현암사, 1993년, 67쪽

생각하지만, 어떤 경계도 아직 만들어지기 전 즉 하나(一)를 생각함(以爲)에 대하여 강조했다.

'그다음(其次) 경계가 존재하지만(有封焉) 시비가 아직 시작되기 전(而未始有是非也)을 생각했다(以爲)'에서, 장자는 비록 경계가 존재한다 해도, 시비로부터 벗어나 있는 의식 상태에 대하여 강조했다.

도덕경 1장에서는, 장자가 여기서 말하는 '물질이라는 것이 아직 존재하지 않았던 때' 즉 '무(無)'에 관해서 말하고, '물질이 존재하지만, 경계가 아직 만들어지기 전' 즉 '유(有)'와 '하나(一)'에 관해서 말하며, '경계가 존재하지만, 시비가 아직 시작되기 전' 즉 '시비로부터 벗어난 상태'에 관해 말하였다. 다음은 1장 전문(全文)이다.

> 말로써 일러주는 도는, 언제 어디에나 존재하는 도가 아니다.
> 하나의 이름으로써 정해진 그 이름은, 어느 것에나 통용되는 이름이 아니다.
> 없음을 천지시작이라 칭하고,
> 있음을 만물근원이라 칭한다.
> 그러므로 항상 없음으로써 그 오묘함을 보고자 하고,
> 항상 있음으로써 그 운행됨을 보고자 한다.
> 이 둘은 동시에 나왔으되 다른 이름인 것으로,
> 동시에 이르면 현(玄)이다.
> 현하고 다시 현 함이,
> 뭇 오묘한 현상의 문(門)이다.

코앞 사물에 대하여 어떤 생각이 들 때, 가령 좋거나 또는 나쁘거나, 옳거나 또는 그르다는 생각이 들 때, 자신의 이 생각으로 관심을 돌릴 수 있다면, 자신의 생각이란, 지금 자신이 그 사물을 바라보며, 그 사물과는 다른 사물을 그 사물 옆에 끌어 견주고 있음을 깨달을 수 있다. 자신이 만일 지금 끌어 견주는 것과는 다른 사물을 끌어, 자신의 코앞 사물에 견줄 수 있다면, 시비 호오는 달라지는 것이며, 만일 끌기를 멈춘다면, 시비 호오가 없는 것임을 깨달을 수 있다.

코앞 사물에 대하여 지금 자신이 어떤 이름으로 그 사물을 인식할 때, 자신의 이 인식으로 관심을 돌릴 수 있다면, 사물의 이름 역시, 그 이름과는 다른 이름을 자신이 끌어 그에 견줌으로써 이루어진 것임을 깨달을 수 있다. 이때 이름이란 사물 그 자체와는 무관한 것임을 깨달을 수 있고, 이러한 의식 상태가 될 때, 사물 그 자체를 바라볼 수 있다.

사물 그 자체 즉 사물의 본체에 집중하면, 그 어떤 사물이라도 불변의 상태로써 존재하지 못하고, 끊임없는 변화가운데 있음을 깨달을 수 있다. 물론 이름으로써 사물을 인식한다 해도, 생멸의 법칙이 두루 적용되는 것에 대해 무지한 의식 상태가 되는 것은 아닐지라도, 사물 그 자체에 집중하면, 이 법칙을 자신의 마음속 깊이 새기게 되는 점이 크게 다르다. 자신의 마음속에 유무생멸의 변화법칙을 깊이 새기게 되면, 어떤 사물을 볼지라도 그 있음만을 보거나 또는 없음만을 보지 않고, 있음과 없음을 함께 바라볼 수 있다.

도덕경 1장 서두 원문, '도가도 비상도(道可道 非常道)'는 너무 함축적이어서 그 해석이 참으로 다양하다. 여기서는 이를 '말로써 일러주는 도는, 언제 어디에나 존재하는 도가 아니다.'로 해석했는데, 도란 스스로 실천하는 가운데 이루는 것이지, 남이 백날 일러준다고 이루는 것은 아니라는데 그 중점을 둔 것이다. 정녕 좋은 말들이 넘쳐나고 있다. 그럼에도 사람들은 여전히 불행한 상태(苦)에서 살아가고 있는데, 만일 스스로 실천한다면, 도는 지금 당장 자신의 마음에 존재함은 물론 자신의 마음 밖 어디에도 그대로 존재함을 느낄 수 있다.

'명가명 비상명(名可名 非常名)'에서, 이 구절이 쉽게 이해되지 않는 까닭은, 우선 '상명(常名)'을, 어떤 고유한 하나의 이름으로 생각하고, 이 구절을 대하기 때문이다. '상명(常名)'이란, 국가든 지역이든 그 테두리 안에서 그렇게 부르자고 서로 오래전 약속한 그 이름들이 떨어져버린 상태, 즉 사물 그 자체를 가리키는 것인데, 이름과 사물(있는 그대로)을 합체하여 인식하는 오래된 강한 흐름으로 인해 상명에 대한 오해가 있고, 이 오해가 이 구절을 아리송하게 만든 것이다. '가명(可名)'이란, 앞의 '명(名)' 자를 꾸미는 말로써, 테두리 안에서 하나의 사물을 그렇게 부르자고 약속한 것을 뜻하고, 앞의 '명(名)' 자는 약속에 따라 정해진 사물의 이름을 뜻한다.

이러한 이름들은 테두리를 벗어날 때 무용지물이 된다. '상명'이란, 테두리 안에서 정해진 사물의 이름이 아닌, 사물 그 자체를 가리키는 것으로써 사물의 본질이라고 말할 수 있으며, 여기서 한 걸음 더 나아가, 사물을 끊임없이 유무생멸로써 변하게 하는 자연의 법칙까지 아우른다할 것이다. '상명'에 대한, 이 같은 이해가 있을 때, '무명천지지시 유명만물지모(無名天地之始 有名萬物之母)'에서, '무(無)' 자와 '명(名)' 자를 따로, '유(有)' 자와 '명(名)' 자 또한 따로 분리하여 해석할 수 있게 된다. 만일 '무(無)' 자와 '명(名)' 자 또는 '유(有)' 자와 '명(名)' 자를 한 덩어리로 취급하여, '무명(無名)'이나 '유명(有名)'으로써, '이름이 없다'나 '이름이 있다'로 해석하게 되면, 이는 위험한 해석이라 말할 수 있는데, 따로 분리했을 경우 '없음'과 '있음'이 부각되는 데 비해, 한 덩어리로 취급했을 때 즉 '이름이 없다.' '이름이 있다'에서는, '이름'이 더 부각되기 때문이다. 이는 마치 '이름'이라는 것, 즉 사람이 그 테두리 안에서 정한 그 이름이 없는 것이 '천지시작'이고, 이름이 있는 것이 '만물근원'으로 오해할 수 있기 때문이다.

'그러므로 항상 없음으로써 그 오묘함을 보고자하고'의 원문 '고상무욕이관기묘(故常無欲以觀其妙)'에서도, '무욕(無欲)'의 상태가 워낙 중요하다보니, 많은 학자들이 '무(無)' 자와 '욕(欲)' 자를 따로 분리시키지 못하고, 한 덩이로써 해석하는 오류를 범했다. 물론 이 다음 구절 '상유욕이관기교(常有欲以觀其徼)'에서의 '유욕(有欲)' 역시, '무욕(無欲)'의 경우처럼 한 덩이로써 해석하는 경우가 있는데, 이는 '무명(無名)'과 '유명(有名)'의 경우처럼 동일한 오류이다. '명가명 (名可名)'에서 시작되어 '중묘지문(衆妙之門)'으로 끝날 때까지, 노자 는 오직 없음과 있음의 개념을 가지고 씨름했다.

천지만물, 우주의 삼라만상이 아직 존재하지 않았던 때, 요즘 사고방식으로 빅뱅이 일어나기 전을 생각할 수 있는 의식 상태라 면, 이 삼라만상을 이끄는 법칙의 오묘함을 묵상할 수 있게 되는 데, 노자는 일상에서 항상 이 '무'의 개념을 기억해서, 오묘함을 묵 상하고자 했다. 여기서 '관(觀)' 자는, '견(見)' 자와 차별화되어, 묵 상에 좀 더 가깝다할 것이고, '욕(欲)' 자와 '관(觀)' 자 사이에 있는 '이(以)' 자는, 두 자를 끈끈하게 결합시키는 작용을 한다. '묘(妙)' 자는, 인간의 지능으로는 다 피력할 수 없는, 심오하고 미묘한 자 연섭리를 함축한 말이다.

노자는 이 존재세계에서, 결코 '없음'에만 집착한 것은 아니다. '무 명천지지시 유 명만물지모(無 名天地之始 有 名萬物之母)'에서 보듯, '천지(天地)'와 '만물(萬物)', '시(始)'와 '모(母)' '무(無)'와 '유(有)'는 동 격으로 사용되었지 우열의 개념으로 사용되지 않았다. '무(無)'를 앞세운 까닭은, 이 '무(無)'를 종종 망각하기 때문인 것이지, 이것만 을 유독 받든 것은 아니다. 존재계의 모든 사물은, 예외 없이 유무 생멸의 끝없는 변화가운데 놓이고, 이 변화를 어떤 힘으로도 막아 볼 수 없지만, 노자는 '변화의 유무양면(본질)'을 항상 의식의 대상 으로 취급함으로써, 평정하고 행복한 상태로 삶을 이끌었다.

노자는 '상무 욕이관기묘(常無欲以觀其妙)'의 동격으로 역시 '상유

욕이관기교(常有欲以觀其徼)'의 구절을 사용한 것이며, 여기서 '교(徼)' 자는, '묘(妙)' 자처럼 미묘하고 심원하다는 뜻이 있을 뿐 아니라, 순찰하다, 순행하다, 돌아다니다. 는 뜻도 있기에, 자연섭리의 '운행(運行)'으로 해석할 수 있다. 노자는 자연섭리의 오묘함에만 푹 빠져있는 것이 아니라, 일상에서 항상 '유(有)'의 개념을 통해서 섭리의 '운행'됨을 묵상했고, 그로써 변화무쌍한 운행에 평정하게 대처해나갔던 것이다.

'차량자 동출이이명 동위지현 현지우현 중묘지문(此兩者 同出而異名 同謂之玄 玄之又玄 衆妙之門)'에서, '차량자(此兩者)'란, 없음과 있음의 두 개념을 뜻하고, '동출(同出)'이란, 유무생멸의 변화가, 미시적(微視的) 측면에서 거의 동시에 부단히 일어나고 있음을 뜻하는 것이며, '이명(異名)'이란, 자연법칙의 특징이 변화라는 점에서, 그 자리가 뒤바뀌는 것인데, 그 뒤바뀜 때문에 둘을 있음과 없음의 이름으로 잠시 언급한 것이다. '동위지현(同謂之玄)'에서 '현(玄)'이란, 자연법칙의 '변화(유무의 자리 바뀜)'를 뜻하고, '동위(同謂)'란, 변화의 최소단위로써 '유무(有無)'를 '동시에 칭함'을 뜻한다.

'중묘지문(衆妙之門)'에서 '문(門)'이란, 앞의 '현지우현(玄之又玄)'을 가리키는 것으로써, '무'와 '유'의 뒤바뀜이 부단히 진행되는 그 본질적 측면을 뜻한다. 따라서 '뭇 오묘한 현상의 문(衆妙之門)'이란, 뭇 오묘한 현상들은, 무와 유로 뒤바뀌는 변화의 본질에서 결코 자유로울 수 없다는 의미로 이해할 수 있다. 현상과 본질을 이와 같이 동시에 바라볼 수 있으면, 사물의 현상은 어떤 현상일지라도 너무나 오묘한 것으로 느껴진다. '뭇 오묘한 현상(衆妙)'에서 '묘(妙)' 자는, '항상 없음으로써 그 오묘함을 보고자한다(常無欲以觀其妙)'의 '묘(妙)' 자와 큰 차이가 없다. 1장에서는, 사물의 '이름'이 사물의 '실체(본체)'가 아님을 깨닫고, 그 실체(본체)에 집중함으로써 유무의 자리 바뀜 즉 '변화'를 깨닫는 것이며, 그 유와 무의 변화를 통해, 만물에 적용되는 자연법칙의 오묘함과 그 운행을 기억하고자 했다.

모든 사물에 있어서 그 현상 뿐 아니라 본질까지 항상 기억하는 의식에는, 나라는 잣대가 비집고 들어올 틈이 없다. 자신에 대해서도 유무로 자리 바뀜을 항상 기억하기 때문이다. 유무로 자리 바뀜을 기억함은, 사실상 무를 항상 기억한다는 말과 같다. 왜냐하면 기존 의식 상태는, 늘 '존재(유)'에 익숙하기 때문이다. 여기서 존재라고 했지만, 이 존재는, 본질로써 유무의 유라기보다는, 이름과 그 시비호오에 더 가깝다. 의식이 이러한 기존의 익숙한 모습을 답습할 때마다, 예서 벗어나려면 유보다는 무를 기억해야 한다. 항상 무를 기억하는 의식에서는, 사물을 나라는 잣대 없이 바라보고, 이는 비교 없이 바라보는 것인데, 이것을 '있는 그대로' 바라봄이라고 말한다.

'시비가 뚜렷한 것은 도가 이지러졌기 때문이다(是非之彰也 道之所以虧也)'에서, '시비가 뚜렷하다는 것'이 나라는 잣대가 있기 때문이기에, '도가 이지러졌기 때문'이라함은, 결국 나라는 잣대가 있음 때문이다. '도가 이지러진 까닭은 애착이 만들어졌기 때문이다(道

之所以虧 愛之所以成)'에서, '도가 이지러진 것'이 곧 나라는 잣대가 있음 때문이라면, '애착이 만들어졌다는 것'은 곧 나에 대한 애착을 의미한다.

'과연 이루어짐이나 이지러짐이 있는 것일까? 과연 이루어짐이나 이지러짐이 없는 것일까?'에서, 이루어짐이나 이지러짐이 있다는 것은, 나라는 잣대가 있는 의식 상태를 가리키고, 없다는 것은 나라는 잣대가 없는 의식 상태를 가리킨다. 나라는 잣대가 있게 되면, 현상이 잣대에 충족될 경우 이루어졌다고 인식하고, 잣대에 부족 될 경우 이지러졌다고 인식하는 것이다. 반면 잣대가 없게 되면, 충족되거나 부족 될 잣대가 없음으로 인해, 이루어졌다거나 이지러졌다는 인식도 없게 되는 것이다.

'이루어짐이나 이지러짐이 있었기에 소씨는 거문고 줄을 뜯은 것이고'부터 '다 그 분야에서 최고 정점을 찍은 사람들이었다.'까지, 예술, 학술 등 그 분야에서 최고 정점에 도달하도록 이끄는 것은, 나라는 잣대인 것을 거듭 말한 것이다. 소문, 사광, 혜자, 삼자(三者)를 거론했지만, 당시에도 명인, 명장으로 이름을 얻은 자들은 부지기수일 것이다. '그러므로 말년에 이르기까지'부터 '평생 이룬 바가 없었다.'까지, 나라는 잣대를 비우지 못한 의식 상태로는, 언제나 애호와 혐오로 나뉘는 차별세계에 빠지게 되고, 자신에게도 타인에게도 진정한 행복을 가져다주지 못하는, 나만을 드러내려는 마음만 높을 뿐, 이루었다 좋아하고 이지러졌다 싫어하면서, 평생 현상에 동요하는 상태로 있게 됨을 지적하고 있다. 나를 비워야 나를 이루는 모순 앞에서, 많은 사람은 기존의 방식을 선택한다.

나를 비우는 것은, 에고(이기)에서 벗어나는 것으로써, 앞에서도 언급했듯이, 망각했던 자연의 법칙을 기억하는데서 시작할 수 있고, 나에게로 관심을 돌려, 비교하는 자신을 인식하고 그 일을 중지하여, 사물 그 자체를 바라보는데서 시작한다. 나를 항시 비울 수 있으면, 삶은 언제나 아름다운 것이고, 그 뒤에 죽음도 역시 아름다운 것이다.

'이와 같거늘 이루었다고 이를 수 있을까?'는 결국 제 몸만 호의호식하며 평생 젠체하고 사는, 나라는 잣대가 있는 의식 상태를 가리키는 것으로써, 이를 '이루었다고 이를 수 있겠냐?'는 것이다.
'그렇다면 비록 나라도 역시 이루었다할 것이다'는, 만일 삼자(三者)의 경우처럼 젠체하며 이루었다고 뽐낸다면, 생명 있는 모든 미물까지 나라는 잣대가 있고, 설령 미물일지라도 그 나에 대해 젠체해본 경험이 있다는 전제를 깔고서, 모든 미물까지도 다 이룬 것이라고 말하는 것이다. 결국 이루었다고 젠체하지 말고, 항시 겸허한 의식 상태로 되돌아가 있으라는 당부이다. '이와 같거늘 이루었다 이룰 수 없는 것일까?'는 결국, 생명 있는 모든 존재는 자연법칙의 지배 하에서 벗어날 수 없기에, 이루어짐도 이지러짐도 없이 늘 통해서 하나가 되는 상태에 있는 것임을 잊지 말라는 것이다. '만물과 나는 이룬바 없는 것이다'는, 나를 포함한 그 어떤 존재라도 동일한 한계에 갇혀있음을 지적한 것이다.

'이러한 까닭에 흐린 빛 반드럽게 함이 성인이 도모하는 바다'
에서, '이러한 까닭에'란, 결국 뭇 존재가 자연법칙의 지배에서 한
발짝도 벗어날 수 없는 똑같은 존재라는 것이고, '흐린 빛 반드럽
게 함이 성인이 도모하는 바다'란, 성인은, 마음을 뒤덮은 나만 잘
났다고 하는 그 흐린 빛을, 스스로 걷어낼 수 있도록 모범을 보인
다는 의미이다. '이러하기에 사용하지 않고 뭇 평범한 것에 머무르
는 것이며 이것을 밝음으로써 라고 이르는 것이다(爲是不用而寓諸庸
此之謂以明)'는, 앞서 '도통위일(道通爲一)'과 관련된 문장에서, 끝부분
'명(明)' 지기 '도(道)' 자로 비뀌었을 뿐 그대로 사용된 바[24]가 있다.
따라서 부연하지 않기로 한다.

> 지금 여기 '말'이 있다고 가정할 때,
> '이 말'이 '이것'과 같은 부류가 되는지.
> '이 말'이 '이것'과 다른 부류가 되는지 알 수 없지만,
> 같은 부류가 되던지, 다른 부류가 되던지,
> 두 경우다 어느 하나의 부류가 되는 것이니,
> '그것'과 다를 바 없다('그것'이다).
> 비록 그렇긴 해도(즉 '이것' 아니면 '그것'이지만),
> (직접) '말'해볼 테니 들어보라.

---

24) 위시불용이우제용… 위지도(爲是不用而寓諸庸… 謂之道)

'지금 여기 "말"이 있다고 가정할 때'의 구절을 통해 장자는, '지금'이라는 시간과, '여기'라고 하는 공간, 그리고 '말'을 제시했다. 위 구절의 원문 '금차유언어차(今且有言於此)'에서, '금(今)'은 지금이란 시간이고, '차(此)'는 여기라는 공간이며, '유언(有言)'이란, '말이 있다'는 의미이다. '차(且)'는 가설(假說)[25]을 뜻하고, '어(於)'는 처소격 조사의 구실을 한다.

'말'이란 앞서 '부언비취야(夫言非吹也)'로, 이미 언급한바 있다. '말'이란 '마음에 담긴 생각이나 느낌을 표출하는 것'인데, 물론 '말'이란, 마음에 담긴 그대로 표출되는 경우가 거의 없어, 마음세계와는 또 다른 독자적 세계를 구축하고 있다. 이러한 '말'을, '이것'이라는 기준점을 세워놓고, '이것'에 속하는지, 속하지 않는지 모른다고 한 것이며, 어느 쪽에 속하는지 비록 모르긴 해도, '그것'임에는 틀림없다는 것이다. '이 말이 이것과 같은 부류가 되는지'부터 '그것과 다를 바 없다'까지가 바로 이러한 의미이다. 위 구절의 원문 '부지기여시류호 기여시부류호 류여불류 상여위류 즉여피무이이의(不知其與是類乎 其與是不類乎 類與不類 相與爲類 則與彼無以異矣)'에서, 앞부분 '부지기여시류호 기여시부류호(不知其與是類乎 其與是不類乎)부분을 먼저 언급하기로 한다.

위의 '기(其)' 자는, 바로 앞 구절에서, '있다고 가정한 "말(言)"을'

---

25) 가설(假說): 어떤 사실의 원인을 설명하거나 어떤 이론체계를 연역하기 위한 가정(假定). 〈엣센스 국어사전〉, 민중서림, 2001년, 28쪽

가리키고 있다. 장자는, 할 때뿐 그 즉시 사라지는 말을, '기(其)' 자로 표시한 것이다. 물론 말이란 것이, 듣는 사람 마음속으로 들어 담겨질 수 있고, 요즘은 녹음기에 담겨지는 수도 있다. '여(與)' 자는, 함께 하다의 뜻이고, '시(是)' 자는, 앞에서 여러 차례 '그것과 이것(彼是)', '옳음과 그릇됨(是非)' 또는 '역인시야(亦因是也)' 등에서 사용된 글자이다. '류(類)' 자는, 한군데로부터 갈라져 나간 부분이나 가닥을 뜻하는 것으로써, 종류(種類), 부류(部類), 분류(分類) 등의 낱말에서 사용된다. '호(乎)' 자는, 인가, 로다, 구나 등으로, 의문, 영탄, 반어(反語)의 어조사로 쓰인다.

다음은 '류어불류 상어위류 즉어피무이이의(類與不類 相與爲類 則與彼無以異矣)' 부분이다. '류(類)'란, '이것'과 같은 부류가 되던 의 의미이고, '불류(不類)'란, '이것'과 다른 부류가 되던 간에 의 의미이다. '상여(相與)'란, 두 경우 모두의 의미이고, '위류(爲類)'란, 즉 '이것'이나 '그것'으로 분류한, 어느 한 쪽 부류에 속하게 된다는 의미이다. '그것과 다를 바 없다(則與彼無以異矣)'에서, '피(彼)' 자는, 앞 '이 말이 이것과 같은 부류가 되는지 알 수 없다(不知其與是類乎)'의 '시(是)' 자에 대응하는 것으로써, '시역피야 피역시야(是亦彼也 彼亦是也)' 구절을 연상할 수 있으며, '다를 바 없다(無以異矣)'라 했으니, '이것이 곧 그것'이며, 따라서 '이 말'은 '이것'이거나 '그것'이라는 주장이다.

사물을 인식할 때, 사람은 '이것' 아니면 '그것'으로써 인식한다. 나라는 잣대를 비웠거나 또는 비우지 못했을지라도, 두 경우다 '이것' 아니면 '그것'으로써 인식함을, 장자는 앞에서 누차 언급했다. 여기서 다시 '이것'과 '그것'에 관련해 말하는 것은 부연(敷衍)일 듯 싶다.

> (무슨 일이든) 시작시점이 있다.
> 시작시점이 아직 시작되지 않았던 때가 있고,
> 저 아직 시작시점이 시작되지 않았던 때가,
> 아직 시작되지 않았던 때가 있다.
> 유(有)라는 것이 있다.
> 무(無)라는 것도 있다.
> 유무(有無)라는 것이 아직 시작되지 않았던 때가 있고,
> 저 아직 유무라는 것이 시작되지 않았던 때가,
> 아직 시작되지 않았던 때가 있다.
> 그런데 갑자기 유이고 무이다.
> 그러하니 유무에서,
> 과연 어느 것이 유고,
> 어느 것이 무인지를 아직 모르겠다.
> 지금 내가 이미 말을 했지만,
> 내가 한 말이,
> (말이라는 측면에서, 즉 말이란 할 때뿐 그 즉시 사라져버리는 것으로써, 없는 상태가 되는 것이니)
> 말한 것인지,
> 말 안한 것인지를 아직 모르겠다.

'(무슨 일이든) 시작시점이 있다.' 부터 '아직 시작되지 않았던 때가 있다.'까지, 장자는 사물(事物)의 측면에서, 한번은 '사(事)' 즉

'일' 측면에서, 또 한 번은 물(物) 즉 '존재'의 측면에서, 과거, 대과거 시점을 거듭 언급했다. 이를 통해 장자는, 존재에 묶여있는 의시을, 자연스럽게 무(無) 또는 무의 무(無無)로, 인도했다.

'(무슨 일이든) 시작시점이 있다'의 원문 '유시야자(有始也者)'에서, '시야자(始也者)'라는 것은, '시(始)'를 강조한 표현으로써, '시작시점'이라고 풀이할 수 있고, 따라서 '유시야자'는 '시작시점이 있다'로 풀이할 수 있다.

'시작시점이 아직 시작되지 않았던 때가 있다'의 원문 '유미시유시야자(有未始有始也者)'에서, '유미시(有未始)'란, '아직 시작되지 않았던 때(未始)가 있다(有)'로써, '시작시점(始也者)'의 '과거'를 뜻한다.

'저 아직 시작시점이 시작되지 않았던 때가,
아직 시작되지 않았던 때가 있다'의 원문 '유미시유부미시유시야자(有未始有夫未始有始也者)'에서, 장자는, '부(夫)' 자를 첨가하여, 가령 '유미시유미시유시야자(有未始有未始有始也者)'의 경우, 일어날 수 있을 혼란을 막고자 했다. 앞 '유미시(有未始)'는, 뒤 '유부미시유시야자(有夫未始有始也者)'의 '과거'로써, '유시야자(有始也者)'의 '대과거'를 뜻한다.

'유라는 것이 있다'의 원문 '유유야자(有有也者)'에서, '유야자(有也者)'라는 것은, '시야자(始也者)'의 경우처럼, '유(有)'를 강조한 표현으로써, '유라는 것'이라고 풀이할 수 있고, 따라서 '유유야자(有有也者)'란 '유라는 것이 있다'로 풀이할 수 있다.

'무라는 것도(이) 있다'의 원문 '유무야자(有無也者)'에서, 장자는 '유라는 것(有也者)'에 대응하는 것으로써, '무라는 것(無也者)'을 제시했는데, '무라는 것이 있다(有無也者)'라는 것은, 결국 사람의 생각을 가리키는 것이다.

'유라는 것이 있고, 무라는 것도(이) 있다'는 것은, 사실상 보통의 경우 생각하지 않는 측면이다. 보통의 경우 사람들은 거의 100% 사물의 존재적 측면만을 생각한다. 그러나 여기서 장자는 시작 시점의 경우처럼 유무의 경우도 과거, 대과거를 언급하면서 존재에 묶여있는 의식을 깨뜨리고, '무'로, '무무'로 전진했다. '무무'에까지 이를 수 있는 의식 상태에서, 눈 한번 번쩍 뜨면, 무이고 유인 차별세계로 나온다. '그런데 갑자기 유이고 무이다(俄而有無矣)'의 구절은, 바로 이러한 의미를 담고 있다.

'그러하니 유무에서 과연 어느 것이 유고, 어느 것이 무인지를 아직 모르겠다(而未知有無之果孰有孰無也)'는, 차별세계로 나왔을 때, 미시적 측면에서 부단히 그 자리를 뒤바꾸는(변하는), 사물을 놓고, 과연 사람이 어느 것이 '유'이고 어느 것이 '무'인지, 구별할 수 있는지 묻고 있는 것이다. 만일 '무' 또는 '무무'로 들어가 보지 못했다면, '유'와 '무'는 당연히 구별할 것이다. 구별하고 구별하지 않고는, 이제 본인 문제이다.

'지금 내가 이미 말을 했지만'부터 '말한 것인지 말 안한 것인지를 아직 모르겠다.'까지는, '말'을 가지고, 다시 한 차례 '유'와 '무'의 문제를 언급한 것이다. '말'이란 앞에서 밝힌바 있듯이 하는 즉시 사라진다. 그야말로 유무동체인 셈이다. 유무동체라고 하니, 도덕경 1장의 '현(玄)' 자가 연상된다. 이 '현'을 '중묘지문'이라 했던가?

> 하늘아래 가을철 털끝보다 큰 것이 없기에, 큰 산은 작은 것이고, 어려서 죽은 아이[26]보다 장수한 자 없기에, 팽조[27]는 요절한 것이다. 천지와 내가 나란히 생겼고, 만물과 내가 하나이다. 이미 하나인 것이니, 말이 끼어들 수 있겠는가? 이미 하나라고 말했으니, 말이 끼어들지 않았다고 하겠는가? 하나와 말이 둘인 것이고, 둘과 하나가 셋인 것이니, 이렇게 진행된다면 제아무리 숫자에 명인일지라도 그 마지막 숫자를 얻을 수 없을 것이거늘, 하물며 숫자에 있어서 극히 평범한 경우에 있어서겠는가! 그러므로 무에서 유로 나아감도 3에 이르거늘, 하물며 유에서 유로 나간다면, 나갈 수 없게 되는 것이다.

사물을 바라볼 때, 그 사물이 존재함(유)을 기준점으로 삼고, 그

---

26) 어려서 죽은 아이: 원문 상자(殤子)의 풀이로써 '상복(殤服)이란 상중(喪中)에 입는 상복(喪服)과는 달리, 아직 성년이 되지 않고 죽은 자녀에 관한 복제(服制)이다. 16~19세를 장상(長殤)이라 하여 9개월, 12~15세를 중상(中殤)이라 하여 5개월, 8~12세를 하상(下殤)이라 하여 3개월 상복을 입었으며, 7세 이하에는 입지 않다함.' 〈엣센스 국어사전〉, 민중서림, 2001년, 1,012쪽

27) 팽조: 800세를 살았다는 전설상의 인물.

기준점에 다른 사물을 끌어다가 견주는 것이, 소위 그 사물에 대한 인식이라고 말할 수 있다. '유시야자(有始也者)'로 시작하는 부분에서, 장자는 무, 무무를 제시했는데, 위 문장에서는 바로 이것이 사물의 기준점으로 제시된 것이다. 무는 하나도 없는 것을 뜻하지만, 무이기에 모든 것을 담을 수 있음을 의미하고 있다. 하나도 없는 무를 기준점으로 해서, 가을철 털끝을 비교한다면, 가을철 털끝은 큰 것이 되고, 모든 것을 담은 무를 기준점으로 해서 큰 산을 비교한다면, 큰 산은 작은 것이 된다. 아직 태어남도 없는 무에, 어려서 죽은 아이를 비교한다면 장수한 것이고, 지구가 존재하기 전부터 있는 태양까지 다 담은 무에, 팽조를 비교한다면 요절한 것이 된다. '하늘아래 가을철 털끝보다'부터 '요절한 것이다'까지, 이러한 의미라 할 것이다.

'천지와 내가 나란히 생겼다'는 것은, 무에 들어가 있는(몰입해 있는) 의식 상태에서는, 그야말로 아무것도 존재하지 않게 되는데, 이때 만일 의식을 가동하여 '천지와 내가 나란히 생긴다.'라고 의식하게 되면, 자신은 자신이 의식한 그대로 그것을 사실로써 의식할 수 있음을 말한 것이다. '만물과 내가 하나이다.' 역시 무의 의식 상태에 들어가 있지 않으면, 불가능한 이야기이다.

'이미 하나인 것이니 말이 끼어들 수 있겠는가?'란, 모든 것을 포함한 만물과 나를, 이미 하나라고 의식했는데, 이 의식한 사실을 말로 발설한다면, 이 발설된 말은, 하나 된 의식상태속으로 끼어들 것인가 아니면 끼어들 수 없을 것인가? 를 물은 것으로써, 하나 된 의식상태 이후에 말한 것이니, 말은, 의식 상태와는 별도로 존재한다고 말할 수 있을 것이다.

'이미 하나라고 말했으니, 말이 끼어들지 않았다고 하겠는가?' 란, 이미 하나라고 말했으니, 말이 하나의 의식상태속으로 끼어들었다고 말할 수 있을 것이며, 이때 의식 상태는 그 어떤 것이 있다 해도, 하나의 상태는 깨지지 않는다는 점이다.

'하나와 말이 둘인 것이고'란, 하나의 의식 상태와 그 의식 상태에서 한 말을 가리키는 것으로써, 말을 하나의 의식 상태와 분리시킨 것이고, '둘과 하나가 셋인 것이니'란, 위의 둘과 이것을 다시 하나로 의식하는 상태를 가리킨 것이라 할 수 있다.

'이렇게 진행된다면 제아무리 숫자에 명인일지라도 그 마지막 숫자를 얻을 수 없는 것이거늘'에서, 장자는 결국 하나의 의식 상태란, 무를 기준점으로 해서 자신이 느끼는 상태인 것인데, 이렇듯 자기 의식 안에서 느끼는 일조차 분리시키기 시작한다면, 무한대로 뻗어나가게 됨을 지적한 것이다. '하물며 숫자에 있어서 극히 평범한 경우에 있어서겠는가!'란, 만물과 내가 하나임을 느끼지 못하는 일반적 경우라면, 이 세상에서 결국 자신이 바라는 숫자를 얻지 못할 것임을 암시한 것이다. '그러므로 무에서 유로 나아감도 3에 이르거늘'이란, 만물과 내가 하나임을 느끼는 무의 의식 상태에서, 이 의식 상태를 말로 발설했을 경우, 둘로, 그리고 다시 이것을 하나로써 의식하는 것을 더해, 셋이란 계산이 나온다는 의미이다. '하물며 유에서 유로 나간다면 나갈 수 없게 되는 것이다'란, 앞에서 말한 일반적 경우, 더하기만을 계속한다면 결국 만족할 수 없음을 말한 것이다.

저 도는 아직 경계라는 것이 없다(夫道未始有封). 말에 아직 일정함 없다면, 이 때문에 구별이라는 것(밭 두렁길)이 있게 된다(言未始有常 爲是而有畛也). 구별이라는 것(밭 두렁길)에 대해 말해보기로 한다(請言其畛). 좌가 있고 우가 있고(有左有右), 인륜[28]이 있고 정의[29]가 있고(有倫有義), 분별이 있고 변론이 있고(有分有辯), 겨룸[30]이 있고 다툼이 있는 것(有競有爭), 이것을 8덕이라 이른다(此之謂八德). 육합의 밖에서(세상 밖에서) 성인은 존재하되 말하지 않고(六合[31]之外 聖人存而不論), 육합의 안에서(세상 안에서) 성인은 말하되 의논[32]하지 않으며(六合之內 聖人

---

28) 인륜(人倫): 사람으로서 마땅히 지켜야할 도리로써, 군신, 부자, 형제, 부부 등 상하존비의 인간관계나 질서. 〈엣센스 국어사전〉, 민중서림, 2001년, 1,873쪽

29) 정의(正義): 올바른 도리. 상동, 2,045쪽

30) 겨룸: 원문 경(競) 자에 대한 풀이로써, '誩'는 '를'. 言言+从. '誩'는 입다툼. 두 '人'과 합하여 두사람이 심하게 입다툼함을 보이어, '겨룸'을 나타낸다. 〈동아 百年玉篇〉, ㈜두산동아, 2001년, 1,406쪽 오늘날에는 '다툰다는 쟁(爭)과 함께 경쟁(競爭)으로 사용된다.

31) 육합(六合): 천지(天地)와 사방(四方)을 뜻한다. 〈동아 백년옥편〉, ㈜두산동아, 2001년, 267쪽. 육(六)이란, 1에서 9까지를 음양으로 나눌 때, 가장 큰 음수에 해당한다. 팔(八)이 가장 큰 음수인 것 같아도, 육(六)의 윗부분이 입(人)을 뜻하기 때문에, 육(六)은, 팔(八)에서 더 들어간 상태가 되고 따라서 팔(八)보다 더 큰 음수를 상징한다. 여기서 구(九)는 가장 큰 양수의 상징 수로써, 점서(占書)에서 6과 9는 음양을 대표하는 수로 사용된다. 6은 가장 큰 음수이기에, 6을 곱해 36이 되면, 적군에게 노출시킬 수 없는 우군의 핵심전략을 뜻하는 상징 수로써, 〈36계〉라는 병서(兵書)에서 사용되기도 하고, 이에 반해 9는 가장 큰 양수이기에, 9를 곱해 81이 되면, 만인이 따라야할 대도를 뜻하는 상징 수로써, 도덕경 등에서 81장으로 나누는 근거가 되기도 한다.

32) 의논(議論): 어떤 일에 대하여 서로 의견을 주고받음. 〈엣센스 국어사전〉, 민중서림,

論而不議), 지나간 세월동안 나라를 다스리던 옛 왕들의 뜻을, 성인은 의논하되 변론하지 않는다(春秋經世先王之志 聖人議而不辯). 그러므로 나눔이란 나누지 못하는 것이 있고(故分也者 有不分也), 변론이란 변론하지 못하는 것이 있다(辯也者 有不辯也). 이 말이 무엇을 의미하는 것인가(曰 何也)? 성인은 품고(聖人懷之), 뭇사람은 시비를 밝혀 상대에게 보여준다(衆人辯之以相示也). 그러므로 변론이란 보지 못하는 것이 있는 것이다(故曰 辯也者 有不見也).

'저 도는 아직 경계라는 것이 없다'의 원문 '부도미시유봉(夫道未始有封)'에서, '미시유봉(未始有封)' 부분은, 앞서 '옛 사람 중 그 지(知)가 지극했던 자가 있었다.'의 단락에서 사용된바[33] 있다.

'말에 아직 일정함 없다면, 이 때문에 구별이라는 것(밭 두렁길)이 있게 된다.'의 원문 '언미시유상 위시이유진야(言未始有常 爲是而有畛也)'에서, '미시유(未始有)'는 앞 '미시유봉(未始有封)'의 경우와 같고, '상(常)'자는, 언제나 변하지 않는 일정함을 뜻하는 말로써, '언미시유상(言未始有常)'은, 말이 이랬다저랬다 하는 것을 뜻한다. 가령 하나의 사물을 놓고 말을 하는 자가, 어떤 경우는 A라는 사물을 끌어다 견주며 그 사물을 나쁘다고 말하고, 어떤 경우는 B라는 사물을 끌어다 견주며 그 사물을 좋다고 말하는 것으로써, 기준잣대가 일정하지 않아, 말이 이랬다저랬다 달라지는 것이다.

2001년, 1,836쪽

33) '그 다음 물질이 존재하지만 경계가 아직 만들어지기 전을 생각했다(其次以爲有物矣
而未始有封也)'

'위시이유진야(爲是而有畛也)'에서, '시(是)' 자는, 이랬다저랬다 하는 말을 가리키고, '진(畛)' 자는, '미시유봉(未始有封)'의 '봉(封)' 자와 똑같이, 경계, 구분, 구별, 분별 등의 의미가 있지만, '봉(封)' 자는 '일정한 땅을 떼 주고 제후로 봉한다.'는 의미가 있고, '진(畛)' 자는 '밭가에 둘러쌓은 두둑한 부분의 길'이라는 의미가 있어, '봉' 자는 큰 경계를 뜻하고, '진' 자는 작은 경계를 뜻한다. 따라서 '언미시유상 위시이유진야'는, '말이 이랬다저랬다 하기 때문에, 즉 기준잣대가 수시로 달라지기 때문에, 구별이란 것이 있다'로 이해할 수 있다. 이때 가령 시비호오의 구별이란 것은, 수시로 달라지는 기준잣대에 따르는 것이므로, 역시 일정하지 않고 수시로 달라질 수 있는 점이다. 기준잣대가 어떠한 것인가에 따라, 좋은 것이었다가 나쁜 것으로, 옳은 것이었다가 그릇된 것으로 달라지는 구별은, 더 이상 믿고 따를 수 없는 것임을 암시한 것이다.

'좌가 있고 우가 있고'부터 '이것을 8덕이라 이른다.'까지는, 좌우, 인륜, 정의, 분별, 변론, 겨룸, 다툼 등의 구별 (판단, 인식, 비교)은, 결국 언제나 뒤바뀔 수 있는 기준잣대에 기초한다는 점이다. '저 도는 경계가 없는 것'인데 비해, 사람들이 현상세계를 구별하고, 이 구별과 관련하여 8덕이라 강조하는 것을 지적한 것이다.

'육합의 밖에서(세상 밖에서)'부터 '성인은 의논하되 변론하지 않는다.'까지, 육합의 밖과 안을 구분했는데, 밖이란 무(無)에 몰입해 있는 의식 상태를 가리킨다할 것이고, 안이란 이 무에서 현상세계를 있는 그대로 바라보는 의식 상태라 할 것이다. 현상세계를 그대로 바라보는 육합의 안일지라도, 많은 뜻 가운데 유독 '지나간 세월동안 나라를 다스리던 옛 왕들의 뜻(春秋經世先王之志)'을 선택하여 비리볼 수 있는 것인데, 이는 현상세계를 그대로 바라보는 익식 상태가, 이미 '춘추경세선왕지지'와 '아닌 것'으로 나누어지게 된 것을 가리킨다할 것이다. 성인의 의식 상태조차 셋으로 그 단계를 나눌 수 있음에 대해 말한 것이다.

'그러므로 나눔이란 나누지 못하는 것이 있고'에서, 나눔이 가령 유와 무로 나누어짐을 뜻한다면, 나누지 못하는 것이 있다는, 결국 이 둘을 동시에 일컫는 '현(玄)'이나 또는 '도통위일(道通爲一)'에서 그 '일(一)'을 가리킨다. '변론이란 변론하지 못하는 것이 있다'에서, 변론이 시와 비를 밝혀 드리내는 말올 뜻하는 것이라면, 변론하지 못하는 것이 있다는, 시와 비를 그대로 바라보는 텅 비운 의식 상태에 대하여, 시와 비로써 밝혀 드러낼 수 없음을 의미한다. '이 말이 무엇을 의미하는 것인가'부터 '상대에게 보여준다는 것이다'까지, 장자는 시비에서 벗어나 있는 상태와 묶인 상태, 또한 발설하지 않는 상태와 발설하는 상태를, 성인과 뭇사람을 들어 대비시켰다. '그러므로 변론이란 보지 못하는 것이 있다고 말하는 것이다'에서, 보지 못하는 것이란, 변론하는 자는 하나 된 성인의 의식 상태를 보지 못함을 뜻한다.

저 대도는 비교하지 않는다.
대 변론은 말하지 않고,
대 자애는 자애롭지 않다.

대 청렴은 작은 것에 구애되지 않으며,

대 용맹은 해치지 않는다.

도가 드러나면 도 아닌 것이고,

말로써 시비를 밝히면 (도에) 가닿지 못한다.

자애함을 언제나 나타내면 이루지 못하고,

청렴함이 너무도 선명하면 의심받게 되며,

용맹하되 해치면 이루지 못한다.

다섯 가지는 둥글지만 자칫 모나기 쉽다.

그러므로 그 모르는 바에서 그칠 줄 알면 도달한 것이다.

누가 말하지 않는 변론,

(도라고 드러나 버린 그) 도 아닌 도를 알리요?

만약 이것을 능히 안다면

이를 하늘창고(천부) 라 이른다.

부어도 가득 차지 않고, 따라도 없어지지 않는다.

그러나 어떻게 해서 이런 상태가 된 것인지를 모르는 상태,

이를 풀 더부룩한 빛이라 이른다.

'저 대도는 비교하지 않는다.'의 원문 '부대도불칭(夫大道不稱)'에서, '칭(稱)' 자는, 두 개를 올려놓고 어느 쪽이 무겁고 가벼운지를 비교, 판단하는 의미를 지니고 있다. 따라서 '불칭(不稱)'이란, 무(無)의 기준점을 세워, 그 각각을 모두 오묘한 것으로써 바라보는 것을 의미한다. 이때 '오묘함'은, 도덕경 1장에서 '뭇 오묘함'이라 했던 '중묘(衆妙)'의 '묘(妙)'와 상통한다. 대도란 결국 사물에 비교할 또 다른 사물을 끌지 않고, 사물 그대로 바라보는 의식 상태를 가리킨다. '대 변론은 말하지 않고'의 원문 '대변불언(大辯不言)'에서 '변(辯)' 자는, 시비를 밝히는 변론인 것으로, '불언(不言)'이란 시비를

말하지 않음을 뜻하며, 따라서 대변(大辯)은, 시비에서 벗어나 있는 상태를 상징한다. '대 자애는 자애롭지 않다'의 원문 '대인불인(大仁不仁)'에서 '불인(不仁)' 자는, 도덕경 5장에서 사용된 것과 맥을 같이한다. 다음은 5장 전문이다.

> 천지는 자애롭지 않다.
> 만물을 짚으로 만든 개[34]로 여긴다.
> 성인은 자애롭지 않다.
> 백성을 짚으로 만든 개로 여긴다.
> 천지간은 마치 풀무[35] 같다.
> 텅 비었는데 찌그러지지 않고,
> 움직일수록 더욱 나온다.
> 말이 많으면 자주 막히고
> 중앙을 지키는 것만 못하다.

5장에서는 천지와 만물, 성인(聖人)과 백성을 짝짓고 있다. 천지는 만물, 성인은 백성을 짚으로 만든 개로 여긴다함은, 천지와 성인이 그 어떤 것에도 애착이 없음을 상징하는 것이다. 이는 '도가 이지러진 까닭은 애착이 만들어졌기 때문이다.(道之所以虧 愛之所以成)'의 경우처럼, 애착을 경계하는 것이다. 많은 어머니들은 자식을

---

34) 짚으로 만든 개: 원문 '추구(芻狗)' 대한 풀이로써, '옛날 중국에서 제사 때 쓰던 것인데, 제사가 끝나면 버리므로, "필요할 때는 이용하고 그 일이 끝나면 내버리는 물건"을 비유하여 이르는 말. 〈동아 백년옥편〉, ㈜두산동아, 2001년, 1,610쪽

35) 풀무: 불을 피울 때 바람을 일으키는 기구. 〈엣센스 국어사전〉, 민중서림, 2001년, 2,486쪽

사랑하여 일일이 따라다니며 자식이 스스로 해내야할 일까지 처리해주는 경우가 있다. 이것은 잘못된 모정으로써 아이의 성장 동력을 빼앗는 일과 같다. 아이는 실수를 거듭하면서 많은 것을 배우고 성장하는 것이며, 부모가 옆에 계시지 않을 때에도 꿋꿋이 살아가는 것이다. 자애롭지 않다. 란 아이가 넘어졌을 때 아이를 일으켜주지 않고, 그 스스로 일어서는 것을 기다리는 어머니의 마음이다. 5장에서는 자애롭지 않음을 속이 텅 빈 풀무에 빗대었다.

이는 나라는 잣대를 텅 비우고, 사물을 시비호오 없이 있는 그대로 바라보는 의식 상태를 상징하는 것인데, 있는 그대로 인정하고 사랑하는 것이다. '텅 비었는데 찌그러지지 않고, 움직일수록 더욱 나온다.'란, 텅 빈 것에 대한 일반 고정관념을 지적한 것으로, 텅 비었으면 곧 찌그러질 것이고, 움직여봐야 아무것도 나오지 않을 것이라는데 대한 반론이다. 텅 빈 것은, 자신의 내면으로 관심을 돌려, 비교하는 자신을 인식하고 그리하여 그 비교를 중지하면 그대로 실현할 수 있다. 텅 빈 것은, 사용하지 않는다 해서 없어지는 것이 아니며, 오히려 사용할수록 습관이 되어 힘이 붙게 된다.

'말이 많으면 자주 막히고, 중앙을 지키는 것만 못하다(多言數窮不如守中).'에서, '말이 많다'란 불언(不言)의 반대로써, 시비호오가 있다할 것이며, 나라는 잣대 또한 있다할 것이다. 나라는 잣대가 있게 되면 결국 이 잣대에 의해 사물을 바라보고, 시비호오로 분별하는 것인데, 시비호오로 분별할 뿐 순환이 일어나지 않게 된다. 즉 좋으면 좋고 싫으면 싫고, 이것이면 이것이고 그것이면 그것인 상태가 되는 것인데, 이것을 '자주 막힌다.'로써 표현한 것인 듯싶다. '중앙을 지키는 것만 못하다'에서 '중앙'은, 제물론 편에서 '지도리란 돌고 도는 그 중앙을 얻은 것(樞始得其環中)'의 '중앙'과 같은 의미로써, 시비호오에서 벗어난 의식 상태를 가리킨다.

'대 청렴은 작은 것에 구애되지 않으며'의 원문 '대렴불겸(大廉不嗛)'에서 '렴(廉)'자는, 청렴, 결백, 검소, 검박 등의 의미가 있고, '겸(嗛)'자는, 겸손, 겸양, 싫어함 등의 의미가 있다. 가령 공금횡령이나 부정부패 등이 하나도 없는 청렴한 자는, 뇌물은 물론 어떤 작은 물건도 받지 않는다고 생각할 수 있는데, 인정을 나눌 수 있는 작은 물건을 사양하지 않는다고 한 것이다.

'대 용맹은 해치지 않는다.'의 원문 '대용불기(大勇不忮)'에서 '기(忮)'자는, 해치다, 원망하다, 뜻이 굳다 등의 의미가 있다. 가령 어떤 사람이 상대방의 언행에 분노하고 원망하는 마음이 있게 될 때, 용기백배하여 상대를 해치는 행위를 하게 되는데, 일반적으로 이러한 모습을 용맹스럽다고 말한다. 그러나 대 용맹에서는 이 같은 일반적 경우의 분노, 원망, 해침 등이 없음을 강조한 것이다.

'도가 드러나면 도 아닌 것이다(道昭而不道)'에서, 드러나는 것은 특출한 것으로써, 다른 것과 차별화되는 것이다. '도통위일'에서처럼, 도는 가령 이것과 그것을 같은 것으로써 보는 것이며, 설령 비운 의식 상태일지라도, 행복을 지향하는 비우지 못한 의식상태와 같은 것으로써 본다. 따라서 도는 그 어떤 것과 함께 있다 해도, 드러나지 않는다고 말할 수 있다.

'말로써 시비를 밝히면 (도에) 가닿지 못한다(言辯而不及)'에서 '변(辯)' 자는, 앞서 여러 차례 언급된바 있다. 이는 시비호오의 분별에 기초한 말이자, 나라는 잣대에 따르는 말이다. 이러한 말들은 결국 도에 이르지 못함을 강조하고 있다.

'자애함을 언제나 나타내면 이루지 못하고(仁常而不成)'에서 '자애함을 언제나 나타낸다(仁常)'는 것은, 자애함에 집착하는 것이며, 자기를 들어내려는 마음이 앞서는 것이다. 이는 '불인(不仁)'의 상태와는 큰 차이가 있는 것으로써, 이루지 못한다(不成)고 말한 것이다.

'청렴함이 너무도 선명하면 의심받게 되며(廉清而不信)'에서 '청렴함이 너무도 선명하다(廉清)'는 것은, 청렴함에 집착하는 것으로 자기를 고집하는 것이다. 경우에 따라 작은 물건을 사양하지 않는 대 청렴에 비해 오히려 청렴이 어떤 목적을 달성하기 위한 수단이 아닌가하는 의심을 받을 수 있다.

'용맹하되 해치면 이루지 못한다(勇忮而不成)'에서 '용맹하되 해친다(勇忮)'는 것은, 용맹함의 일반적 경우로써, 대 용맹과 차별화시킨 것이다. 대 용맹을 이룬 것이라 말할 수 있을 때, '용맹하되 해치는' '용기(勇忮)'는, 이루지 못함을 말한 것이다.

'다섯 가지는 둥글지만 자칫 모나기 쉽다(五者圓而幾向方矣)'에서 '다섯 가지'는, 도(道), 언(言), 인(仁), 렴(廉), 용(勇)으로써, 사람이 갖출 덕목들이라 할 것인데, 이 덕목들은 의식에 에고를 비웠는지 또는 에고가 들어왔는지에 따라, 원만한 상태에서 원만하지 못한 상태로 변질될 수 있음을 말한 것이다.

'그러므로 그 모르는 바에서 그칠 줄 알면 도달한 것이다(故知止 其所不知至矣)'에서 '그 모르는 바(其所不知)'란, 시비호오에서 벗어나, 있는 그대로 바라보는 의식 상태를 상징하는 것이고, '그칠 줄 안 다(知止)'란, '예서 그친다.'는 것이며, '도달한 것(至矣)'이란, '그칠 줄 알 때 거의 도의 상태에 도달한 것임'을 말한 것이다. 시비호오 없이 즉 나라는 잣대에 의해 판단함 없이, 자기 판단을 중지하고 있는 그대로 바라봄을 '모른다(不知)'로써 상징하고 있는데, 이 모른다는 부지(不知)는, 무지(無知) 때로는 지(知), 명(明) 등과 함께, 같은 의미로써 두루 통용되고 있다. '부지(不知)'에 관련해서 아이콘이라 할 만큼 상징적 문장이 있는데, 도덕경 71장이 그것이다. 다음은 71장 전문이다.

아는 것을 모른다하면 으뜸이다.
모르는 것을 안다하면 병이다.
성인은 병든 상태가 아니다.
그 병든 상태를 병들었다고 인식하기 때문이다.
오직 저 병든 상태를 병들었다고 인식하는 것,
이 때문에 병든 상태가 아니다.

지부지상(知不知上)
부지지병(不知知病)
성인불병(聖人不病)
이기병병(以其病病)
부유병병(夫唯病病)
시이불병(是以不病)

'아는 것을 모른다하면 으뜸이다'의 원문 '지부지상(知不知上)'에서 맨 앞 '지(知)'는, 강조하기 위해 '부지(不知)' 앞으로 끄집어낸 것이다. '지(知)'란 시비호오의 분별지(分別知)를 뜻하고, '부지(不知)'란 예서 벗어난 상태에 있는 것으로써, 있는 그대로 바라보는 의식 상태를 가리킨다.

'모르는 것을 안다하면 병이다'의 원문 '부지지병(不知知病)'에서 맨 앞 '부지(不知)'는 '지부지상(知不知上)'의 경우처럼, 강조하기 위해 '지(知)' 앞으로 끄집어낸 것이다. '부지(不知)'란 있는 그대로 바라보는 의식 상태를 가리키고, '지(知)'란 이것을 모른 채 시비호오만을 분별하는 의식 상태를 가리킨다. 시비호오로 분별하는 것이 삶의 보편적 양상일 때, 노자는 이것을 병들었다고 진단한 것이다.

'성인은 병든 상태가 아니다'의 원문 '성인불병(聖人不病)'에서, 성인은 있는 그대로 바라보는 의식 상태를 상징하고, 따라서 위 '지부지상(知不知上)'의 경우가 되는 것이며, 이를 '병든 상태가 아니라고(不病)' 한 것이다. '그 병든 상태를 병들었다고 인식하기 때문이다(以其病病)'부터 '이 때문에 병든 상태가 아니다(是以不病)'까지, 노자는 '병(病)'이란 낱말을 5차례나 언급하면서, 시비호오의 분별에 대해 각성을 촉구했다.

'누가 말하지 않는 변론, (도라고 드러나 버린 그) 도 아닌 도를 알리요?'의 원문 '수지불언지변 부도지도(孰知不言之辯 不道之道)'에서 '불언지변(不言之辯)'이나 '부도지도(不道之道)'는 모두 시비호오에서 벗어나 있는 의식 상태로써, '대도불칭(大道不稱)'의 의미와 같다고 말할 수 있다.

'만약 이것을 능히 안다면 이것을 하늘창고라 이른다.'의 원문 '약유능지 차지위천부(若有能知 此之謂天府)'에서 '능지(能知)'는 71장 '지부지상(知不知上)'의 '부지(不知)'와 그 의미가 같다할 것이며, '천부(天府)'는 앞서 '하늘의 저울추'라 했던 '천균(天鈞)'이나 '하늘에 비춘다.'했던 '조지어천(照之於天)'의 '천(天)'과 그 의미가 같다할 것이다.

'부어도 가득 차지 않고 따라도 없어지지 않는다(注焉而不滿 酌焉而不竭)'란, 나라는 잣대를 비운 의식 상태가 될 때, 더는 사물에 묶이지 않는 상태가 되는 것으로써, 현상세계의 어떤 변천에도 동요 없이 평정한 상태가 됨을 상징하는 것이다.

'그러나 그 유래된 바를 모르는 상태, 이를 풀 더부룩한 빛이라 이른다.'의 원문 '이부지기소유래 차지위보광(而不知其所由來 此之謂葆

光’에서 ‘기(其)’ 자는 앞 ‘천부’를 가리키는 것이며, ‘기소유래(其所由來)’란 ‘천부가 유래된바’라는 의미로써, ‘어떻게 해서 자신의 의식 상태가 천부의 상태로 된 것인지’라는 의미이다. ‘부지기소유래(不知其所由來)’란, ‘어떻게 해서 자신의 의식 상태가 천부의 상태로 된 것인지 그 유래된 바를 모른다.’는 것이다. 바로 앞의 ‘고지지기소부지지의(故知止其所不知至矣)’ 구절에서 사용한 ‘부지(不知)’를, 여기서 한 번 더 사용한 것인데, 이는 자신의 천부 상태에 관련해서, 다시 한차례 더 객관화시켜 ‘모른다(不知)’의 상태에 있는 것을 뜻한다. 여기서 ‘모른다(不知)’는 것은, ‘약유능지(若有能知)’에서 한걸음 더 나간 것으로써, 끝까지 자신을 드러내지 않으려는 시도라 할 것이다.

사물을 놓고, 나라는 잣대(에고)를 비워, 시비호오 없이, 시비호오에서 벗어나, 그 시비호오를 모르는(不知) 상태로 있는 의식 상태는, 나라는 잣대가 비워진 의식상태의 주체로서, 시비호오 없는 상태에 대해 능히 알고 있지만, 알고 있는 자신의 의식 상태조차 그것을 다시 객관화시켜 모른다(不知)의 상태로써 바라보는 것이다.

사물을 시비호오로 분별하는 것이, ‘제1의 나(에고)’라고 한다면, 이 ‘나’를 비웠을 때, 시비호오를 모르는 상태로 있게 되는데, 이때 시비호오를 모르는 상태의 주체가, ‘제2의 나’라 할 것이며, 이 ‘제2의 나’는, 시비호오를 모르는 상태에 대해, 능히 아는 상태에 있다고 말할 수 있다. 시비호오를 모르는 상태에 대해 능히 아는 상태를, 모르는 상태가 되었을 때, ‘제3의 나’라고 말할 수 있다. 제

1의 나는 사물에 묶여 있다고 말할 수 있고, 제2의 나는 사물에서 벗어나 있다고 말할 수 있지만, 벗어나 있는 상태에 관련하여 능히 아는 상태에 있기 때문에, 사물과 전연 관련이 없다고 말할 수 없게 된다. 제3의 나는 능히 아는 자신의 상태조차, 모르는 상태가 되기 때문에, 사물은 물론 사물과 조금이라도 관련 있는 나에게서 벗어나게 되는 것이다. 이는 모른다(不知)의 극치, 벗어남의 극치라고 말할 수 있을 것인데, 이를 '풀 더부룩한 빛' '보광(葆光)'이라고 이른 것이다. '풀 더부룩한 빛' '보광(葆光)'이란, 자신을 드러내지 않는 마음, 즉 비웠다 해서 비우지 못한 것과 차별화시키지 않는 마음이며, 이는 도덕경 4장 '화광동진(和光同塵)'의 '화광(和光)'과 그 의미가 같다할 것이다.

그러므로 그 옛날 요[36]가 순[37]에게 말하며 물은 것이다. '내가 종회,

---

36) 요(堯): 중국은 문명의 기원과 초기국가 형성의 근거로 청동기, 문자, 성터, 대형 종교의식건축물 등을 중요한 판단기준으로 삼는다. 타오쓰(陶寺) 유적에서 관련 유물이 모두 발견되면서 중국학계는 타오쓰 유적과 요임금의 도읍지가 관련 있다고 보았고, 이를 통해 요임금은 전설시대를 넘어 신사(信史)시대로 전환되고 있다. 남북조시대 역도원(酈道元 466~527년)이 주해한 문헌 〈수경주(水經注)〉의 기록 중 '요임금이 평양(平陽)에 도읍을 정하였다'에서 평양은 지금의 산시성(山西省) 린펀(臨汾)으로 추정되며, 이를 근거로 대다수 중국 학자들은 타오쓰 유적지가 요임금의 도읍지라고 한다. 저명한 고고학자 쑤빙치(蘇秉琦)는 '타오쓰 문화는 초기국가의 형태를 띠고, 시기적(대략 기원전 2300~1900년)으로는 요순의 전설시대에 해당하며, 최초의 중국이자 화하(華夏) 문명의 바탕을 확립하였다.'라고 하였다. 인터넷 조용준(중국 인민대학교 역사학과 조교수) 참조

37) 순(舜): 요순시대는 중국에서 이상적인 정치가 베풀어져 백성들이 평화롭게 살았던 태평성세로, 중국 사람들은 요임금과 순임금을 가장 이상적인 군주로 숭앙하고 있다. 백성들의 생활은 풍요롭고 여유로워 심지어는 군주의 존재까지도 잊고 격양가를 부르는 세상이었다. 정치는 가장 이상적인 선양(禪讓)이라는 정권이양방식으로 다툼이 없었다. 선양은 당시 가장 도덕을 갖춘 사람을 임금으로 추대하는 방식으

서, 오[38]를 치려고 한다. 그런데 임금노릇을 하면서도 석연치가 않다. 그 까닭이 무엇일까?' 순이 대답했다. '저 삼자(三子)는 쑥 덤불 속에 있는 것과 같습니다. 임금께서 석연치 않으시다니 어쩐 일이신지요? (하긴) 그 옛날 열 개의 태양이 한꺼번에 떠올라 만물을 다 비춘 적이 있긴 했습니다만, 그래도 어찌 태양보다 앞선 덕을 이에 견주겠습니까?'

이 단락에서는, 앞 단락에서 강조했던 도에, 요와 순이 나눈 대화를 끌어대서, 도가 비교하지 않는 마음임을 더욱 부각시켰다. 요와 순은 모두 성왕(聖王)으로 추앙받던 인물들이다. 요는 소요유 편에서도 '허유에게 천하를 물려준다.(堯讓天下於許由)'는 이야기로 언급된바 있다. 이 단락에서는 요가 종회, 서, 오에 대한 토벌을 계획하면서 마음속으로 불편한 심기를 느꼈고, 이를 순에게 털어놓으며 넌지시 그 까닭을 물은 것이다. 순에게 요는 선왕(先王)이므로, 대놓고 노골적인 답변을 할 수는 없었을 것이다. 순의 대답이 은유[39]적인 까닭은 이 때문이다.

아무리 큰 나라라고 해도, 주변의 작은 나라를 토벌하는 일은,

로, 후대의 혈연에 따라 왕위를 세습하던 것과는 차원이 다른 것이었다. 요임금은 원래 허유가 어질고 덕이 있다는 소문을 듣고 임금의 자리를 물려주려했지만 허유는 받지 않았다. 결국 요임금은 순이 훌륭하다는 소문을 듣고 몇가지 시험을 거친 후 임금의 자리를 물려주었다. 인터넷 참조

38) 원문의 종회(宗膾), 서(胥), 오(敖)를, 〈석문(釋文)〉의 최선(崔譔)은 종(宗), 회(膾), 서오(胥敖)의 세 나라로 구별했다. 〈장자〉, 안동림 역주, 현암사, 1993년, 75쪽

39) 은유(隱喩): 사물의 본뜻을 숨기고 표현하려는 대상을 암시적으로 나타내는 수사법. '내 애인은 한 송이 장미' 따위. 〈엣센스 국어사전〉, ㈜두산동아, 2001년, 1,823쪽

그리 만만한 일이 아니다. 요가 종회, 서, 오를 치려고 한다고 순에게 말했을 때, 종회, 서, 오는 요의 주변에 존재하는 작은 나라를 가리킨 것이다. 요가 이들 작은 세 나라를 토벌하려했던 까닭은 무엇이고, 또 심기가 불편해진 까닭은 무엇인가? 큰 나라의 임금인 요는, 지금 작은 세 나라에 대한 토벌을 계획했을 뿐이건만, 심기가 불편해진 것이다. 작은 세 나라를 쳐서 없애버리려는 마음은, 결국 그 세 나라에 대한 시비호오의 분별심이 생긴 것이고, 요의 심기가 불편해진 까닭은, 이 같은 분별심이 생겼기 때문이다. 자신의 마음이 석연치 않은(불편한) 까닭에 대해 순에게 물었던 것은, 결국 자신의 마음을 스스로 들여다보지 못했기 때문이다.

'저 삼자는 쑥 덤불 속에 있는 것과 같습니다.'라고 순이 대답했을 때, 순은, 저 삼자가 극히 보잘 것 없는 사물임을 말한 것으로써, 큰 나라의 임금이라면, 주변의 모든 나라를 다 품고, 그 어떤 경우라도 불편한 심기가 되지 않을 것임을 에둘러 표현한 것이다. 순은 지금 요가 그 세 나라를 품지 못한 것에 대해 지적한 것이며, '어쩐 일이신지요?'라는 되물음에, 이 같은 지적을 내포하고 있다. 여기서 '품는다.'는 것은, 앞서 '부도미시유봉(夫道未始有封)' 단락에서 언급한 '성인회지(聖人懷之)'의 의미와 같은 것이며, 이는 있는 그대로 시비호오의 분별없이 바라보는 것을 뜻한다.

'(하긴) 그 옛날 열 개의 태양이 한꺼번에 떠올라 만물을 다 비춘 적이 있긴 했습니다만'에서 태양은, 태양계에서 가장 큰 존재로서,

이 태양이 변심(?)한다면 태양계는 더 이상 존속할 수 없는 것이며, 그만큼 태양의 항심이 중요한 것인데, 이러한 태양이 그 옛날 변심해서, 10개의 태양을 한꺼번에 떠오르게 했다는 것이다. 열 개의 태양이 있다는 이야기나, 열 개의 태양이 한꺼번에 떠올랐다는 이야기는, 전설[40]상 이야기로, 순이 지금 태양에 관련된 이 같은 전설을 꺼낸 까닭은, 태양계에서 가장 큰 존재인 태양도, 변심했던 때가 있었던 만큼, 지금 요의 마음이, 모든 것을 다 품는 덕의 상태에서, 품지 못하는 이지러진 덕의 상태로 변심하는 것은, 어쩌면 당연하다는 전제를 깐 것이다. 그러면서 한편으로 요의 본마음(에고를 여읜 상태의 마음)은, 모든 것을 다 품는 덕의 상태인 것이니, 어찌 그 옛날 변심했던 태양에 견주겠는가 하는 뜻을 내비친 것이다.

'그래도 어찌 태양보다 앞선 덕을 이에 견주겠습니까?'의 말에서 덕은, 요의 본마음을 가리킨 것이며, 모든 사람에게도 이미 갖추어진 본마음이라 할 것이다. 앞 단락에서는 도를 강조했고, 이 단락에서는 덕을 강조하고 있지만, 두 경우 모두 에고를 여읜 마음일 뿐이다.

---

40) 중국신화에서 요임금이 통치하던 시절, 10개의 태양이 동시에 하늘로 떠올랐다. 10개의 태양은, 옥황상제 제준 고신씨와 태양의 여신 희화의 아들로, 매일 번갈아가며 떠올랐던 것인데, 이들이 한꺼번에 떠오른 것이다. 대지는 지독한 가뭄이 들었고 괴수들이 날뛰어, 요임금은 옥황상제에게 구제를 요청하는 제사를 올렸다. 옥황상제는 궁수의 신인 예(羿)에게 붉은활과 하얀 화살 10개가 달린 화살통을 주어 지상에 파견했고, 마침내 9개를 쏘아 떨어뜨렸을 때, 요임금이 화살 1개를 숨김으로써 태양 1개만이 남게 되었다. 나무위키 참조

설결(齧缺)이 왕예(王倪)⁴¹⁾에게 물었다.

'당신께서는, 사물이 모두 옳은 것을 아십니까?

이에 '내 어찌 알겠소?'라 했다.

'당신께서는, 당신께서 모르는 것을 아십니까?'

이에 '내 어찌 알겠소?'라 했다.

'그렇다면 사물에 대해 무지하십니까?'

이에 '내 어찌 알겠소?'라 했다.

'비록 그렇지만 시험 삼아 말해보리다.

내가 소위 안다는 것이, 모른다는 것과 같지 않은 줄 어찌 알겠으며,

내가 소위 모른다는 것이, 안다는 것과 같지 않은 줄 어찌 알겠소?'

설결이 왕예에게 물은, '사물이 모두 옳은 것(物之所同是)'이란, 앞서 언급한 것으로써, 비운 의식 상태나 비우지 못한 의식 상태에 관련해서, 모두 '옳음 때문이다(因是也)'라고 했던 이야기를 근거로 이해할 수 있다. '사물이 모두 옳은 것'이란, 일반적 시비호오의 비교분별(알기)과는 다른 차원으로써, 나라는 잣대를 내려놓고, 있는 그대로 바라보는(모르는) 것과 관련되어 있다. 일반적 시비분별은 사물에만 관심을 쏟아, 이것과 저것을 다른 것으로 분별하고(알고), 이것은 옳고 저것은 그르다고 분별한다(안다). 옳은 것은 받아들이고(수용하고) 그른 것은 받아들이지 않는다(배척한다). 그리고 이것이나 저것 즉 '사물이 모두 옳은 것'에 대해서는 인정하지 않는데(받아들이지 않는데), 이는 '사물이 모두 옳은 것'에 대해서는 그른 것으

---

41) 설결(齧缺)과 왕예(王倪): 요(堯) 시대부터 위말(魏末)까지, 은군자(隱君子) 91인의 이야기를 다루는 〈고사전〉에 수록된 인물들로, 왕예는 설결의 스승이다. 〈고사전(高士傳)〉, 황보밀 지음, 김장환 옮김, 예문서원, 2000년, 45쪽

로 분별하기(알기) 때문이며, 옳은 것으로 분별하지 않기(모르기) 때문이다.

이에 반해 있는 그대로 바라보는 의식 상태는, 무엇보다 자신의 내면으로 관심을 돌려, 나라는 잣대를 자각하고(알고), 통제하고 비워낸 상태인 것으로써, 이것은 옳고 저것은 그르다는 시비분별을 중지한(모르는) 상태이다. 물론 이러한 의식 상태는, 어린아이의 무지(모른다)와는 다른 측면이 있는 것으로써, 기존 비교분별에서 벗어난 상태라는 점이다. 그러나 시비분별에서 벗어나, 있는 그대로 바라보는 의식 상태는, 모른다는 의식 상태 한편에, 이것과 저것을 같다고 알고(분별하고), 이것이나 저것 즉 사물이 모두 옳다고 알며(분별하며) 받아들일 뿐 아니라(품고), 생사존망의 자연법칙까지도 받아들인(수용한) 상태라는 점이다. 시비분별을 일삼는 일반의식상태가, 나라는 잣대를 인지하지도 못하고(모르고), 이것과 저것 또는 옳음과 그름이 서로 같은 줄도 모를 뿐 아니라(서로 다른 줄로만 안다), 자연법칙도 망각한 것(모른다)과는 다른 것이다. 이 같이 비우지 못한 의식 상태와 비운의식상태가 서로 다르나, 비운의식 상태는 이조차도 서로 같은 것으로써 받아들인 채(알고), 오직 나라는 잣대를 자각하고 통제하여 있는 그대로 바라보는(모르는) 것이다.

'사물이 모두 옳은 것을 아십니까?' 라는 설결의 질문에, '안다'고 대답했으면 좋았으련만, 왕예는, 설결의 질문에 나라는 잣대를 내려놓은 후, '모른다.' 로 대답했다. 물어보는 그 순간조차 왕예는, 나라는 잣대를 자각하고 그 잣대를 내려놓음으로써, 비교분별에서 벗어나 모른다는 태도를 취한 것이다.

'당신께서는, 당신께서 모르는 것을 아십니까?'라는 설결의 두 번째 질문도, 왕예는 그 즉시 나라는 잣대를 내려놓고 비교분별하지 않았던 것이며, 있는 그대로 바라보는 즉 모른다는 태도를 취한 것이다. '그렇다면 사물에 대해 무지하십니까?'라는 설결의 세 번째 질문까지, 왕예는 모른다는 태도로 일관하면서, 모른다는 것에 관련해서 다음과 같이 설명한 것이다.

가령 어떤 사물을 아름답다고 비교분별(판단)했을 때, 이는 그 사물을 아름다운 것으로써 '안(인지한) 것'이며, 이때 '모른다는 것'은, 아름다운 줄 모른다는 것으로써, 추하다고 생각하는 것이다. 즉 일상에서 모른다는 것은, 이 같이 안다의 반대개념이다. 왕예가 시험 삼아 말해본 '내가 소위 안다는 것이, 모른다는 것과 같지 않은 줄 어찌 알겠으며, 내가 소위 모른다는 것이, 안다는 것과 같지 않은 줄 어찌 알겠소?'에서 모른다는, 이 같은 일상의 모른다. 와는 달리, 그 어떤 것으로도 규정하지 않는 상태인 것으로써, 비교분별(판단)의 기준점이 없다는 점이다. 모른다. 에 그 어떤 것을 끌어댈지라도, 모른다와 같은 것인지 또는 다른 것인지를 알 수 없다는 것이다. 이때 모른다는, 나라는 잣대를 내려놓고 있는 그대로 바라보는 소위 비교분별(판단)이 중지된 상태를 뜻하는 것이다.

'내 시험 삼아 그대에게 묻겠소. 사람들이란 습한데서 자면 요통이 생기고 반신불수가 되어 죽소. 미꾸라지가 그렇소? 나무위에서는 두렵고 떨리고 허둥대며 무서움을 느끼오. 원숭이가 그렇소? 셋 가운데 누가 바른 거처에 대해 안다하겠소? 사람은, 풀을 주며 기른 가축을 먹고, 큰사슴(엘크)과 사슴은 풀을 먹으며, 지네와 구더기는 뱀을 달다 하고, 올빼미와 갈가마귀⁴²⁾는 쥐를 즐기오. 넷 가운데 누가 바른 맛에 대해 안다고 하겠소? 원숭이(猨)와 편(猵)⁴³⁾은 원숭이(狙)를 암컷이라 여기고, 큰사슴과 사슴은 서로 친하게 지내며, 미꾸라지와 물고기는 함께 헤엄치고, 모장과 여희⁴⁴⁾는 사람들이 아름답다하지만, 물고기가 보면 깊이 들어가 버리고, 새가 보면 높이 날며, 큰사슴과 사슴이 보면 사생결단하고 달아나오. 넷 가운데 누가 이 세상의 바른 멋에 대해 안다하겠소? 내가 볼 때, 인의(仁義)의 시초, 시비(是非)의 길이 흐트러져서, 뒤죽박죽으로 질서가 없소. 내 어찌 능히 그 시비변론에 대해 알겠소?' 설결이 말했다. '당신께선 이익과 손해라는 것을 모르십니다. 지인(至人)⁴⁵⁾이란 실로 이익과 손해를 모릅니까?' 왕예가 말했다. '지인(至人)은 신(神)의 상태요. 큰 못이 불 살러

---

42) 갈가마귀: 원문 아(鴉) 자의 풀이로, 까마귀 과에 딸린 새. 까마귀보다 좀 작고 배는 흰데, 까마귀(烏)와는 달리 반포(反哺)하지 않는다 한다. 〈동아 백년옥편〉, ㈜두산동아, 2001년, 2,244쪽

43) 편(猵): 짐승 이름으로 원숭이를 닮았으며, 대가리는 개를 닮았다. 상동 1,213쪽/ 수컷 편(猵)은, 원숭이 암컷과 교배하기를 좋아한다고 한다. 〈고사전〉, 황보밀 지음, 김장환 옮김, 예문서원, 2000년, 50쪽

44) 모장(毛嬙)과 여희(麗姬): 모장은 서시(西施)와 병칭되는 옛 미인으로, 전국시대 월왕(越王)의 애첩이라고도 하고, 춘추시대 송(宋)나라 평공(平公)의 부인이라고도 함. 여희는 춘추시대 진(晉)나라 헌공(獻公)의 부인으로, 헌공은 지금의 섬서성(陝西省) 임동현(臨潼縣) 부근에 있던 여융족(驪戎族)을 토벌하고 여희와 그 자매를 얻었는데, 지나친 총애로 태자(太子) 신생(申生)을 폐위하고 여희가 낳은 아들을 태자로 삼음으로써 진(晉)을 내란에 빠뜨렸다. 〈장자〉, 안동림 역주, 현암사, 1993년, 77쪽/ 상동, 50쪽

45) 지인(至人): 덕을 닦아 지극한 경지에 이른 사람. 성인(聖人). 〈동아 백년옥편〉, ㈜두산동아, 2001년, 1,586쪽

질지라도 뜨거움을 느낄 수 없고, 황하와 한수[46]가 얼어붙는다 해도 차가움을 느낄 수 없으며, 우렛소리가 산을 깨뜨리고, 바람이 바다를 들어 올려도 놀라지 않소. 이 같은 자는 구름기세(雲氣)를 타고, 해와 달에 길터앉아, 세상 밖에서 노닌다오. 죽고 산다 해도 그 몸 어느 한 구석 영향을 끼치지 못하는데, 하물며 이익과 손해의 부스러기를 주워섬기겠소!'

대부분의 경우, 자신의 내면으로 관심을 돌려 자신의 의식을 의식하지 못하며 다만 자신의 의식으로 외부 사물만을 의식한다. 즉 사물을 시비호오로써만 분별하는(아는) 것인데, 만일 자신의 내면으로 관심을 돌려, 자신의 의식을 의식하고, 이때 자신의 의식은 에고를 뜻하는 제7말라식인 무의식과, 에고에 끊임없이 영향을 주는 모든 의식의 종자(種子)로써 제8아뢰야식인 무의식까지 포함되는데, 이 무의식까지 내려놓을 수 있다면, 이는 사물을 시비호오로써 분별하는(아는) 주체의 작동이 멈춰지는 것이고, 이를 있는 그대로 바라본다고 말하는 것이다.

의식은, 이 의식의 주체를, 좀처럼 의식할 수 없는 특징으로 인해, 사물을 시비호오로써 분별(비교, 인식, 판단)할 때, 자신에 의한 것이 아니라, 사물에 이미 분별된 것으로써 의식하는 것인데, 이점이

---

46) 황하(黃河)와 한수(漢水): 황하(黃河)는 칭하이성(青海省) 쿤룬(崑崙)산맥에서 발원해, 9개성 및 자치구를 경유하고 발해만으로 흘러든다. 강 길이가 5,464km로 중국내 2위, 세계 5위인 큰 강이다. 한수(漢水)는 장강(長江)의 지류로, 산시성(陝西省) 한중시(漢中市)에서 발원하여 후베이성(湖北省)을 관통하여 우한(武漢)에서 양쯔강과 합류한다. 총 길이 1,577km이다. 인터넷 참조

모든 시비다툼의 시발점이 된다. 자신의 내면으로 관심을 돌려, 의식의 주체를 능히 인지하게 되면, 시비 또는 인의의 주장들이 모두 나(에고)에 의한 것임을 인지하게 된다. 이 사람은 이것을 바르다(正)고 주장하고, 저 사람은 저것을 바르다(正)고 주장하지만, 이처럼 서로 바른 것(正)이 다른 까닭은, 제각각의 의식에 들어있는 나(에고) 때문인 것이고, 따라서 나(에고)를 기준으로 주장되는 바르다(正)는, 정녕 어느 것이 바른 것인지 알 수 없다는 입장을 취한 것이다.

왕예가 설결에게 정녕 어느 것이 바른 것인지를 물었던 위 내용은, 세 차례 경우를 달리하여 바른 거처, 바른 맛, 바른 멋에 대해 묻고 있지만, 이는 같은 내용을 반복하며 강조한 것일 뿐이다. 왕예가 '인의의 시초, 시비의 길이 흐트러졌다'고 말할 수 있었던 까닭은, 이 주장들이 모두 나(에고)에 기초하기 때문인 것으로, 결국 여기서 나란, 나의 손익에 집착하는 마음이며, 이는 결국 자신의 생명에 대한 애착에 다름 아니다. 결국 이러한 것을 인식할 수 있게 된 의식은, 자기생명에 대한 애착이, 생사의 자연섭리를 거스르는 것인 줄 깨닫고, 자신 안에 존재하는 이 거스르는 힘을 다스리게 되면서, 생사의 자연섭리를 받아들이게 되는 것인데, 이것이 곧 죽음을 기억하고 받아들이는 의식 상태이며, 메멘토모리와 그 의미가 같다.

실로 '나는 이미 어제 죽었다.' 라고 생각할 수 있다면, 오늘 자신에게 주어진 모든 것은, 오묘한 자연의 선물로써 인식되는 것이며, 모든 것에 절대긍정의 마음이 되어 노래할 수 있다. 왕예가 신(神)의 상태라고 언급한 부분, 즉 '큰 못이 불 살러질지라도 뜨거움을 느낄 수 없고, 황하와 한수가 얼어붙는다 해도 차가움을 느낄 수 없으며, 우렛소리가 산을 깨뜨리고, 바람이 바다를 들어 올려도 놀라지 않소.'나, 또는 '이 같은 자는 구름기세(雲氣)를 타고, 해와 달에 걸터앉아, 세상 밖에서 노닌다오.'는, 모두 이에 대한 상징이다. 나에서 벗어난다는 것은, 나의 손익은 물론 나의 생사까지, 더 이상 집착하지 않는 상태를 말하는 것인데, '당신께선 이익과 손해라는 것을 모르십니다.' 라고 설결이 왕예에게 말했던 것이나 또는 '지인(至人)이란 실로 이익과 손해를 모릅니까?' 라고 재차 확인했던 것 모두, 이에 대한 상징적 의미를 담고 있다.

> 구작자가 장오자에게 물었다.
> '내 스승께 들었소만,
> 성인(聖人)은 일에 종사하지 않고,
> 이익을 좇지 않으며,
> 손해를 피하지 않고,
> 구함(求)을 기뻐하지 않으며,
> 도를 따르지 않는다하오.
> 일컬은바 없지만 일컬은바 있고,
> 일컬은바 있지만 일컬은바 없이,
> 속세 밖에서 노닌다하오.
> 스승께선 허망한 말이라 했지만,
> 나는 묘도(妙道)의 실천이라 생각했소.
> 친구께선 어찌 생각하시오?'

장오자가 대답했다.

'이는 황제[47]가 들어도 당혹스러울 것이오.

그런데 구(됴)가 어찌 족히 그것을 이해했겠소?

그리고 그대역시 너무 서둘렀소.

알을 보고 "닭이 울어 밤 시각을 알리길 구한 것"[48]이고,

탄알을 보고 "부엉이구이"[49]를 구한 것이오.

내 그대에게 망령된 말해볼 테니,

그대도 망령되게 들어보시오. 어떻소?

해와 달을 양옆에 두고,

시공(時空)[50]을 겨드랑이에 껴서,

아래위 입술이 꼭 맞듯이 만들어보시오.

어지럽고 어두운 채 버려두고,

종[51]도 서로 존대(尊待)하시오.

뭇사람들 마음과 힘 다 쏟지만,

성인은 우둔한 채,

영구한 세월 지나도록 순수함 하나 이룰 뿐이고,

만물이 다 없어지도록 이것(순수함)으로써 서로를 따뜻하게 하오.

생(生)을 기뻐하는 것이 미혹된 것 아닌 줄 내 어찌 알 것이며,

사(死)를 혐오하는 것이, "젊을 때부터 타향으로 떠돌아다녀 고향 돌

---

47) 황제(黃帝): 태고의 제왕. 성은 공손(公孫) 또는 희(姬). 헌원(軒轅)의 언덕에서 자랐으므로 헌원씨(軒轅氏)라고도 함. 〈장자〉, 안동림 역주, 현암사, 2001년, 79쪽

48) 원문 '시야(時夜)'를 풀이한 것 〈동아 백년옥편〉, ㈜두산동아, 2001년, 879쪽

49) 원문 '효자(鴞炙)의 풀이로, 부엉이 구이란, 맛좋은 음식, 사치스러운 음식의 비유. 상동, 2,246쪽

50) 원문 '우주(宇宙)'의 풀이로, 천지사방(天地四方)과 고왕금래(古往今來). 우(宇)는 공간을 이르며, 주(宙)는 시간을 이른다. 바뀌어 세계(世界)를 이른다. 상동, 546쪽

51) 원문 예(隸) 자의 풀이로, 남의 집에 몸이 팔려 그 집에서 대대로 천역에 종사하던 사람. 〈엣센스 국어사전〉, 민중서림, 2001년, 2,088쪽

아갈 줄 모르게 된 것"[52] 아닌 줄 내 어찌 알겠소?

여희[53]는 애(艾)라는 지역 국경을 지키는 관리 딸이었는데, 진(晉)나라가 그녀를 차지하게 되었을 때, 눈물을 흘리며 울어 옷깃이 다 젖을 성도였소. 마침내 왕의 처소에 이르러, 왕과 네모진 평상에서 동침하고, 풀을 주며 기른 가축을 먹으면서, 그때 울었던 일을 후회했소. 저 죽은 자가, 죽으려할 때 생(生)을 구했던 것을 후회하지 않았을지 내 어찌 알겠소?

꿈에 술 마시던 자 아침엔 울고,

꿈에 울던 자 아침엔 사냥을 하오.

꿈을 꾸는 그때는, 그것이 꿈인 줄도 모르고, 꿈속에서 또 그 꿈을 점치기도 하오. 깨고 나서야 그것이 꿈인 줄 아오. 그래서 크게 깨달음이 있은 후라야, 이것이 그 큰 꿈인 줄 아오. 어리석은 사람이 스스로를 깨달았다 여기고, 분명하게 임금입네 목동입네 하며 아는 체하지만 고루할 따름이오.

그대와 구(丘) 또한 모두 꿈이고,

그대에게 꿈을 말하는 나 역시 꿈이오.

이것이 그 말인 것이고,

이름 하여 적궤(弔詭)[54]라고 하오.

만세후라도 그 뜻 아는 "크게 거룩한 사람"[55] 만날 수 있다면,

이는 아침과 저녁으로 만난 것일게요.

---

52) 원문 '약상(弱喪)'의 풀이. 〈동아 백년옥편〉, ㈜두산동아, 2001년, 668쪽

53) 여희(麗姬): 여융국(驪戎國)의 미녀. 춘추시대 진(秦)나라 목공(穆公)과 진(晉)나라 헌공(獻公)이 힘을 합쳐 여융국을 쳐서, 미녀 1명과 옥가락지 두 개를 얻었는데, 진(秦)은 옥가락지를 갖고 진(晉)은 미녀를 가졌다. 이 미녀가 곧 여희임.(〈춘추좌씨전(春秋左氏傳)〉, 장공(莊公) 28년) 〈장자〉, 안동림 역주, 현암사, 2001년, 81쪽

54) 적궤(弔詭): 크게 세속과 다름. 〈동아 백년옥편〉, ㈜두산동아, 2001년, 665쪽

55) 원문 대성(大聖)의 풀이임. 〈엣센스 국어사전〉, 민중서림, 2001년, 572쪽

'성인(聖人)은 일에 종사하지 않는다.'는 것은, 성인의 마음이 사물에 묶여있지 않는 것으로써, 이는 사물을 비교 없이 있는 그대로 바라봄에 기초한다. 성인은 무심한 마음으로 움직이는 것이지, 무언가를 이루기 위해서, 즉 무언가를 구하려는 욕구에 따라 움직이는 것이 아님을 상징한 것이다. '이익을 좇지 않으며, 손해를 피하지 않는다.' 함은, 앞서 손익에서 벗어나 있음에 대한 언급과 맥을 같이한다. '구함을 기뻐하지 않으며'에서 구함이란, 욕구의 상징으로써, 욕구의 성취를 기뻐하지 않는다는 의미이다. 이는 시비호오의 분별과 이 분별의 바탕인 욕구가 없는 것으로써, 무지무욕의 상태임을 상징한다. '도를 따르지 않는다.'는 것은, 일상에서 일어나는 다양한 경우를, 텅 빈 마음(의식)으로 수용하는 것이 도일 뿐, 도가 어떤 일정한 형태로써 외부에 존재하지 않는 것을 의미한다.

　'일컬은 바 없지만 일컬은 바 있고'란, 나라는 잣대를 비우고, 시비호오의 비교분별에서 벗어나 있는 그대로를 바라보는 소위 '모른다.'의 상태에서는, 설령 일컬은 바 없는, 즉 말하지 않는 상태에 있다 해도, 이것이 일컬은 바 있는, 즉 시비호오의 비교분별이 있는 경우 말하는 것과 같은 효과가 있음을 강조한 것이며, '일컬은 바 있지만 일컬은 바 없이'란, 이 '모른다.'의 상태에서는, 설령 일컬은 바 있는, 즉 말하는 상태라 해도, 이것이 일컬은 바 없이 즉 시비호오의 비교분별이 있는 경우 말하지 않는 상태와 같은 효과가 있다고 강조한 것이다. '속세 밖에서 노닌다.'는 것은, 모든 욕망을 여읜 의식 상태를 상징한다. '스승께선 허망한 말이라 했지만, 나는 묘도의 실천이라 생각했소.'에서는, '모른다.'의 상태에 대해 이해하지 못한 스승과, 이해한 구작자를 대비시킨 것이다.

'이는 황제가 들어도 당혹스러울 것이오.'부터 '탄알을 보고 부엉이구이를 구한 것이오.'까지는, '모른다.'의 의식 상태에 대해서, 비교분별의 관점만을 가진 경우에서는 쉽게 이해되지 않음을 에둘러 표시한 것이다. 설령 유가(儒家)에서 신(神)으로 떠받드는 황제라 해도 당혹스러울 것이라 했고, 묘도의 실천이라 생각했던 구작자의 경우 역시 서두른 것이라 말하면서, 한 템포 늦추었던 것이다. '해와 달을 양옆에 두고, 시공을 겨드랑이에 껴서 아래위 입술이 꼭 맞듯이 만들어보시오.'는, 앞서 '구름기세를 타고, 해와 달에 걸터앉은' 표현과 유사한 것으로써, 무 또는 무무를 기준점으로 세운 의식 상태에서, '천지와 내가 나란히 생겼고, 만물과 내가 하나임 (天地與我竝生 而萬物與我爲一).'에 대한 그 느낌을 다시 강조한 것이다.

'어지럽고 어두운 채 버려두고'란, 앞서 '인의(仁義)의 시초 시비 (是非)의 길이 흐트러져서, 뒤죽박죽으로 질서가 없소.'와 맥을 같이 하는 것으로써, 이는 나라는 잣대로 인해 벌어지는 상황이고, 따라서 이 상황은 각자 잣대를 인지하고 잣대사용을 중지할 때 비로소 시정될 수 있을 뿐이다. 비운 의식 상태에서는 이점을 인지하고 자신에게 놓인 문제에 집중하는 것이다. '종도 서로 존대(尊待)하시오.'란, 가령 종을 부리는 현실상황에서, 기존대로 종에 대한 차별의식을 갖는 것이 아니라, 종을 존귀한 존재와 똑같이 대하

는 마음이 우선이라는 것이다. '뭇사람들 마음과 힘 다 쏟지만'이
란, 일반 사람들이 끊임없이 사물을 비교하고 욕망함으로써, 사물
에서 벗어나지 못하는 상태에 놓임을 상징한 것이며, '성인은 일에
종사하지 않는다.'와 대비되는 구절이다.

'성인은 우둔(愚芚)한 채, 영구한 세월 지나도록 순수함(純) 하나
이룰 뿐이고'에서, '우둔함'과 '순수함'은 같은 의미이며, '영구한
세월 지나도록'이란, 결국 죽는 그날까지 언제나, 나라는 잣대를
비우는 것을 뜻한다. '만물이 다 없어지도록 이것(순수함)으로써 서
로를 따뜻하게 하오'에서, '만물이 다 없어지도록'이란, 앞의 '영구
한 세월 지나도록'과 같은 의미이고, '서로를 따뜻하게 하오(相蘊)'
란, 결국 나라는 잣대를 비우고, 있는 그대로의 상대를 인정하고
수용하는 것이며, 자신조차도 있는 그대로를 인정하고 수용하는
것을 의미한다.

'생을 기뻐하는 것이'부터 '고향 돌아갈 줄 모르게 된 것 아닌 줄
내 어찌 알겠소?'까지는, 생사에 대한 호오의 비교분별에서 벗어
난 의식 상태로서, 생사에 대해서도 나라는 잣대를 내려놓고 있는
그대로 바라보며, 모른다. 의 상태에 있는 것을 상징한다. 생과 사
는 사실상 비교불능의 것으로서, 사를 경험해보지 않았다는 점이
다. 생에, 경험해보지 않은 사를 비교할 수 없고, 따라서 생은 좋은
것 사는 나쁜 것으로 판단할 수 없는 노릇이다. 생을 기뻐하는 것
은 미혹된 일로써, 비교불능의 사와 생을 비교했기 때문이다. '미

혹된 것 아닌 줄 내 어찌 알겠소?'라는 말에는, 미혹되었다는 의미
가 내포되어 있다.

'사를 혐오하는 것이, 젊을 때부터 타향으로 떠돌아다녀 고향
돌아갈 줄 모르게 된 것 아닌 줄 내 어찌 알겠소?'에서, 고향 돌아
갈 줄 모르게 되었다는 의미가 내포되어 있다. 생이란, 갓난아기로
태어나, 어린이로 성장하고, 청소년, 중장년, 노년의 시간을 거쳐
사에 이르는 것으로써, 끊임없는 변화의 연속이라 말할 수 있다.
갓난아기로 태어나는 생 이전의 상태를, 생의 고향이라 말한 것
이고, 사에 이르기 직전까지의 모든 생을, 타향이라 말한 것이다.
이는 살아있으나 사로 돌아가는 존재임을 잊지 말라는 당부이고,
단한번의 유한한 생의 그 마지막 순간, 후회하지 않도록 잘살라는
의미이다. 이어지는 여희의 이야기와 꿈 이야기는, 생과 사가 사실
상 비교될 수 없는 대상인 것처럼, 비교할 수 없는 것을 가지고 비
교하는 어리석은 사람에 대한 이야기이다.

여희는 진(晉)나라에서 생활해보지 못했음에도 불구하고, 애(艾)
라는 곳에서의 기존생활에, 진나라의 그것을 끌어다가 비교했던
것인데, 이는 결국 기존생활에 대한 여희의 애착 때문이다. 기존생
활에 대한 애착이, 비교불능의 두 가지를 서로 비교하게 했고, 이
비교로 인해 '옷깃이 다 젖을 정도로 눈물을 흘리고 울면서' 슬퍼
했던 것이다. 여희의 슬픔은 스스로 만든 것으로써, 스스로가 이
사실을 깨닫고 비교를 멈출 때 없어지는 것이다. 여희가 진나라에

서 생활한 후, 진나라 생활에, 애라는 곳에서의 생활을 끌어다가 다시 비교하며, 진나라에서의 생활을 좋은 것이라 생각하고, 이전에 슬퍼했던 일을 후회했지만, 애라는 곳에서 느꼈던 큰 슬픔은 되돌릴 수 없는 것이 되었으니, 여희의 인생은 슬픔과 기쁨이 혼재된 상태인 것이다. 만일 언제나 무를 기준점으로 세울 수 있다면, 그 어떤 경우라도 슬픔 속에 빠져있게 하지 않는다는 점이다.

꿈이란, 어떤 스토리로 전개될지 전혀 알지 못하고, 또한 현실에서 볼 때 꿈은, 없는 것인데 있는 것으로 보는, 환각[56] 상태인 것이다. 없는 것을 있는 것으로 보며, 술을 마시기도 하고(기쁨), 울기도 하지만(슬픔), 이는 여희가 비교불능의 두 곳 생활을 비교함으로써, 옷깃이 다 젖을 정도로 울게 된 것과 같은 이치이다. 여희가 기준점을 바꾸어서 즉 진나라 생활에 애착(사랑)하여, 그 진나라 생활에, 애라는 곳에서의 생활을 끌어다가 비교하며, 그때 울었던 것을 후회한 것처럼, 우리도 언제나 무로 그 기준점을 바꿀 수 있다면, 언제나 행복하고 사랑할 수 있다. '꿈에 술 마시던 자 아침엔 울고, 꿈에 울던 자 아침엔 사냥을 하오.'란, 꿈이란 없는 것인데 있는 것으로 보는 착각임을 강조한 것이고, 따라서 현실과는 무관함을 말한 것이다. '꿈을 꾸는 그때는 그것이 꿈인 줄 모르고'란, 꿈을 꾸는 그때는, 그것이 없는 것인 줄 모른 채 있는 것인 줄로만 안다는

---

56) 환각(幻覺): 실제로는 대상이나 자극이 외계에 없음에도 그것이 실제로 있는 것처럼 느끼거나 느껴졌다고 생각하는 감각. 〈엣센스 국어사전〉, 민중서림, 2001년, 2,628쪽

의미이며, '꿈속에서 또 그 꿈을 점치기도 하오.'란, 없는 것을 가지고 길흉화복을 따져본다는 의미로써 어리석음을 강조한 것이다. '깨고 나서야 그것이 꿈인 줄 아오.'란, 깨고 났을 때 비로소 현실과 꿈을 비교하여, 현실은 실재하는 것이고, 꿈은 실재하지 않는 것임을 안다는 의미이다.

'그래서 크게 깨달음이 있은 후라야 이것이 그 큰 꿈인 줄 아는 것이오.'에서, 크게 깨달음(大覺)이란, 도통위일(道通爲一)의 도를 이해한 상태로써, 언제나 무 또는 무무의 기준점을 자신의 의식 속에 세워놓은 상태를 상징한다. 이는 언제나 죽음을 기억하고 수용하는 의식 상태인 것으로써, 현실에 존재하는 그 어떤 것에도 애착이 없는 마음상태이다. 이는 도덕경 16장에서 강조한, '자연의 법칙대로 돌아감을 항상(언제 어디서나 일어나는 일인 줄)이라 말하고, 항상(언제 어디서나 일어나는 일인 줄)을 아는것을 밝음이라 말한다(知常曰明).'나, '항상(언제 어디서나 일어나는 일인 줄)을 알면, 모든 것을 받아들인다(知常容).'의 상태인 것으로써, 모든 것을 기쁜 마음으로 수용하며 언제 어디서라도 평안한 상태가 되는 것이다. 이러한 마음상태가 되었을 때, 비로소 생은, 꿈과 다르지 않음을 진실로 깨닫게 된다. '이것이 그 큰 꿈(大夢)인 줄을 아는 것이오.'에서, '이것'은 바로 생을 의미한다.

'어리석은 사람이 스스로를 깨달았다 여기고'부터 '아는 체해도 고루할 따름이오.'까지는, 여전히 사물을 시비호오로써 비교 분별하는 의식 상태라면, 그 시비호오를 분명히 하고, 임금과 목동을 분명히 구별할지라도, 이는 스스로를 깨달았다고 여기는 어리석은 사람일 뿐이고 아는 체하는 것일 뿐, 자신의 선입견에 단단히 묶여있는 고루한 상태인 것을 강조했다. '그대와 구(丘) 또한 모두 꿈이고'부터 '나 역시 꿈이오.'까지는, 결국 그 어떤 존재라도 죽음의 상태로 돌아감을 강조한 말로써, 메멘토모리에 기초한다. '이것이 그 말인 것이오.'에서, '그 말'이란 결국 죽음을 기억하라는 의미이자, 무의 기준점을 세우라는 것이다. '이름하여 적궤(크게 세속과 다름) 라고 하오.'에서, 장오자가 했던 위의 말들을, '적궤'라 이름할 수 있는 까닭은, 세속적 관점에서는 유만을 기준점으로 세우는 데 반해, 장오자의 관점은 무를 세우기 때문이고, 세속적 관점에서는 생에만 애착하는 데 반해, 장오자의 관점은 사도 함께 돌아보기 때문이다.

'만세 후라도 그 뜻 아는, 크게 거룩한 사람 만날 수 있다면, 이는 아침과 저녁으로 만날 것일게요.'에서, '만세 후라도'가 뜻하는 것은, 장오자의 관점을 알기도 어렵고, 유지하기도 어렵다는 것을 상징하는 것이고, '그 뜻 아는, 크게 거룩한 사람'이란, 이 관점을 이해하고 실천하는 사람을, 크게 거룩한 사람으로서 강조한 것이다. 이 관점이란 결국 에고에서 벗어난 상태를 의미하는 것으로써, 에고에서 벗어난 사람을 만나기 어려우므로, 장오자가 만세 후라도 만난다면, 장오자가 기다린 만세의 유구한 시간조차 그 빛을 다 잃어버린 채, 단지 아침과 저녁에 해당된다고 말한 것이다. 즉 에고를 여읜 의식 상태란 그토록 실현하기 어려운 것임을 에둘러 말한 것이다.

'나와 그대가 시비변론을 한다고 가정해볼 때,
그대가 날 억누르고,
내가 그댈 억누르지 못했다면,
그대가 과연 옳고,
내가 과연 그른 것일까?
내가 그댈 억누르고,
그대가 날 억누르지 못했다면,
내가 과연 옳고,
그대가 과연 그른 것일까?
둘 중 어느 사람만이 옳고
둘 중 어느 사람만이 그른 것일까?
둘 다 옳고,
둘 다 그른 것일까?
나와 그대는 서로 알 수 없지.
그렇다면 사람이 실로 어둠에 덮여 있는 것일까?

그대와 견해가 같은 사람으로 하여금 시비를 정하게 한다면,
이미 그대와 같은데, 어떻게 정할 수 있겠나?
나와 견해가 같은 사람으로 하여금 시비를 정하게 한다면,
이미 나와 같은데, 어떻게 정할 수 있겠나?
나의 견해나 그대의 견해와 다른 사람으로 하여금
시비를 정하게 한다면,
이미 나나 그대와 다른데, 어떻게 정할 수 있겠나?
나의 견해나 그대의 견해와 같은 사람으로 하여금

시비를 정하게 한다면,

이미 나나 그대와 같은데, 어떻게 정할 수 있겠나?

이러하니 나와 그대 그리고 그 어느 사람일지라도

모두가 서로 알 수 없는 것이야.

그러니 또 누군가를 기다려야할까?

소리가 뒤바뀌는 경우를 서로 기다리는 것은,

서로 기다리지 않는 것과 같고,

그래서 하늘어린이로서 화합하는 것일세.

끝없음을 따르기에, 세월을 다하게 되는 까닭인 게야.'

'무엇을 하늘어린이로서 화합한다고 이르는 것인가?'

이에,

'옳다 옳지 않다, 그렇다 그렇지 않다. 에 있어서,

옳다가 정말 옳다면,

옳다는 옳지 않다와 다를 것이고,

다시 변론의 여지가 없는 것이지.

그렇다가 정말 그렇다면,

그렇다는 그렇지 않다와 다를 것이고,

다시 변론의 여지가 없네.

세월을 잊고, 정의를 잊고,

존재의 테두리 없는 곳까지 떨쳐 일어나,

그래서 존재의 테두리 없는 곳에 머무는 것이야.'라 했다.

　　이제 제물론 편 막바지에 도달했다. 장자는 다시 한 번 더 시비
변론에 대해 문제를 제기했다. '나와 그대가 시비변론을 한다고 가
정해볼 때'라는 말이 그것이다.

'그대가 날 억누르고, 내가 그댈 억누르지 못했다면'의 원문은, '약승아 아불약승(若勝我 我不若勝)'이다. '약(若)'은 '너'라는 의미이고, '아(我)'는 '나'라는 의미이며, '승(勝)'은 '이긴다.'는 의미이나. 여기서 '이긴다.'는 것은, 그럴듯한 여러 이유들을 갖고 와서, 자신의 견해가 상대 견해보다 타당하다는 것을 반증하는 것으로써, '억누른다.'로 풀이했다.

'그대가 과연 옳고, 내가 과연 그른 것일까?'라고 의문을 제기한 것은, 억눌렀다 해서 옳은 것이 아니라는 의미를 그 안에 담고 있는 것이다. 장자는 자신의 이러한 뜻을 거듭 강조하기 위해서, '그대가 날 억누른' 경우에서, '내가 그댈 억누른' 경우로 바꾸어, 똑같은 문장을 되풀이했다. '내가 그댈 억누르고'부터 '그대가 과연 그른 것일까?'까지 가 그것이다. '둘 중 어느 사람만이 옳고'부터 '둘 다 그른 것일까?'까지, 이러한 의문을 제기한 데에는, 쌍방의 시비변론은 모두 동일한, 나라는 잣대에 기초한 것으로써, 어느 사람만이 옳을 수 없음을 강조한 것이다. 옳으면 둘 다 옳을 것이고, 그르면 둘 다 그를 것이다. 쌍방이 모두 나라는 잣대에 의해 시비변론을 하는 것이니만큼, 두 사람은 결코 시비의 진위를 밝힐 수 없다. '나와 그대는 서로 알 수 없지.'의 말이 이것이다. '그렇다면 사람이 실로 어둠에 덮여 있는 것일까?'라는 의문 속에는, 실로 어둠에 덮여 있다는 의미를 그 안에 담은 것이다.

'그대와 견해가 같은 사람으로 하여금'부터 '이미 나나 그대와 같은데 어떻게 정할 수 있겠나?'까지, 장자는, 그대와 견해가 같은 경우, 나와 견해가 같은 경우, 나의 견해나 그대의 견해와 다른 경우, 나의 견해나 그대의 견해와 같은, 네 경우를 예로 들면서, 결국 시비의 진위란 정해질 수 없는 것임을 강조했다. 견해가 같거나 다르거나 모두 나라는 잣대에 귀속되기 때문이다. '이러하니 나와 그대 그리고 그 어느 사람일지라도 모두가 서로 알 수 없는 것이야.'라는 말은, '실로 어둠에 덮여 있는 것일까?'라는 의문과 같은 맥이라 할 것이다. '그러니 또 누군가를 기다려야할까?'라는 의문에는, 이제 더는 나라는 잣대를 지닌 그 누구도 기다릴 필요가 없음을 의미하고 있다.

'소리가 뒤바뀌는 경우를 서로 기다리는 것은, 서로 기다리지 않는 것과 같고'의 원문은, '화성지상대 약기불상대(化聲之相待 若其不相待)'이다. 여기서 '화성(化聲)'을 '소리가 뒤바뀌는 경우'라고 풀이했다. '소리가 뒤바뀌는 경우'란, 가령 사물을 놓고 그 시비를 주장할 때, 어떤 경우는 그 사물에 A라는 사물을 끌어다가 견주며, 그 사물을 옳다고 주장하는데 반해, 또 어떤 경우는 반대되는 B라는 사물을 끌어다가 그 사물에 견주며, 그 사물을 그르다고 주장한다는 점이다. 나라는 잣대를 갖고 있는 사람은, 자기 입장에 따라 이랬다저랬다 말 바꾸기를 쉽게 하는데, 장자는 이렇듯 쉽게 바뀌는 시비주장을, 다소 멸시하여 '소리(聲)'라는 단어를 사용한 것이다.

'서로 기다리는 것은, 서로 기다리지 않는 것과 같고(化聲之相待 若 其不相待)'에서, '약(若)'은 '같다'는 의미이고, '상대(相待)'란 '서로 기 다린다는 것'으로써, '쌍방이 서로 자신의 견해에 상대방이 동조할 것을 기다린다.'는 의미라 할 것이다. 결국 위 말은, 나라는 똑같은 잣대를 갖고 있는 쌍방으로서, 상대방이 자신의 견해에 동조하리 라는 기대는, 일찌감치 접는 것이 낫다는 의미인 것이다.

'그래서 하늘어린이로서 화합하는 것일세.'의 원문은, '화지이 천예(和之以天倪)'이다. 여기서 '천예(天倪)'를 '하늘어린이'로 풀이했 다. '예(倪)' 자는, 앞서 설결과 왕예(王倪)의 대화단락에서, 왕예(王倪) 라는 이름에서 사용된바 있다. '예(倪)'린, '어린이'라는 의미를 지 니고 있는데, 이는 어리고 약한 모습으로써, 그 의미를 확장해보 면, 아무것도 모르는, 즉 시비를 아직 모르는 '무지무욕(無知無欲)'의 어린이를 의미하고, 나아가 '있는 그대로 바라본다.'는 의미를 담 고 있다. '화지이천예(和之以天倪)'는, 앞서 '이러하기에 성인은 시비 가 그치지 않는 사람들과 화합하며, "하늘의 저울추"에 (앉아)서 쉬 는 것인데, 이것을 "양행"이라 이른다(是以聖人和之以是非 而休乎天鈞 是 之謂兩行)'의 경우와 유사하게 사용되었다. '화(和)' 자는, 화합(和合)하 다, 동화(同和)하다, 화해(和解)하다, 버무리다, 응하다 등의 의미가 있다. '천예(天倪)'는 위 '천균(天鈞)'과 다르지 않으며, 시비에서 벗 어나 있는 의식 상태를 상징한다.

'끝없음을 따르기에, 세월을 다하게 되는 까닭인 게야.'의 원문

'인지이만연 소이궁년야(因之以曼衍 所以窮年也)'에서, '만연(曼衍)'이란 결국 '화지이시비(和之以是非)'의 '시비(是非)'와 같은 것이고 '양행(兩行)'과도 그 의미가 같다. 그러한 세계에서 무지무욕의 의식 상태가 되어 살아간다는 의미가, 곧 '따른다.'로 풀이한 '인(因)' 자에 담겨 있다. '궁년(窮年)'이란, 본인의 일생을 뜻하는 것으로써, 타고난 수명을 다 누린다는 의미이다. 시비에서 벗어나 무지무욕의 상태가 되어 살 때, 즉 장자에게 있어서 시비란 스스로 만든 것이므로, 시비에서 벗어남은, 스스로가 만든 고통과 해악에서 스스로 벗어남과 같고, 그로써 자신의 육신을 온전히 지킬 수 있다는 의미이다.

'무엇을 하늘어린이로서 화합한다. 이르는 것인가?'라고 하며, 장자는 다시 한번 더 이에 대해 설명하고자 했다. '옳다 옳지 않다, 그렇다 그렇지 않다.에 있어서'부터 '다시 변론의 여지가 없네.'까지, 장자는 동일한 방식을 반복하면서, 정말 옳다면, 변론을 하던 하지 않던, 옳은 것임을 강조했다. 정말 옳다. 에 대해서, 여기서 어떤 설명도 없지만, 앞서 이야기한 것들에 따르면, 결국 나라는 잣대를 비우고, 나라는 잣대를 갖고 있는 사람을, 인정하고 수용하는 것을 의미한다할 것이다.

'세월을 잊고, 정의를 잊고, 존재의 테두리 없는 곳까지 떨쳐 일어나, 그래서 존재의 테두리 없는 곳에 머무는 것이야.라 했다.' 의 원문 '망년망의 진어무경 고우제무경(忘年忘義 振於無竟 故寓諸無竟)'에서 '망년망의(忘年忘義)'란, 나라는 잣대가 없어, 현실적 시간개념과 일반적 정의개념까지도 벗어나 있는 의식 상태를 상징하고, '진어무경(振於無竟)'에서 '경(竟)'이란, 지경(地境: 일정한 테두리안의 땅)을 의미한다. 가령 사물을 바라볼 때, 보통의 경우 ⏌ 존재(있음)만을 바라보게 되는데, 이것이 '경(竟)' 자의 의미이다. 즉 존재의 변화측면은 깡그리 무시하고, 오직 지금 존재하는 것에 고착되어 바라보는 것, 이것이 '경(竟)' 자의 의미이다. '무경(無竟)'이란, 존재의 테두리에서 벗어난, 즉 무(無)를 의미한다.

'떨치고 일어난다.'는 '진(振)' 자는, 의식이 무, 또는 무무를 생각한다는 의미이며, 따라서 '진어무경(振於無竟)'이란, 존재를 바라보면서도 항상 부단한 변화를 생각하여, 존재(有)를 무(無)와 연결시키는 의식 상태라고 하겠다. '그래서 존재의 테두리 없는 곳에 머무는 것이야.'의 원문 '고우제무경(故寓諸無竟)'은, 앞서 '이러하기에 사용하지 않고, 평범한 것에서 머무른다.'는 '위시불용이우제용(爲是不用而寓諸庸)'의 경우와 같다하겠다. '제(諸)' 자는, '~에서'라는 어조사 '어(於)' 자의 경우와 같이 사용되고, 여기서 '무경(無竟)'은, '용(庸)' 과 그 의미가 크게 다르지 않다할 것이다.

　　그림자 옆에 생긴 엷은 그림자[57]가 그림자[58]에게 물었다. '접때는 가더니 지금은 멈추었고, 접때는 앉았더니 지금은 일어섰소이다. 어

---

57) 원문 망량(罔兩)에 대한 풀이. 〈동아 백년옥편〉, ㈜두산동아, 2001년, 1,510쪽

58) 원문 경(景) 자는, 보통의 경우, 햇살, 태양, 밝음 등의 의미로써, 경치(景致), 경관(景觀) 등의 낱말에서 사용되지만, 여기서는 그림자를 뜻하는 영(影) 자와 동일하게 사용되었다.

찌 그리도 "홀로 굳게 지키는 절개[59]"가 없는 것이오?' 그림자가 대답했다. '내 의지하는 것 있어서 그러한 것이오. 내가 의지하는 것은, 또 의지하는 것 있어서 그러한 것이오. 내 뱀이 비늘[60]을, 매미가 날개[61]를 서로 의지하듯 의지한다오. 어찌 그렇게 되는 까닭을 알 수 있고, 어찌 그렇게 되지 않는 까닭을 알 수 있겠소?'

이 단락에서는 사물의 몸체[62]에 햇빛이나 불빛이 가려져서 나타나는 검은 그림자와, 검은 그림자 가장자리에 생기는 엷은 그림자를 의인화해서 대화를 나누는 방식을 취했다. 햇빛이나 불빛 아래 다양한 모양으로 그림자를 나타나게 하는 몸체는, 하나의 존재물로써 있음이라고 말할 수 있지만, 그림자는 몸체와 같은 물질적인 면이 없다는 점에서, 없음이라고 말할 수 있다. 그러나 그림자는 몸체가 움직이는데 따라 다양한 모양으로 자신을 드러내게 되는데, 이는 사물의 현상에 따라 반응하는 의식의 경우와 유사하다. 그림자가 몸체로부터 자유롭지 못하듯, 의식 또한 끊임없이 사물의 현상을 시비호오로 분별한다는 점에서, 사물에서 자유롭지 못하다고 말할 수 있다. 장자는 바로 이점을 문제시하여, 사물을 있는 그대로 바라봄을 제시했고, 이것을 장자는 사물에서 벗어난 의식 상태로써 인식했다. 따라서 몸체에서 자유롭지 못한 그림자란, 사물의 현상을 끊임없이 분별하는 의식의 상징이라고 말할 수 있다.

---

59) 원문 특조(特操)에 대한 풀이. 〈동아 백년옥편〉, ㈜두산동아, 2001년, 1,199쪽
60) 원문의 사부(蛇蚹)는, 뱀의 비늘을 뜻하는 것으로써, 뱀은 비늘로 움직이고 비늘은 뱀을 따라 움직이는데서, 서로 의지함을 비유하여 이르는 말. 상동, 1,704쪽
61) 원문의 조익(蜩翼)은, 매미의 날개를 뜻하는 것으로써, 사부(蛇蚹)의 경우와 같다.
62) 몸체: 물체나 구조물의 몸이 되는 부분. 〈엣센스 국어사전〉, 민중서림, 2001년, 821쪽

'접때는 가더니 지금은 멈추었고, 접때는 앉았더니 지금은 일어섰소이다.' 라는 엷은 그림자의 말은, 검은 그림자가 몸체에 속박되어 독립된 상태로 있지 못함을 지적한 것으로써, '홀로 굳게 지키는 절개'가 없는 모습이다. 여기서 홀로 굳게 지키는 절개란 결국 시비호오 없이 사물을 있는 그대로 바라보는 의식 상태의 상징이다. '내 의지하는 것 있어서 그러한 것이오.' 라는 검은 그림자의 말은, 그림자가 몸체에 속박되어 있음을 나타낸 것이자, 의식이 사물의 현상에 속박되어 있음을 강조한 것이다. '내가 의지하는 것은, 또 의지하는 것 있어서 그러한 것이오.'의 말은, 몸체 또한 의지하는 것이 있음을 나타낸 것이자, 사물의 현상 또한 의지하는 것이 있음을 강조한 것이다. 몸체나 사물이나 의지하는 것이란, 결국 유에서 무로 변하는 자연법칙으로, 모든 존재물은 설령 그것이 물질적 면에서 유의 형태를 취했든 또는 무의 형태를 취했든, 자연법칙의 지배하에 있다고 할 때, 그림자가 따르는 몸체나 의식이 반응하는 사물은 모두, 이 자연법칙을 의지하는 것으로 말할 수 있다. '내 뱀이 비늘을, 매미가 날개를 의지하듯 의지한다오.'의 말은, 그림자와 몸체, 의식과 사물의 속박관계를 거듭 강조한 것이다.

'어찌 그렇게 되는 까닭을 알 수 있고, 어찌 그렇게 되지 않는 까닭을 알 수 있겠소?'의 검은 그림자 말은, 윗말을 그대로 받았을 때, '어찌 의지하게 되는 까닭을 알 수 있고, 어찌 의지하지 않게 되는 까닭을 알 수 있겠소?'라고 바꿀 수 있겠는데, 서로 의지하는 때는 몸체가 존재하는 때이고, 서로 의지하지 않는 때는 몸체가 사라진 때인즉, 이는 유무존망으로 변하는 자연법칙에 관련된 말로써, 자연법칙의 까닭을 알 수 없음에 대하여 부각시킨 것이다. 이는 의식과 사물의 경우도 동일한 것으로써, 결국 의식은 '무'에 기초하여 있는 그대로를 바라볼 수밖에 없음을 강조한 것이다.

> 언젠가 장주(莊周)[63]는 꿈에 나비가 되었다. 훨훨 나는 것이 영락없는 나비였다. 얼마나 기쁘고 유쾌하던지 주(周)인줄을 몰랐다. 갑자기 깨어났는데, 주의 모습 그대로였다. 주의 꿈에 나비가 된 건지, 나비의 꿈에 주가 된 건지 알지 못했다. 주와 나비는 분명히 구별이 있다. 이를 물화(物化)라 이른다.

이 단락은 제물론 편 마지막을 장식한다. 제물론 편 내내 장자는, 비일상적 의식 상태라고 말할 수 있는, 소위 있는 그대로 바라봄에 대해 강조했다. 있는 그대로 바라봄이란, 사물을 시비호오 없이 무심히 바라보는 것인데, 이 단락에서는 특히 사물에 있어서, 유무존망의 변화측면에 관련되어 있다. 사물이란 끊임없이 유무존망의 변화 속에 놓여있지만, 사람은 변화측면을 인식하고 기억

---

63) 장주(莊周): 주(周)는, 장자(莊子)의 이름이며 자(字)는 자휴(子休)이다. 그의 생존연대는 기원전 370~300년경으로 추정되고 있다. 출생지는 전국 시대 송(宋)나라로, 몽(蒙: 현재 河南省 歸德府 商丘縣 동북쪽)으로 알려져 있다. 아내와 몇 명의 제자가 있었으며, 동향인 송나라 사람으로 위(魏)나라 재상을 지냈던 혜시(惠施)와 친교를 나눈 듯하다. 기원전 1세기 사마천의 〈사기〉에 의하면, 몽 지역에서 칠원(漆園: 옻나무를 재배하는 동산/ 일설에는 지명이라고도 함)을 관리하는 벼슬을 지냈고, 외편 추수편에 의하면, 초(楚)나라 위왕(威王: 재위 339~329년)의 재상(宰相) 제의를 거절했던 것으로 추측된다. 잡편 외물편에 곡식을 빌리러 간 이야기가 수록된 것으로 볼 때, 넉넉지 않은 생활을 꾸려간 듯하다. 〈장자〉, 안동림 역주, 현암사, 1993년, 17쪽

하기보다는, 존재적 측면에 묶여 인식함으로 인해, 종종 심각한 심리적 정서적 갈등상태가 된다. 이는 자연의 변화법칙에 대하여 무지하거나 또는 외면했기 때문인 것으로써, 제물론 편의 미시유물(未始有物)이나 대각(大覺) 등의 표현은, 이 자연법칙의 인식과 수용을 바탕으로 하고 있다. 자기존재에 대해서도 언제나 이 법칙이 적용됨을 잊지 않음으로써, 최대한 자기생존에 대한 본능적 애착을 제어하고, 모든 사물의 변화, 변천으로부터 평정하고 자유롭고자 했던 것이다. 이 단락은 앞에서 언급된 이야기들과 그 분위기가 사뭇 다르지만, 비움을 기본으로 한 점은 동일하다.

　'언젠가 장주는 꿈에 나비가 되있다.'의 말은, 생을 꿈이라 생각할 수 있는 자의 말로써, 자신의 정체성조차 일체 고집하지 않는 비움의 의식 상태에서, 나비 그자체가 되었음을 꿈이라는 형식을 통해 부각시킨 것이다. '훨훨 나는 것이 영락없는 나비였다. 얼마나 기쁘고 유쾌하던지 주인 줄을 몰랐다'의 말은, 꿈속 나비를 실재인양 생생하게 느꼈음을 표현한 것으로써, 사실은 물질적인 면에서 실재하지 않는 허상의 나비를, 실재하는 것으로 착각했음을 강조한 것이다. '갑자기 깨어났는데 주의 모습 그대로였다'의 말에서, 갑자기 깨어났다 함은, 생에 대하여 꿈이라는 비일상적 생각이 불현 듯 사라지고, 실재하는 것이라는 일상적 생각으로 바뀌었음을 의미하는 것으로써, 의식의 전환(변환)이라는 의미를 담고 있다.
　주의 모습 그대로였다는 것은, 기쁘고 유쾌하게 훨훨 날았던 나비로부터 전혀 그렇지 못한 일상의 장주상태로 되돌아왔음을 의미한다.

'주의 꿈에 나비가 된 건지, 나비의 꿈에 주가 된 건지 알지 못했다'의 말은, 장주의 꿈속에서 나비가 되었을 때, 어떤 의심도 없이 허상인 나비를, 장주는 실재하는 것으로써 생생하게 느꼈던 것인데, 이 강렬한 느낌으로 인해, 장주는 평소 자신에 대해 어떤 의심도 없이 자신을 실재하는 것으로써 생생하게 느끼고 있지만, 이는 어쩌면 장주자신의 꿈속 나비를 실재하는 것으로 느꼈던 것처럼, 나비의 꿈속 장주 즉 허상인 장주를, 지금 실재하는 것으로 느끼는 것일 수 있다고 생각하게 되었음을 말하는 것이다. 이는 표면적으로는 꿈의 형식을 빌어 실재(있음)와 허상(없음)의 경계를 무너뜨린 것이지만, 내면적으로는 실재(있음)와 허상(없음)을 분리하지 않고 하나로써 바라보고자 했던 장자의 의식 상태를 반영한 것이다. 이것은 결국 실재(있음)를 기준잣대로 하여, 사물을 바라보는 일상적 의식 상태를 반성하고, 허상(없음)를 기준잣대로 하여, 사물을 바라보는 비일상적 의식 상태를 제시한 것으로써, 실재(있음)를 기준잣대로 한다면 '주의 모습 그대로'인 일상이 되는 것이고, 허상(없음)을 기준잣대로 한다면 '훨훨 나는 나비'의 일상이 됨을 암시한 것이다.

'주와 나비는 분명히 구분이 있다. 이를 물화(物化)라 이른다.'의 말은, 실재(있음)와 허상(없음)의 경계를 무너뜨릴 수 있는 의식 상태와는 달리, 물질적 대상은 분명히 구분(경계)이 있고, 끊임없이 변화하고 있음을 지적한 것으로써, 생로병사, 성주궤멸의 현상이 그러하며, 이것을 물화 즉 물질의 변화라 이른 것이다.

양생주 편

평정과 자유에 이르는,
명품가방을 소유하는 그 방식 말고,
고위직에 도달하는 그 방식 말고,
관점을 전환하는 방식.

양생주 편부터는 그 내용을 선별적으로 풀이한다. 이미 장
자 완역이 나온 지 오래전이고, 보다 핵심적 주제에 집중하
기 위해서이다.

포정(庖丁)[64]이 문혜군(文惠君)[65]을 위해 소를 해체했다. 손을 대고, 어

---

64) 포정(庖丁): 궁중에서 소, 돼지 등의 해체를 담당했던 자로서, 포(庖)는 부엌, 정(丁)은
백정(白丁)을 뜻한다. 고대 문명국에서는 일찍이 농경생활을 시작하면서, 쟁기를 끄
는데 소를 이용했을 뿐 아니라, 군사가 있을 때면, 소를 잡아 하늘에 제사를 지내
기원했고 그 길흉을 점쳤다. 제천 후 식용했을 것이며, 특히 육식을 주로 하는 북쪽
지역에서는 백정을 기술자로 존중해주었다. 인터넷 지식백과 참조

65) 문혜군(文惠君: 기원전 400~334년): 위(魏)나라 3대군주로 성(姓)은 희(姬) 씨(氏)는 위
(魏)이다. 재위기간은 기원전 370~334년이고, 위혜왕(魏惠王) 또는 양혜왕(梁惠王)
으로 불리며, 이때 혜시(惠施)가 재상을 지낸바 있다. 〈장자〉, 안동림 역주, 현암사,
2001년, 92쪽/ 위(魏: 기원전 403~225년)나라는 전국 시대 칠웅가운데 하나로, 진
(晉)나라에서 분리되어 나왔다. 위나라 시조는 주무왕(周武王)의 동생인 필공 고(畢公
高)로, 필공 고의 후손인 필만(畢萬)이 필나라를 진(晉)나라에 바쳤고, 진나라 헌공 밑
에서 군공을 세워 땅을 하사받으면서 필만은 위만(魏萬)이라고 호칭하게 된다. 필만
의 손자 때부터 진(晉)나라 내부에 세력을 갖고, 진나라 6경(卿)이 되는데, 453년 6
경의 조씨(趙氏), 위씨(魏氏), 한씨(韓氏)가 진나라 영토를 3등분으로 나누어가졌으며,
403년 주나라 위열왕은 조씨, 위(위문후)씨, 한씨를 정식제후로 책봉했다. 396년 위
무후 때는 주변의 강력한 나라들과 계속되는 전쟁으로 국가재정이 불안정해졌고,
370년 위혜왕이 즉위하면서 제(齊)와의 마릉전투에서 대패했고, 340년 진(秦)에 대
패하면서, 수도를 안읍(安邑)에서 동쪽 대량(大梁=開封)으로 천도한 후 양(梁)나라로

깨를 기대고, 발로 밟고, 무릎을 구부림에 따라, 획획, 삭삭, 획획, 찰 쓰는 소리가 가락에 맞지 않는 경우가 없었다. 상림(桑林)[66]의 춤과 일치했고, 경수(經首)[67]의 곡조에 들어맞았다. 문혜군이 말했다. '햐! 훌륭하도다! 기술이 어찌 예까지 이른 것이냐?' 포정이 칼을 내려놓고 대답했다. '신(臣)이 좋아하는 것은 도입니다. 기술을 뛰어넘지요. 신이 처음 소를 해체할 때, 보이는바 소 아닌 것이 없었습니다. 3년이 지나고 나서 소는 통째로는 보이지 않게 되었습니다. 지금 신은, 신(神)으로써 대할 뿐 눈으로는 보지 않습니다. 감각기관[68]의 분별지가 멈출 때, 신(神)이 움직입니다. 천지만물에 통하는 이치[69]에 의지하여 크게 벌어진 틈을 밀어젖히고, 크게 비어있는 곳을 길잡이 삼아, 생긴 그대로 따라갑니다. 기술이 뼈에 붙은 살과 힘줄 얽힌 곳[70]을 내려치지 않는데, 하물며 큰 뼈겠습니까?'

그동안 제물론 편에서 강조한 것은, 대상(사물)을 있는 그대로 바라보는 것이다. 이는 대상에 대한 비교를 중지하는 것으로써, 대상을 향하던 눈을 안(내면)으로 돌려, 자기잣대를 자각함에서 비롯된

불렸다. 이때 위문후 때 유지한 패자의 자리에서 내려갔고, 위나라는 진(秦)나라의 계속된 시달림 속에서 225년 진(秦)나라에 의해 멸망되었다. 인터넷 참조

66) 상림(桑林): 궁궐 마당에서 춤출 때 연주하는 고전음악으로, 은(殷)나라 탕왕(湯王)이 상산(桑山)에서 기우제 때 만들었다는 전설의 명곡. 〈장자〉, 안동림 역주, 현암사, 1993년, 93쪽

67) 경수(經首): 요(堯)임금이 함지(咸池)의 악장(樂章)을 짓고, 경수의 곡조를 지어 천제(天帝)를 제사지냈다는 이야기가 있음. 상동 93쪽

68) 원문 관(官) 자의 풀이로, 눈(시각), 귀(청각), 코(후각), 혀(미각), 피부(촉각)의 다섯 감각 기관으로써, 비교분별의 잣대를 상징한다.

69) 원문 천리(天理)에 대한 풀이. 〈동아 백년옥편〉, ㈜두산동아, 2001년, 494쪽

70) 원문 긍(肯) 자는, 뼈에 붙은 살을 뜻하고, 경(綮) 자는, 힘줄 얽힌 곳을 뜻한다. 상동 1,552쪽

다. 대상을 이름이나 시비선악호오 등으로 인식하는 자기잣대는, 대상을 다른 대상과 비교할 뿐, 그 본질과는 전혀 무관한 인식이라는 자각을 하게 되면서, 이를 중지하고 바라보는 것인데, 바라보는 그 대상에 집중하는 상태가 된다. 대상에 집중한다는 것은, 이름이나 시비선악호오 등 추상적 개념인식에서 벗어나, 보다 구체적으로, 서로 다른 형태형질의 물질적 조합으로 이루어진 대상에 집중하여 인식하는 것이다. 이와 관련하여 도덕경 1장에서는 있음(유)과 없음(무)이라는 낱말로써 상징하기도 했다.

소를 해체하는 포정의 동작과 그 칼 쓰는 소리가, '상림의 춤과 일치했고, 경수의 곡조에 들어맞았다'함은, 포정이 나라는 잣대를 내려놓고, 대상에 어떤 비교분별 없이 오로지 집중한 것을 극찬한 것이다. '훌륭하도다! 기술이 어찌 예까지 이른 것이냐?'는 문혜군의 말과, '신(臣)이 좋아하는 것은 도입니다. 기술을 뛰어넘지요.'라는 포정의 말은, 기술과 도를 대비시킨 것으로써, 대상에 집중하게 만드는 것은, 기술이 아닌 도라고 말하는 것이다. '신이 처음 소를 해체할 때, 보이는바 소 아닌 것이 없었습니다(始臣之解牛之時, 所見無非牛者).'의 말은, 소라는 대상에 묶인(집착한) 것으로써, 마음이 대상에 묶이면(대상을 너무나 좋은 것 또는 나쁜 것으로 생각하게 되면), 대상은 마음을 지배하고, 이때 설령 다른 대상을 본다 해도, 제대로 볼 수 없음을 말한 것이다. '3년이 지나고 나서 소는 통째로는 보이지 않게 되었습니다(三年之後, 未嘗見全牛也).'의 말에서 3년은, 묶인 상태에서 벗어나 집중할 수 있게 된 그 기간을 의미하는 것이고, '통째로는 보이지 않게 되었다'에서 통째(全)라는 표현은, 결국 대상을 비교분별의 추상적 개념으로 뭉뚱그려 인식하는 것을 의미한다. 따라서 통째로는 보이지 않게 되었다는 것은, 그 구체적 물질의 조합양상을 인식하게 되었다는 것이며, 이는 유무의 본질(변화법칙)을 여실히 인식하게 되었음을 의미하는 것이다.

'지금 신은, 신(神)으로써 대할 뿐 눈으로는 보지 않습니다(臣以神遇, 而不以目視).'에서 신(神)이란, 나라는 잣대가 일체 없는 의식 상태를 상징하는 것으로써, 제물론 편에서 '지인은 신의 상태인 것이오(至人神矣)'로 언급된 경우와 같은 것이고, 눈으로는 보지 않는다. 란, 비교분별하지 않고 있는 그대로 바라보는 것으로, 오로지 대상에 집중함을 상징하는 것이다. 이 같은 신(神)의 상태는, 비교분별을 일삼는 상태에서 본다면, 아무것도 모르는 무지한 상태처럼 인식될 수 있지만, 이는 의식을 덮는, 나라는 잣대가 없음으로 인해, 의식이, 밝은 명(明)의 상태가 된 것으로써, 사물의 본질(변화법칙)을 인식할 뿐 아니라, 참신한 아이디어(idea)가 무궁히 샘솟고, 물아일체의 상태라고도 말할 수 있다.

'감각기관의 분별지가 멈출 때, 신(神)이 움직입니다(官知止而神欲行).'의 말에서, 감각기관의 분별지가 멈춘다함은, '눈으로는 보지 않는' 것과 의미가 중첩된 것이며, 결국 나라는 잣대가 없는 상태이자 있는 그대로의 모습에 집중하는 것이다. '천지만물에 통하는 이치에 의지하여, 크게 벌어진 틈을 밀어젖히고, 크게 비어있는 곳을 길잡이 삼아, 생긴 그대로 따라갑니다(依乎天理, 批大郤, 導大窾, 因其固然).'의 말에서, 천리(天理)란 곧 유무로 변화하게 하는 자연법칙을 뜻한다하겠고, 대극(大郤)이나 대관(大窾)은, 하나의 물질적 대상이 서로 다른 형태형질로 결합되었을 때, 결합된 그 틈을 가리키는 것이라 하겠으며, 고연(固然)이란 천리에 따라 결합된 양상을 뜻한다 하겠다.

'기술이 뼈에 붙은 살과 힘줄 얽힌 곳을 내려치지 않는데, 하물며 큰 뼈겠습니까?(技經肯綮之未嘗, 而況大軱乎)'의 말은, 비교할 뿐 대상의 본질적 면을 바라볼 수 없는 의식 상태와는 달리, 대상에 집중하여 대상의 물질적 조합양상을 그대로 바라볼 수 있는 의식 상태를 가리키는 것으로써, 뼈에 붙은 살(肯), 힘줄 얽힌 곳(綮)이란 서로 다른 형태와 형질의 물질적 조합을 의미하는 것이며, 내려치지 않는다함이란, 이 조합양상을 훼손함 없이 그대로 따라 말끔히 해체한다는 의미라 하겠다.

'좋은 요리사가 해마다 칼을 바꾸는 것은 살을 베기 때문이고,
평범한 요리사가 달마다 칼을 바꾸는 것은 뼈를 자르기 때문입니다.
지금 신의 칼은 19년[71] 동안 수천마리의 소를 해체했습니다만,
칼날은 숫돌에서 방금 갈아서 가져온 것과 같습니다.

---

71) 19는, 나눠지지 않는 소수(素數)로써, 20이하의 소수 가운데 가장 큰 수이다. 이는 오랜 시간을 의미한다할 것이고, 특히 나눠지지 않는 소수를 사용했다는 점은, 꾸준히 정진해왔음을 상징한 것이라 생각한다. 19는 덕충부 편 정자산과 신도가 단락에서도 동일하게 사용된바 있다.

저 뼈와 뼈가 연결된 부위[72]에는 틈이 있고,

칼날에는 두께가 없습니다.

두께 없는 것을 틈 있는 곳에 들이니 넓고 큰 것입니다.

칼날을 놀리는데 있어서 필히 어지가 있게 되는 것이며,

이 때문에 19년이 지났어도

칼날은 숫돌에서 방금 갈아서 가져온 것과 같은 것입니다.

비록 그렇긴 하지만 매번 뒤엉킨 곳에 이르면,

저는 칼을 씀에 어려움이 있을 것을 생각하고,

두려운 마음으로 주의하면서,

보는 것을 멈추고 동작을 느리게 하여,

칼을 극히 정묘하게 움직입니다.

툭툭 이미 해체되어, 흙이 땅에 쌓이듯 합니다.

칼을 들고 일어서서 사방을 둘러봅니다.

느긋하게 만족스런 마음이 차오르면, 칼을 잘 닦아 간직해둡니다.'

문혜군이 말했다.

'훌륭하도다! 내 포정의 말을 듣고 양생(養生)을 얻었도다!'

좋은 요리사, 평범한 요리사, 포정, 이 세 사람의 경우는, 사물을 대하는 의식 상태의 상징으로써, 표면적으로는 소를 해체하는 칼 쓰는 요리사로써 묘사되었다. 살도 뼈도 다 자르고 베어버려, 달마다 칼을 바꿔야하는 평범한 요리사란, 자신 안에 있는 나라는 잣대에 대한 어떤 인지도 없이, 그저 나라는 잣대에 의해 비교 분별함은 물론 집착하고 배척함으로써, 언제나 그 마음이 분노, 불

---

72) 원문 피절자(彼節者)에 대한 풀이로, 관절(關節)을 뜻한다. 관절은 뼈와 뼈가 서로 맞닿아 움직일 수 있도록 연결된 부분으로, 뼈와 뼈가 이어진 부분을 가리킨다. 〈엣센스 국어사전〉, 민중서림, 2001년, 243쪽

안, 우울 등의 온갖 부정적 감정 상태에 휩싸일 뿐 아니라 대상과 항상 대립, 갈등, 다툼의 상태에 있게 됨을 상징한다. 한편 뼈는 다치지 않지만, 살은 베어버려 해마다 칼을 바꿔야하는 좋은 요리사란, 자신 안에 있는 나라는 잣대에 대하여 인지가 있고 그것을 내려놓을 줄도 알지만, 때때로 그 사실을 망각한 채 비교분별하고 집착하는 의식 상태의 사람인 것으로서, 평범한 요리사에 비해 자신을 통제하는 측면이 많다할 것이다. 이에 반해 포정은, 나라는 잣대에 대하여 인지가 있고 그것을 내려놓음에서 철저한 자로서, 언제나 대상에 집중하는 상태에 있음을 상징한다. 19년이란 나라는 잣대를 인지한 후 그 잣대를 내려놓은 상태에서, 비교분별이나 집착 또는 배척 없이, 있는 그대로 사물을 바라본 오랜 기간을 뜻한다할 것이고, 수천 마리의 소란, 형태형질로 조합된 양상이, 서로 다른 경우의 대상을 뜻하는 것이며, 숫돌에서 방금 갈아서 가져온 것과 같은 칼날이란, 나라는 잣대 없이 늘 텅 비어있는 의식 상태를 뜻한다할 것이다.

'저 뼈와 뼈가 연결된 부위에는 틈이 있고, 칼날에는 두께가 없습니다(彼節者有間, 而刀刃者無厚).'에서, 틈(有間)이란 뼈와 뼈가 이어진 관절 부위를 가리키는 것이나, 서로 다른 형태형질로 조합된 그 간극인 것으로써, 유무의 변화법칙을 상징하고 있다. 칼날에 두께 없음(無厚)이란, 위에서 말한 바대로, 나라는 잣대가 비워진 의식 상태를 상징한다. '두께 없는 것을 틈 있는 곳에 들이니 넓고 큰 것입니다'의 말은, 텅 빈 의식 상태로 대상에 집중하여, 유무로써 조합된 양상 그대로 따르는 것을 상징한다. '칼날을 놀리는데 있어서 필히 여지가 있게 되는 것입니다'의 말은, 대상과 갈등상태가 빚어지지 않는 것으로써, 평정하고 조화로운 상태에 있음을 상징한다 하겠다. '비록 그렇긴 하지만 매번 뒤엉킨 곳에 이르면'부터 '두려운 마음으로 주의한다.'까지는, 텅 빈 의식 상태를 유지한다 해도, 세상은 지극히 다양한 모습으로 운행되는 것이고, 따라서 복잡하게 얽힌 난감한 상황에 맞닥뜨릴 수 있는 것인 만큼, 평정하고 조화로운 상태를 장담할 수 없는 것이다.

이때 자신의 내면을 거듭 돌아보며 성찰을 게을리 하지 않아야 함을 뜻한다하겠다. '보는 것을 멈추고 동작을 느리게 한다(視爲止, 行爲遲)'는 것은, 기존의 비교인식으로 되돌아간 자신을 자각하고 이를 중지하는 것으로써, 비교인식으로 되돌아갔을 때, 비교에서 벗어나있는 상태와는 달리, 서두르게 되는 마음과 행동을 다스린다는 의미라고 하겠다. '칼을 극히 정묘하게 움직인다(動刀甚微)'는 것은, 자신을 더욱 허정한 상태가 되게 하여, 미세하게 조합된 양상까지 허투루 훼손하지 않는다는 의미라 하겠다. 이 부분은 소요유 편 신인(神人)을 묘사할 때, '얌전하기가 처녀 같다(淖約若處子)'는 표현이 있는데, 이와 유사한 내용으로써 대상을 배려하는 섬세한 마음 씀이라하겠다. '툭툭 이미 해체되어, 흙이 땅에 쌓이듯 합니다(謋然已解, 如土委地)'의 말은, 대상에 집중하여 그 조합된 양상 그대로를 따름으로써, 대상이 조합되기 전 상태와 동일한 모습으로 해체된 것을 뜻한다. 이는 자연의 질서를 따라 본래상태대로 돌아간 것과 같은 것으로써, 어떤 인위도 개입되지 않은 것을 상징한다.

흙이 땅에 쌓이듯 하다는 표현은, 어지럽게 흩어지고 피로 낭자한 살덩이와 뼈들의 해체광경이 아니라, 질서 있고 깨끗하게 정돈된 해체광경을 묘사한 것으로써, 이는 해체과정에도 불구하고, 대상에 어떠한 고(苦)의 상태도 발생되지 않았음을 상징한다.

'칼을 들고 일어서서 사방을 둘러본다.'는 것은, 난감한 상황이 종료되었음을 뜻하는 것이고, '느직하게 만족스런 마음이 차오른다.'는 것은, 감사와 감동의 마음이 솟아남을 뜻하는 것이다. '칼을 잘 닦아 간직해둔다'는 것은, 다시금 텅 빈 상태가 된다는 의미라 할 것이다. '훌륭하도다! 내 포정의 말을 듣고, 양생을 얻었도다!'의 말에서 양생은, 결국 나라는 잣대를 비우고 비교분별에서 벗어남인 것으로써, 이로써 대상에 집중할 수 있고, 이것이 곧 양생의 방법임을 강조한 것이다. 집중이란 대상의 미세한 물질적 조합양상까지 허투루 보지 않게 되는 것으로써, 이는 유무의 자연법칙을 인식함과 다르지 않다. 양생이란 대상과의 관계에서 최대한 인위를 배제함으로써, 주객의 두 경우 모두 발생될 수 있는 고(苦)의 상태가 없게 되는 것이라 하겠다.

노담(老聃)[73]이 죽었다.

---

73) 노담(老聃): 노자를 말함. 노자에 관련해서, 여배림은 〈노자독본〉에서 다음과 같이 말하였다. 노자의 사적(事蹟)은, 사기노장신한열전에서 최초로 보인다. 노자의 일생(一生)에 관해 알고자 한다면, 열전의 다음 문장을 읽지 않을 수 없다. '노자는 초(楚)나라 고현(苦縣) 려향(厲鄉) 곡인리(曲仁里) 사람이다. 이름(名)은 이(耳), 자(字)는 담(聃), 성(姓)은 이씨(李氏). 주(周)나라 수장실(守藏室) 관리였다. 공자가 주나라에 이르렀을 때, 노자에게 예(禮)에 관해서 묻게 되었다. 노자가 말했다. "그대가 말하는바 그 사

진(秦)나라 일(失)이 조문을 왔다.

세 번 목을 놓아 울고 나왔다.

제자가 말했다. '스승님의 친구 분 아니십니까?'

이에 '그렇소.'라 했다.

'그렇다면 조문이 이와 같아도 되는 겁니까?'

이에 '그렇소. 처음에는 내 그를 훌륭한 사람으로 여겼지만,

지금은 아니오.

조금 전 내 들어가 조문할 때,

늙은이는 그 아들이 죽어서 울 때처럼 울었고,

젊은이는 그 어미가 죽어서 울 때처럼 울었소.

저들이 저리 모인 까닭에는,

말로써 원했던 것은 아니지만 반드시 말한바 있었고,

람(의 살)과 뼈는, 모두 이미 썩었소. 오직 그 말만이 남아있을 뿐이오. 게다가 군자란 때를 얻으면 뜻을 펼치고, 때를 얻지 못하면 정처 없이 떠돌아다니는 것이오. 그대의 교만한 마음과 많은 욕심, 꾸민 얼굴빛과 음란한 생각을 버리시오. 이는 모두 그대의 몸에 무익하오. 내 그대에게 알려줄 것은 이뿐이오." 공자는 물러나 제자들에게 말했다. "새, 내 그것이 능히 나는 것인 줄 안다. 물고기, 내 그것이 능히 헤엄치는 것인 줄 안다. 짐승, 내 그것이 능히 달리는 것인 줄 안다. 달리는 것은 그물로 잡을 수 있고, 헤엄치는 것은 낚싯줄로 잡을 수 있으며, 나는 것은 주살(활쏘기의 기본자세를 연습할 때, 화살의 시위에 끼도록 에어낸 부분에 줄을 매어 쏘는 화살)로 잡을 수 있다. 용에 이르면, 내 알 수 없다. 그것은 바람과 구름을 타고 하늘로 오른다. 내 오늘 노자를 만났는데 그는 용과 같았다." 노자는 도와 덕을 닦았다. 그것을 배움으로써 스스로 숨어 이름 없음에 힘썼다. 주나라에서 오래도록 있었는데, 주나라가 쇠하는 것을 보자 곧 떠났다. 관(關)에 이르렀을 때, 관의 수령인 윤희(尹喜)가 말했다. "선생께서 은둔하려하시니, 저를 위한 저술을 부탁드립니다." 이리하여 노자는 곧 도와 덕의 뜻을 말하는, 오천여 단어의 상하편(上下篇)을 저술한 후 떠났다. 그의 종말에 대해서 아는 자 없었다…' 여배림 선생은 위 노장신한열전의 내용가운데, 이씨(李氏)라고 한 노자의 성씨를 노씨(老氏)로 고증했고, 초나라 고현 려향을, 진(陳)나라 뢰향(賴鄕)으로 고증했으며, 수장실 관리는, 요즘의 도서관 관장에 해당된다고 했다. 관(關)에 이르렀다는 대목에서, 관을 함곡관(函谷關)이라 했고, 함곡관 밖은, 진(秦)나라였음을 고증했다. 그러면서 양생주 편의 '진일이 조문을 왔다(秦失弔之)'는 내용에 관련하여, 진(秦)나라 일(失)이라고 강조했다. 〈新譯老子讀本〉, 余培林 註譯, 三民書局, 中華民國 67年, 1쪽~4쪽

울기를 원했던 것은 아니지만 반드시 운바 있었던 것이오.

이는 하늘을 피해 달아나고

사물의 참된 모습을 배반한 것으로,

그 받은 바를 저버린 것이오.

옛날에는 이를, 하늘을 피해 달아나는 형벌이라 했소.

온 것은 그 사람이 올 시간이 된 것이고,

간 것은 그 사람이 갈 순서가 된 것이오.

시간된 것에 편안하고,

순서된 것에 안정되면,

슬픔이든 즐거움이든 들어올 수 없소.

옛날에는 이를, 조물주가 거꾸로 매달아놓은 데서 벗어남이라 했소.

땔나무가 바닥을 가리킨다 해도

불은 이어지고,

그 끝은 알 수 없는 것이오.'

'노담(老聃)이 죽었다. 진(秦)[74]나라 일이 조문을 왔다.'의 구절은,

---

74) 진(秦 기원전 9세기~기원전 206년)나라: 〈사기〉에 의하면 진(秦)은 상(商)나라 주왕(紂王) 제신의 시중을 든 간신 오래 의 후예라고 한다. 오래 의 아버지는 비렴인데, 비렴에게는 오래 말고도 계승이라는 아들이 있었다. 이 계승의 후손 중에 조보라는 사람이 있었는데, 조보는 말을 잘 몰아 서주 목왕의 총애를 받았다. 그러던 어느 날 목왕이 기, 온, 화류, 녹이라는 명마를 얻어 서쪽으로 순수(巡狩)를 떠났는데 너무나 즐거워 돌아오는 것을 잊었다. 그런데 이때 서언왕이 반란을 일으키자 조보는 목왕의 수레를 끌고 하루에 1,000리를 달려 주로 돌아와 난을 평정하는데 공을 세우니, 목왕은 조성을 조보에게 분봉했고, 조보는 이때부터 조씨가 되었다. 때문에 오래의 자손들도 조성에 살며 조씨로 살고 있었고, 기원전 900년 즈음에 서주의 효왕을 시중들던 비자(非子)가 말의 생산을 실시해 총애를 받았다. 이에 효왕이 영(嬴)이라는 성(姓), 조(趙)라는 씨(氏)를 하사하여 영성(嬴姓)의 제사를 잇고, 대부가 되어 진(秦)읍에 영지를 받았다. 전국시대에는 전국칠웅 중 하나였으며 기원전 221년 진시황은 중국을 통일했다. 이후 만리장성을 쌓고, 문자와 도량형을 통일하는 등 하나의 세계로써 중국의 기틀을 다졌지만 진시황 바로 이후 2세 황제 호해에 이르러 전국은 반란으로 분할되고, 진왕 자영 대에 이르러 3대만에 멸망하고 말았다. 인터넷 참조

아래 노담의 주(註)에서 언급한 사기노장신한열전의 내용인 '그의 종말에 대해서 아는 자 없었다.'에 반대되는 것으로써, 노자를 신선(神仙)이 된 양 묘사하지 않고, 나고 죽는 인간으로 묘사한 것이다. 이 구절은 장자에서 매우 중요한 부분이라고 말할 수 있는데, 그 까닭은 장자가 주장한 소위 있는 그대로 바라봄에 있어서, 생사의 문제란 회피할 수 없는 가장 기본문제이기 때문이다. 비록 의식은 생사에서 벗어날 수 있을 것이나, 몸이 있는 한 인간은 반드시 죽을 수밖에 없고, 장자는 이점을 분명히 인식했던 것이며, 그래서 이 유한한 생이, 고(苦)로 얼룩지지 않도록, 생에 대한 애착에서 벗어나 있는 그대로 바라보고자 노력했던 것이다.

　노자의 죽음 앞에서 세 번 목을 놓아 울고 나왔던 진나라 일은, 노자가 주나라를 떠나 진나라로 가서 살던 시기, 교유한 사람으로 등장했다. 조문을 받던 노자의 제자가 진일에게 물었던 질문이나, 스승의 죽음 앞에서 너무나 슬피 우는 제자들의 모습은, 노자의 사상적 진수와는 동떨어진 것이다. '세 번 목을 놓아 울고 나왔다'부터 '그 어미가 죽어서 울 때처럼 울었소.'까지가 이러한 의미를 담고 있다. '처음에는 내 그를 훌륭한 사람으로 여겼지만, 지금은 아니오.'라는 진일의 말은, 노자의 죽음을 대하는 그 제자들의 모습을 보고난 후 생각이 바뀐 것으로써, 생사가 하나라는 그 사상의 진수가 말에 그쳤을 뿐, 생활 속에서는 구현되지 않았다고 생각했기 때문이다. '저들이 저리 모인 까닭에는, 말로써 원했던 것은 아니지만 반드시 말한바 있었고, 울기를 원했던 것은 아니지만 반드

시 운바 있었다.'라는 진일의 말은, 노자를 탓하는 말로써 저들의
스승으로서 노자가, 사람이 죽었을 경우 그 앞에 모였고 또한 애도
했음을, 비록 말로써는 표출하지 않았을지라도, 몸으로써 보여주
었음을 지적한 것이다. 죽음 앞에서 슬퍼하는 것은 결국 생사를 하
나로 여기지 않고, 호오로써 나눈 것을 의미한다.

'이는 하늘을 피해 달아나고, 사물의 참된 모습을 배반한 것으
로, 그 받은 바를 저버린 것이오(是遁天倍情 忘其所受).'라는 진일의 말
에서, 하늘(天), 사물의 참된 모습(情), 그 받은 바(其所受)란, 만물이
절대 벗어날 수 없는 생사존망의 변화측면을 상징한 것이며, 달아
난다(遁), 배반한다(倍), 저버린다(忘)란, 이를 깨닫지 못하는 의식 상
태를 상징한 것이다.

'옛날에는 이를 하늘을 피해 달아나는 형벌이라 했소(古者謂之遁
天之刑).'의 말은, 생사유무가 하나임을 깨닫지 못하고, 생존에 애착
하며 고집하는 것은, 결국 천벌을 받은 것과 같다고 말한 것이다.
부단한 변화를 망각함은, 결국 의식을 덮고 있는, 나라는 에고이자
잣대이며 생존에 대한 애착인 것이다. 사물로 향한 관심을 자신의
내면으로 돌려, 이점을 깨닫고 능히 이것에서 벗어날 때, 아무것도
개선되지 않았는데, 마음은 기존의 상태에서 180도 바뀌어, 모든
사물의 변화 그대로 오묘하게 느끼며 수용하게 된다. '온 것은 그
사람이 올 시간이 된 것이고, 간 것은 그 사람이 갈 순서가 된 것이
오(適來 夫子時也 適去 夫子順也).'의 말은 이러한 의미를 담고 있다. 여
기서 생과 사를 시간(時)과 순서(順)로써 표현했는데, 이 두 낱말의
자리를 서로 바꾼다 해도 의미변화는 없다.

'시간된 것에 편안하고, 순서된 것에 안정되면, 슬픔이든 즐거움이든 들어올 수 없소(安時處順 哀樂不能入也).'의 말은, 생사가 하나임을 깨닫게 되면, 어떤 경우에도 마음이 흔들리지 않고 평정하고 화평함을 강조한 것이다. 이는 일종의 열반(涅槃)상태와 같다고 말할 수 있다. '옛날에는 이를 조물주가 거꾸로 매달아놓은 데서 벗어남이라 했소(古者謂是帝之縣解).'의 말이 이것이다.

여기서 특히 현(縣) 자의 앞부분 현(県)은, 수(首) 자가 거꾸로 된 것으로, 머리카락이 아래를 향한 모습이다. 실 사(糸) 자와 함께 거꾸로 매달린 형상인데, 생존에 애착하는 모습을 상징한다. '땔나무가 바닥을 가리킨다 해도 불은 이어지고, 그 끝은 알 수 없는 것이오(指窮於爲薪 火傳也 不知其盡也).'의 말에서 땔나무(薪)란, 유한한 생명을 받은 사람을 상징하고, 바닥을 가리킨다(指窮)란, 그 생명이 꺼져가는 상황을 상징한다. 불은 이어지고(火傳)란, 개체의 생명이 소멸된다 해도, 전체의 생명은 계속됨을 상징하는 것이며, 그 끝은 알 수 없는 것이오(不知其盡)란, 이 우주의 생명이 언제 끝날지를 모른다는 것으로써, 생사유무로 변화하는 그 영원성을 상징한 것이다. 현(縣)의 상태라면, 하나의 땔나무로 존재하는 것이고, 현해(縣解)의 상태라면, 그 끝을 알 수 없는 화전(火傳)의 상태임을 암시하고 있다.

인간세 편

관계에서 우선되어야 하는 일: 심재(心齋)

인간세 편에는 총 7 이야기가 전개되어 있다. 앞 3 이야기는 세상사에 어떤 마음가짐이 되어야하는지에 대한 이야기로, 마음 비움에 그 초점이 맞추어져 있고, 뒤 4 이야기는, 이 비움의 마음상태를 상징한 것으로써, 과연 이것이 쓸모없는 것인지 아니면 쓸모 있는 것인지에 대해 피력하고 있다. 여기서는 첫 번째 이야기 가운데, 심재(心齋) 부분만을 따로 떼어 다루었다. 심재 부분은, 인간세 편의 핵심주제일 뿐 아니라, 장자 내편을 관통하는 대 주제라고 생각했기 때문이다.

안회(顔回)[75]가 말했다. '감히 심재(心齋)에 대해 여쭙습니다.' 중니(仲

---

75) 안회(顔回: 기원전 521년~490년) 자(字)는 자연(子淵)이며 노(魯)나라 사람으로 공자보다 30년 아래의 제자다. 가난하지만 도를 즐겼으며, 누추한 골목에 틀어박혀 살면서 팔을 굽혀 잠을 잤다. 공자가 '회(回)야! 너는 집이 가난하고 지위도 비천한데 왜 벼슬하지 않느냐?'라고 하자 안회는 이렇게 대답하였다. '벼슬하길 원치 않습니다. 저에겐 성 밖에 50무(畝: 전답의 면적 단위로, 100보(步)가 1무)의 밭이 있으니 죽을 끓여 먹기에 충분하고, 성 안에 10무의 채마밭이 있으니 옷을 지어 입기에 충분하며, 음악을 연주하니 스스로 즐기기에 충분하고, 선생님께 들은 것을 익히니 스스로 기쁘기에 충분합니다. 그러니 제가 무엇 때문에 벼슬을 하겠습니까?' 이에 공자는 정색하고 안색을 고치며 '훌륭하다! 회의 뜻이'라고 하였다. 〈고사전〉, 황보밀 지음, 김

尼)[76]가 말했다. '그대의 뜻을 한결같게 하시오. 귀로 들음 없이 마음으로 듣고, 마음으로 들음 없이 기(氣)로 들으시오. 들음은 귀에서 그치고, 마음은 들어맞는데서 그치시오. 기라는 것은 비우고 사물을 맞이하는 것이오. 오직 도는 비워진 곳에 모이고, 비워짐이 심재요.' 안회가 말했다. '회(回)가 이것을 얻어서 아직 부리기 전에는, 정말 저 자신을 회(回)라 여겼습니다. 이것을 얻어서 부리게 되자, 아직 회라는 존재가 시작되지 않았습니다. 이를 비운 것이라 이를 수 있는 겁니까?' 스승이 말했다. '할 수 있는 한 다한 것이오. 내 그대에게 말해두겠소. 그대가 능히 그곳에 들어가 그 울타리 안에서 유세(遊說)[77]하게 될 때, 그 평판이란 것에 동요됨 없게 하시오. 그대의 말을 받아들이면 소리 내고, 받아들이지 않으면 그치시오. 문(門)도 (세움) 없이, 독(毒)[78]도 (내뿜음) 없이, 하나의 집에서 그렇게 될 수밖에 없는 부득이함에 맡기시오. 그리하면 도에 가까울 것이오. 발자취 끊어지게 하기는 쉬워도, 땅을 밟으면서 발자국 없게 하기가 어렵고, 사람이 일 시킬 때 거짓으로 하기는 쉬워도, 하늘이 일 시킬 때 거짓으로 하기는 어려운 법이오. 날개가 있어서 난다는 소리는 들어보았겠지만, 날개가 없는데 난다는 소리는 아직 들어보지 못했을 것이고, 지식이 있어서 안다는 소리는 들어보았겠지만, 지식이 없는데 안다는 소리는 아직 들어보지 못했을 것이오. 저 비어있는 곳을 보시오. 빈 방에서 흰빛이 나고, 행복이 머물러 있소. 그럼에도 머물지 못하는 것, 이를 앉아서 달린다고 이른다오. 눈과 귀를 복종시켜 모두 안으로 돌리고, 주관[79]적인 알음알이는 밖에 두시오. 귀신이 와서 머물고

장환 옮김, 예문서원, 2000년, 116쪽 (이 고사는 〈장자〉 양왕(讓王) 편에서 채록한 것)

76) 중니(仲尼): 공자(기원전 551년~479년)의 자(字)이다.

77) 유세(遊說): 자기 의견 또는 자기 소속 정당 등의 주장을 선전하며 돌아다님. 〈엣센스 국어사전〉, 민중서림, 2001년, 1,796쪽

78) 독(毒): 건강이나 생명을 해치는 성분. 상동 615쪽

79) 주관: 외계 및 그 밖의 객체를 의식하는 자아. 자기만이 갖고 있는 견해나 관점. 상동 2,102쪽

자 할 것인데, 하물며 사람이겠소? 이것이 만물이 변하는 근본자리
이고, 우(禹)[80]순(舜)[81]이 맨 바이며, 복희(伏戲)[82]와 궤거(几蘧)[83]가 끝
까지 실행한 것이거늘, 하물며 극히 평범한 경우에 있어서겠소?'

중니의 말 가운데 '그대는 뜻을 한결같게 하시오(若一志)'에서 약
(若)은, 너를 의미하는 이인칭대명사이고, 지(志)는, 뜻, 의지(意志),
의향(意向) 등의 의미로써, 무언가를 하려는 마음이 생기는 것을 뜻
한다. '약일지(若一志)' 구절 바로 뒤, '청지이심(聽之以心)'이란 구절이

---

80) 우(禹): 〈사기 하본기〉에는 기원전 2070년 우임금이 하나라를 개국한 이래 17대 걸
왕에 이르기까지 472년간 하(夏)왕조가 중국을 지배했다는 구체적 기록이 담겨있
다. 곤(鯀)의 아들이자 전욱(顓頊) 고양씨(高陽氏)의 손자로, 임금이 되기 전 요, 순 두
임금을 섬겼으며, 오제 중, 순 유우씨(有虞氏)에게 군주의 자리를 선양받아 하나라를
건국한 것으로 알려져 있다. 특히 우는 아버지 곤의 9년에 걸친 치수공사를 이어받
아, 13년간 성실하게 임하면서 완성시켰다. 너무 성실히 일한 결과 굽은 등과 정강
이에는 털도 자라지 않았다고 알려져 있다. 인터넷 참조

81) 순(舜): 순은 효성스러웠을 뿐 아니라 정치도 잘했으며, 요임금의 선양(禪讓)으로 임
금이 되었다. 후세사람들이 요순시대를 태평성대의 상징으로 말할 정도이다. 〈사
기〉의 열전 중 태사공자서에는 '요임금과 순임금이 살던 집은 높이가 겨우 석자였
고, 흙으로 만든 섬돌 계단이 삼단이며, 지붕을 띠 풀로 엮었고, 처마 끝은 가지런
하게 자르지 않았고, 서까래도 매끈하게 다듬지 않았다.'고 했다. 인터넷 참조

82) 복희(伏戲): 중국의 삼황오제(三皇五帝) 전설은, 기록에 따라 약간 다르게 나타나지
만, 삼황은 수인(燧人)씨, 복희(伏羲)씨, 신농(神農)씨를, 오제는 황제(黃帝), 전욱(顓頊),
제곡(帝嚳), 요(堯), 순(舜)을 따르는 것이 일반적이다. 복희(伏羲)는 처음으로 백성에
게 고기잡이, 사냥, 목축 등을 가르치고 팔괘(八卦)를 만들었다고 한다. 복희(伏羲)는
복희(伏戲), 복희(宓羲), 포희(庖羲), 복희(虙犧), 포희(炮犧) 등으로 쓰기도 한다. 지식백
과 참조/ 장자에서는 복희(伏戲)로만 사용되었으며, 희(戲) 자에는, 연극, 연기, 장난,
희롱하다 등의 뜻이 있다.

83) 궤거(几蘧): 궤거(几蘧)를 고대의 전설적인 제왕으로 풀이한 경우도 있지만 (《장자》,
안동림 역주, 현암사, 2001년. 118쪽), 근거가 불충분한 것으로 보인다. 궤(几)란, 안석
을 뜻하는 글자로, 제물론 편 서두에서 '안석에 기대앉아(隱几而坐)'로 사용된바 있
고, 거(蘧)란, 형태가 있는 모양, 사물의 모양 등의 뜻으로써, 제물론 편 호접몽 단락
에서 '주의 모습 그대로였다(蘧蘧然周也)'로 사용된바 있다.

사용되어, 지(志) 자와 심(心) 자가 구별되어 사용되었음을 볼 수 있다. 도덕경 3장에서도 '그 마음을 비우고 그 배를 채우며, 그 뜻을 약하게 만들고 그 뼈를 강하게 만든다.'는 '허기심 실기복 약기지 강기골(虛其心 實其腹 弱其志 强其骨)'의 표현이 있다. 뜻(志)이란 무언가를 하려는 마음을 의미하고, 마음(心)이란 생각, 감정 등 여러 정신적 활동의 근원적 자리로써 이해할 수 있다. 일(一) 자를 한결같게 하다로 풀이했는데, 여기서 한결같다는, 어떤 뜻을 갖게 되던지 항상 같게 한다는 것으로써, 결국은 비어있는 상태가 되어야함을 뜻한다.

　'귀로 들음 없이 마음으로 듣고, 마음으로 들음 없이 기(氣)로 들으시오.'의 원문은, '무청지이이 이청지이심 무청지이심 이청지이기(無聽之以耳 而聽之以心 無聽之以心 而聽之以氣)'이다. 보통의 경우 귀로 소리를 듣게 될 때, 마음은 곧바로 그 소리가 무슨 소리인지를 비교분별하게 되는데, 이것은 건강한 사람의 경우 극히 본능적 현상이다. '귀로 들음 없이 마음으로 듣고'의 부분은, 이 본능적 현상을 제어하여, 소리를 그대로 마음자리까지 이동시키는 것을 의미한다하겠고, '마음으로 들음 없이 기로 들으시오'의 부분은, 이동시킨 그 소리를 빈 상태가 된 마음 즉 기(氣)의 상태에서 듣는다는 의미라 하겠다.

　'기(氣)라는 것은 비우고 사물을 맞이하는 것이오.'의 원문은, '기야자 허이대물자야(氣也者 虛而待物者也)'로, 기란 결국 나라는 잣대 없이 텅빈 마음 상태로 사물을 바라보는 것을 의미한다. '오직 도는 비워진 곳에 모이고, 비워짐이 심재요.'의 원문은, '유도집허 허자심재야(唯道集虛 虛者心齋也)'인데, 여기서 도와 비워짐은, 같은 것으로써 강조되고 있다.

　'회(回)가 이것을 얻어서 아직 부리기 전에는, 정말 저 자신을 회(回)라 여겼습니다.'의 원문은, '회지미시득사 실자회야(回之未始得使 實自回也)'로서, 앞서 제물론 편에서 사용되었던 '아직 시작되지 않았다'고 하는 '미시(未始)'라는 표현이 다시 사용되었고, '얻어서 부린다.'는 '득사(得使)'에서 득(得)이란, 도 즉 비워진 마음상태가 된 것이며, 사(使)란 이 마음상태를 구사(驅使)[84]할 수 있음을 의미하는 것이다. '미시득사(未始得使)'이니, 이 도의 상태를 아직 자유자재로 다루지 못한다는 의미로, 결국 이때는 자신의 한계에 갇혀있음을, '정말 저 자신을 회(回)라 여긴다.'는 '실자회야(實自回也)'의 표현으로써 강조한 것이다. 이는 자신에 대해 그 무엇인가로 스스로 규정하는 것 외, 다른 어떠한 것도 될 수 없는 상태인 것으로, 나는 나일뿐, 너임을 생각하지 못하고, 나는 나일뿐, 마주한 어떤 물체와도 다르다고 생각하는, 지극히 일반적 의식 상태이다.

　'이것을 얻어서 부리게 되자, 아직 회라는 존재가 시작되지 않았습니다.'의 원문은, '득사지야 미시유회야(得使之也 未始有回也)'로서, 여기서도 '미시(未始)'라는 표현이 사용되었고, '미시유회(未始有回)'이니, '아직 회라는 존재가 시작되지 않았다'의 의미이다.

---

84) 구사(驅使): 자유자재로 다루어 씀. 〈엣센스 국어사전〉, 민중서림, 2001년, 270쪽

마음을 비운다는 것은, 사물에서 자신의 내면으로 관심을 돌려 나라는 에고를 인지하고, 그 에고가 존재하기 전 상태를 생각하는 것으로써, 시간의 흐름을 거스르는 의식 활동이라고 말할 수 있다. 제물론 편에서 '물질이라는 것이 아직 존재하지 않았던 때를 생각했다.'라고 하는 '유이위미시유물자(有以爲未始有物者)'의 구절이 있었는데, '미시유회(未始有回)'는 이 부분과 일치하는 것으로써, 물질에 대한 것처럼 자신의 존재에 대해서도 동일하게 생각한 것이다.

제물론 편에서도 '물질이라는 것이 아직 존재하지 않았던 때를 생각한' 의식 상태에 대해, '지의 진의(至矣 盡矣)'라고 표현했는데, 지금 심재 부분에서도 동일하게 '진의(盡矣)'라고 표현했다. '이를 비운 것이라 이를 수 있는 겁니까? 스승이 말했다. 할 수 있는 한 다한 것이오.'의 원문 '가위허호 부자왈 진의(可謂虛乎 夫子曰 盡矣)'가 이것이다. 거울에 어떤 물상을 비추는 경우, 왜곡됨 없이 그대로 비추려면, 거울이 먼지 없이 깨끗해야하듯, 사물을 맞이하는 마음도 비어있어야 한다는 것이, 곧 허이대물(虛而待物)의 주장이다.

'그대가 능히 그곳에 들어가 그 울타리 안에서 유세하게 될 때, 그 평판이란 것에 동요됨 없게 하시오.'의 원문은, '약능입유기번이무감기명(若能入遊其樊 而無感其名)'이다. 여기서 '능히 그곳에 들어간다.'는 '능입(能入)'이나 '그 울타리 안에서 유세한다.'는 '유기번(遊其樊)'은, 심재 앞부분 안회(顔回)가 위(衛)[85]나라로 들어가 위나라

---

85) 위(衛 기원전 11세기~기원전 209년): 상(商)나라 멸망 시 태공망 여상(제나라의 시조), 소공 석(연나라의 시조) 등은 아예 상나라를 없애려고 했으나, 무왕의 아우 주공 단(노

군주에게 유세하려한다는, 설정된 스토리에 근거한 것이다. '무감기명(無感其名)' 부분에서는, 일반적 경우와 동일하게 '빈 마음으로 사물을 맞이하는' '허이대물'의 경우에서도, 평판에 동요하지 않아야함에 대해 주의를 주고 있는 것인데, 평판이란 결국 명예욕과 같은 것이라 하겠다. '그대의 말을 받아들이면 소리 낸다'의 원문 '입즉명(入則鳴)'에서, 의견개진을 언(言) 자가 아닌, 명(鳴) 자로써 표현했다는 점에서, 말에 그다지 큰 비중을 두고 있지 않음을 추측해 볼 수 있다. '받아들이지 않으면 그치시오'의 원문 '불입즉지(不入則止)'에서, 상대방이 자신의 의견을 받아들이지 않는데도 말하는 것을 중지하지 않는다면, 이는 자신의 의견에 집착하는 것으로써, 추후 대 참사로 이어지거나 또는 헛수고를 한 것이다.

'문(門)도 (세움) 없이, 독(毒)도 (내뿜음) 없이, 하나의 집에서 그렇

나라의 시조)의 제안에 따라 상나라 주왕(紂王)의 아들 무경을 상에 봉한다. 이와 아울러 그 주변에 관나라, 채나라, 곽나라를 세우고 각각 무왕의 아우들이었던 관숙 선, 채숙 도, 곽숙 처를 봉했다. 이들의 목적은 무경을 감시하는 것이었기에 삼감이라고 불렸다. 이들은 무왕의 사후 섭정을 맡은 주공 단의 찬탈을 방지한다는 이유로 삼감의 난을 일으켰으나 주공 단은 이들을 3년 만에 진압하여, 주모자였던 무경과 관숙 선을 죽이고 채숙 도는 유배, 곽숙 처는 삭탈관직에 처했다. 이때 상나라 수도 일대의 이름을 은(殷)에서 위(衛)로 바꾸고 강숙 봉(주문왕의 아홉 번째 아들이자 무왕의 동생)을 봉했다. 수도는 조가였다가 초구, 마지막에는 복양으로 옮겼다. 국성은 희(姬)씨이다. 상나라 제사는 주왕(紂王)의 큰형이었던 미자 계를 세워 송(宋)에 봉했다. 처음 강숙(康叔)이 봉토를 받았을 때 작위는 백작(伯爵)이었고, 경후(頃侯 기원전 866~855년)때 주 이왕에게 뇌물을 바쳐 후작(侯爵)으로 올랐고, 기원전 771년 견융이 서주 수도 호경을 침공했을 때 무공(武公 기원전 812~758년)이 진(晉)나라, 진(秦)나라와 함께 견융을 몰아낸 공으로 공(公)의 시호를 썼으며 이때 위나라는 전성기였다. 후에 제(齊)나라, 진(晉)나라 송(宋)나라, 노(魯)나라 등의 압박으로 약소국으로 전락했으며, 거기에 공자들 간의 자리다툼으로 쇠퇴했다. 인터넷 참조

게 될 수밖에 없는 부득이함에 맡기시오.'의 원문은, '무문무독 일택이우어부득이(無門無毒 一宅而寓於不得已)'이다. '무문무독' 부분에서 특히 독(毒) 자에 이설(異說)이 많은데, 여기서는 독(毒)을 단순히 건강이나 생명을 해치는 해로운 독설 정도의 의미로 보고, 문(門)과 대조적 낱말로써 이해하였다. 즉 자신의 의견을 받아들이는 경우, 문(門)을 세운다고 표현할 수 있겠고, 의견을 받아들이지 않는 경우, 독(毒)을 내뿜는다고 표현할 수 있겠는데, '무문무독'이란 결국 두 경우 모두 마음에 아무런 표식도 없게 하라는 당부로 이해할 수 있다. '하나의 집'이라고 하는 '일택(一宅)'은, 결국 '무문무독'의 텅 빈 마음을 뜻하는 것으로써, 어떤 경우라도 한결같은 마음상태임을 의미한다하겠다. '그렇게 될 수밖에 없는 부득이함에 맡기라'는 '우어부득이(寓於不得已)'에서, 우(寓) 자는 앞서 제물론 편에서 '우제용(寓諸庸)'으로 사용된바 있고, 여기서 '부득이(不得已)'란 결국 인간의 한계를 넘는 것에 대한 상징적 표현이라 하겠다. 양생주 편에서 '온 것은 그 사람이 올 시간이 된 것이고, 간 것은 그 사람이 갈 순서가 된 것이다(適來 夫子時也 適去 夫子順也)'라고 했던 것처럼, 인간에게는 받아들일 수밖에 없는 많은 일들이 있는데, 이것을 빗댄 것이라 하겠다. '그리하면 도에 가까울 것이오.'의 원문은 '즉기의(則幾矣)'로써, 가깝다는 의미의 기(幾) 자는, 앞에서 이야기하는 몇 가지 주의 사항들을 유념하면, 항상 빈 마음상태로 조화로운 관계에 있을 수 있음을 강조한 것이라 하겠다.

'발자취 끊어지게 하기는 쉬워도, 땅을 밟으면서 발자국 없게 하기가 어렵고'의 원문은 '절적이 무행지난(絶迹易 無行地難)'이다. 여기서 발자취 끊어지게 한다는 것은, 왕래를 하지 않는 것으로써, 의식이 사물을 마주하지 않는 경우를 상징한다. 일반적으로 의식은 나라는 기준잣대가 세워져있음으로 인해, 그 기준잣대에 따라 마주한 사물을 비교분별하고 그로써 감정의 동요가 일어나게 되는데, 마주하지 않게 되면 이 과정이 의식에 일어나지 않는 것이다. 이에 반해 땅을 밟으면서 발자국 없게 한다는 것은, 왕래를 하면서 즉 의식이 사물을 마주했음에도, 나라는 기준잣대를 비웠음으로 인해, 나라는 기준잣대의 작동에 따라 발생되는 비교분별 및 그에 따른 감정의 동요 없이, 무심평정의 상태가 됨을 상징한 것이다. '사람이 일 시킬 때 거짓으로 하기는 쉬워도, 하늘이 일 시킬 때 거짓으로 하기는 어렵다'의 원문은, '위인사이이위 위천사난이위(爲人使易以僞 爲天使難以僞)'이다. 가령 직장에서 상사가 일을 시킬 때, 안 하고도 했다고 거짓시늉을 취할 수는 있어도, 만물에 두루 통용되는 자연법칙으로 인해 야기되는 여러 상황들은, 안 하고도 했다고 거짓시늉을 취할 수 없는 것이다. 자연법칙으로 인해 야기되는 이 상황에서, 마음에 세워진 기준잣대는 자신을 옥죄는 형틀일 뿐인 것임을 강조한 것이다.

　'날개가 있어서 난다는 소리는 들어보았겠지만, 날개가 없는데 난다는 소리는 아직 들어보지 못했을 것이고, 지식이 있어서 안다는 소리는 들어보았겠지만, 지식이 없는데 안다는 소리는 아직 들어보지 못했을 것이오.(聞以有翼飛者矣 未聞以無翼飛者也 聞以有知知者矣 未

聞以無知知者也)'의 구절은, 동일한 의미를 반복해서 강조한 것으로써, 날개가 있다거나 지식이 있다는 것은, 나라는 기준잣대가 있음을, 날개가 없다거나 지식이 없다는 것은, ㅣ라는 기준잣데기 없음을 뜻한다. 날개가 있어서 난다는 것은 비교 분별적 삶을 상징하고, 날개가 없는데 난다는 것은 비교분별에서 벗어나, 있는 그대로 바라보는 삶을 상징한다. 지식이 있고 없음의 경우도 동일하게 이해할 수 있다. 나라는 기준잣대에서 벗어나 있는 그대로 바라볼 때, 멍청한 상태가 아니라 오히려 밝은 '명(明)'의 상태가 되는 것이며, 사물과 가장 조화로운 상태가 되는 것이다. '저 비어있는 곳을 보시오. 빈 방에서 흰빛이 나고, 행복이 머물러 있소'의 원문은, '첨피결자 허실생백 길상지지(瞻彼闋者 虛室生白 吉祥止止)'이다. 첨(瞻)이란 보다, 우러러보다는 뜻으로, 앞부분을 이루는 목(目)에는 본다는 의미가 있고, 뒷부분을 이루는 첨(詹)에는 이르다, 도달하다, 보다는 의미가 있다. 결(闋)이란, 일이 끝나서 문을 닫다, 마치다, 탈상(脫喪)하다, 공허하다 등의 뜻이 있는데, 바깥부분을 이루는 문(門)자는, 두 개의 문짝을 닫아놓은 모양을 본뜬 것으로, 사물이 생겨나는 곳, 들머리(들어가는 맨 첫머리), 어귀(드나드는 목의 첫머리) 등의 뜻이 있다. 안쪽부분의 계(癸) 자는, 천간(天干)[86]의 끝부분에 해당되는 것으로써, 계절로는 겨울, 방위로는 북쪽, 오행으로는 수(水)에 배당된다. '저 비어있는 곳(彼闋者)'이란 텅 빈 마음을 상징하는 것이

---

86) 천간(天干): 육십갑자의 위 단위를 이루는 요소. 갑(甲), 을(乙), 병(丙), 정(丁), 무(戊), 기(己), 경(庚), 신(辛), 임(壬), 계(癸)의 총칭. 〈엣센스 국어사전〉, 민중서림, 2001년, 2,246쪽

고, '빈 방(虛室)' 역시 동일하다. '흰빛이 난다(生白)'와 '행복이 머물러 있소(吉祥止止)'란 결국 빈 마음상태가 될 때, 어떤 경우라도 평정하고 화평하다는 것을 상징적으로 표현한 것이다. '그럼에도 머물지 못하는 것, 이를 앉아서 달린다고 이르는 것이오.'의 원문은, '부차부지 시지위좌치(夫且不止 是之謂坐馳)'이다. 여기서 '그럼에도 머물지 못한다.'는 것은, 나라는 잣대를 스스로 인지하지도 내려놓지도 못하는 상태를 의미한다. 이는 생사에 대하여 제물론 편이나 양생주 편에서 언급한 것처럼, 호오의 주관적 견해에 사로잡힌 것으로써 결국 자연의 이치를 깊이 성찰하지 못함 때문이다. 깊이 성찰하게 되면 결국 존재(有)를 환(幻)[87]으로써 깨달을 수 있게 되며, 이것을 제물론 편에서 대각(大覺)으로 언급한바 있다. '앉아서 달린다.'는 '좌치(坐馳)'는, 몸은 이곳에 앉아 있는데, 마음은 그곳을 향해 달린다는 의미로써, 이곳에 집중하지 못한다는 말이다. 포정해우에서 비교분별을 일삼는 경우, 집중하지 못한다고 했는데, 결국 좌치(坐馳)란 비교분별을 일삼는 것이고, 허실(虛室)은 비교분별에서 벗어나 '이것'에 집중하는 것이다. 정녕 모든 욕심을 내려놓고 허실의 상태가 될 때, '천지와 내가 나란히 생겼고, 만물과 내가 하나인(天地與我竝生 萬物與我爲一).' 상태에 이를 수 있으며, 헤아릴 수 없는 지극히 평안한 상태로 있게 되는 것인데, 이를 '길상지지(吉祥止止)'로써 표현한 것이다.

---

87) 환(幻): 변하다, 미혹하다, 허깨비(가상(假象)이 언뜻 나타났다가는 사라져버리는 것). 〈동아 백년옥편〉, ㈜두산동아, 2001년, 643쪽

'눈과 귀를 복종시켜 모두 안으로 돌리고, 주관적 알음알이는 밖에 두시오.'의 원문은, '부순이목내통 이외어심지(夫徇耳目內通 而外於心知)'인데, 여기서 순(徇) 자는, 복종시키다, 호령하다, 지키다, 두루 등의 뜻을 갖고 있으며, '이목내통(耳目內通)'의 표현은 양생주 편에서 '불이목시(不以目視)', '시위지(視爲止)' 등의 표현과 그 의미가 같다. '외어심지(外於心知)'의 표현은, 양생주 편의 '관지지(官知止)'와 그 의미가 같은 것으로써, 결국 허실(虛室)에 대한 상징이다. '귀신이 와서 머물고자 한다(鬼神將來舍)'는 표현은, 역시 양생주 편의 '신욕행(神欲行)'과 다르지 않다. '하물며 사람이겠소?(而況人乎)'에서 사람(人)은, 신묘한 신(神)의 상태에 비해, 비교분별의 차원에 머물러 있는 열등한 상태로써 언급한 것이다. '이것이 만물이 변하는 근본 자리이고'의 원문은, '시만물지화야(是萬物之化也)'인데, 여기서 '만물지화'란 자연의 변화를 의미하는 것으로, 이 구절은 허실(虛室)의 빈상태가 사물의 모든 변화를 수용한다는 의미이다.

   '우순이 맨 바이며, 복희와 궤거가 끝까지 실행한 것이거늘, 하물며 극히 평범한 경우에 있어서겠소?'의 원문은 '우순지소뉴야 복희궤거지소행종 이황산언자호(禹舜之所紐也 伏羲几蘧之所行終 而況散焉者乎)'이다. 이 구절에서는 고대 성왕들로 추숭되는 우, 순, 복희, 궤거를 극히 평범한 사람을 상징하는 '산(散)'과 대비시켜, 빈 마음을 극대화시킨 것이며, 앞 구절에서 귀신과 사람을 대비시킨 것과 같은 경우라 하겠다. 특히 산(散) 자에는, 흩어지다, 나누어지다, 뒤범벅되다, 어둡다, 속되다 등의 의미가 있으며, 인간세 편 뒤쪽 부분에서 쓸모없다(無用) 쓸모 있다(有用)를 피력하는 중에 '쓸모없는 나무'를 '산목(散木)'으로 표시했고, '쓸모없는 사람'을 '산인(散人)'으로 표시한바 있다. 여기서 사용된 '산(散)' 역시 '산인(散人)'의 의미와 크게 다르지 않은 것으로써, 백성을 위해 헌신한 사람을 성인(聖人)이라 추숭하는데 비해, 일신의 이익만을 추구한 경우 결국 산(散)으로 표시했다하겠으며, 이는 나라는 에고에 갇힌 사람이라고 말할 수 있다.

덕충부 편

최고의 인성(人性: 무지무욕의 상태)

.

언제나 평정함이 가득하다. 고 풀이할 수 있는 덕충부(德充符) 편에는 총 6이야기가 전개되어 있다. 모두 외형이 불구인 자들이 주인공으로 등장한다. 이점은 덕이 외형이 아닌 텅 빈 마음임을 암시한다. 여기서는 총 5이야기를 다루고자 한다.

1.

...... 노(魯)[88]나라에 발꿈치가 잘린[89] 왕태(王駘)[90]라는 자가 있었다. 그를 따르는 자[91]가 중니(仲尼)[92]와 서로 같았다. 상계(常季)[93]가 중니에게 물었다. '왕태는 발꿈치가 잘린 자입니다. 그를 따르는 자가 스승님과 똑같이 노나라를 둘로 나눕니다. 서서 가르치지 않고, 앉아서 의논하지 않는데, 공허한 느낌으로 가서 충족되어 돌아옵니다. 실로 말하지 않는 가르침이 있고, 형태 없는 마음을 완성이라도 한 것일까

---

88) 노(魯 기원전 11세기~기원전 256년): 중국 서주시대부터 존재하던 나라로 지금의 산동성 지역에 위치하고 있었으며, 시조는 주공 단의 장남인 백금이고 수도는 곡부다. 주공 단은 주나라 원로 관직인 주공이 되어 주문공으로 일컬어지며 장남 백금에게는 노나라를 주고, 차남 군진에게는 자신의 주공 자리를 주니 그가 주평공이다. 공자의 고향으로 유명하다. 서주 시대까지 만해도 시조 주공 단의 위상에 힘입어, 송(宋)나라, 위(衛)나라와 더불어 주요 제후국중 하나였으나, 동주 춘추시대로 접어들면서 근린구인 제(齊)나라에 압박 받은 데다 내부적으로도 맹손씨, 숙손씨, 계손씨라 불리는 세 가문 일명 삼환(三桓)이 공실을 제치고 실권을 손에 넣으면서, 이에 반발한 군주와 이들간 권력다툼으로 오랜 기간 혼란이 지속돼 약소국으로 전락하였다 전국시대 후기 초(楚)나라 고열왕의 침공으로 멸망한다. 인터넷 참조

89) 발꿈치가 잘린: 원문 올자(兀者)에 대한 풀이로써, 올형(兀刑)을 받은 자를 뜻한다. 올형이란 아킬레스건 주변의 발꿈치를 통째로 잘라버리는 형벌로, 제대로 걷지 못하게 된다. 고대 중국에는 범죄자에게 가해지는 5대형벌이 있었는데, 먹으로 글씨를 써서 몸에 새기는 묵형, 코를 자르는 의형, 발꿈치를 자르는 월형(올형과 같음), 생식기를 훼손하는 궁형, 사형에 처하는 대벽 등이 그것이다. 인터넷 참조

90) 왕태(王駘): 노나라 사람 〈장자〉, 안동림 역주, 현암사, 2001년, 147쪽

91) 따르는 자: 원문 종유(從遊)를 풀이한 것으로써, 학덕이나 덕행이 있는 사람을 좇아 그에게서 배운다 (〈동아 백년옥편〉, ㈜두산동아, 2001년, 686쪽)는 의미가 있다. 보통의 경우 이러한 의미일 때, 종유(從游)라고 쓰는데, 여기서는 유(游) 대신 유(遊)를 사용한 것이다. 두 글자가 서로 상통되긴 해도, 유(遊)에는 놀다, 여행하다, 자적하다, 벼슬자리에 나아가지 아니하다, 정처 없이 떠돌다 등의 의미가 있고, 소요유(逍遙遊)편에서도 유(遊) 자를 사용한 것으로 미루어 볼 때, 종유(從遊)도 의도적으로 사용한 것으로 보인다. 종유(從游)라면 스승과 제자가 수직적 관계에 있다할 것이고, 종유(從遊)라면 그 관계가 보다 수평적이라고 말할 수 있을 것이다.

92) 중니(仲尼): 공자의 자(字).

93) 상계(常季): 노나라의 현자(賢者)라고도 하고, 공자의 제자라고도 함. 〈장자〉, 안동림 역주, 현암사, 2001년, 147쪽

요? 이 사람이 어떤 사람일까요?' 중니가 말했다. '그분은 성인이오. 구(丘) 또한 곧바로 가려했는데, 아직 가지 못했소. 구가 스승으로 받들려하거늘 하물며 구만 못한 경우겠소? 어찌 노나라에서 끝나겠소? 구는 온 세상을 이끌고 그를 따르려하오.' 상계가 말했다. '그는 발꿈치가 잘린 자입니다. 그런데 선생들 가운데 우두머리라니, 그는 평범한 경우와 역시 거리가 먼 것입니까? 이 같은 자는 그 마음을 대체 어떻게 쓰는 걸까요?' 중니가 말했다. '죽고 사는 일이 역시 큰일이나 그와 더불어 변하지 않고, 비록 천지가 무너진다 해도 그와 더불어 잃어버리지 않소. 거짓 없음을 살펴, 사물의 변천과 함께 하지 않는 것이오. 물질의 변화를 하늘의 뜻으로 알고, 그 근원을 지키는 것이오.' 상계가 말했다. '무엇을 이르는 말씀이신가요?' 중니가 말했다. '다르다는 점에서 보면, 간담(肝膽)[94]도 초(楚)[95]나라 월(越)[96]나

---

94) 간담(肝膽): 간과 쓸개를 아울러 이르는 말.

95) 초(楚 기원전 1030~기원전 223년): 현재의 후베이성(湖北省)이 있는 장강중류지역에서 일어난 중국 춘추전국시대의 나라이며, 춘추오패와 전국칠웅 중의 하나이다. 국성이 미(芈) 성(姓), 웅(熊) 씨(氏)인 주나라 제후국이다. 황하문명을 대표하는 주나라에 비해 장강문명을 대표하는 나라로 분류되며, 형(荊) 또는 형초(荊楚)로도 불린다. 중국 남방계 민족의 정체성을 가진 나라이다. 그 군주의 처음 작위는 자작(子爵)이었으나, 기원전 704년 무왕 웅통은 왕을 자칭했고, 복망을 개간하여 초나라 땅으로 삼았다. 614년 춘추오패 중 한사람인 초장왕(楚莊王) 이후 초나라는 장강이남지역을 호령하는 나라로서 맹위를 떨쳤으나, 223년 진(秦)나라 장군 왕전(王剪)의 공격으로 대장군 항연(項燕)과 왕 부추(負芻)가 사로잡히고, 왕전의 아들 왕분과 몽염에게 항복하면서 멸망했다. 그 뒤 208년 회왕의 후손인 의제(義帝)에 의해 다시 재건되었으나, 서초패왕 항우에게 살해당했고, 항우도 유방에게 패망했으며, 이로써 완전히 멸망했다. 위키백과 참조

96) 월(越 기원전 ?~기원전 306년): 중국 춘추전국 시대의 나라로 무여(無餘)가 주나라 왕실로부터 책봉 받았으며, 구천(句踐: 재위 496~465년) 때 전성기를 누렸다. 국성은 미(芈) 성(姓) 혹은 사(姒) 성(姓). 그 군주의 처음 작위는 자작(子爵)이었으나 윤상(允常: ?~기원전 497년/ 구천의 부친)이 즉위 후에 왕을 칭하였다. 수도는 회계(저장성), 낭야(장쑤성), 오(장쑤성)이었고, 기원전 306년 구천왕의 6대손인 무강(無彊: 재위 342~306년)의 시대, 초나라 위왕(威王: 재위 339~329년)의 원정으로 멸망했다. 월나라 세력은 멸망 후 일부는 초나라에 흡수되었고, 한나라 건국 이후 한나라에 귀속되었으며, 민(閩), 동월(東越) 등의 해양세력으로 발전한다. 중국 과학원의 위안이

라인 것이고, 한가지인 점에서 보면, 만물이 모두 하나인 것이오. 저와 같은 자는, 귀와 눈이 당연하게 행하는 일들을 알지 못한 채, 덕이 합(合)해놓은 곳에서 즐거이 돌아다닐 뿐이오. 사물에서 그 하나인 것만을 볼 뿐, 그 없어진 것을 보지 못하고, 그 밭 없어진 것을 흠이 떨어져나간 듯 보는 것이오.' 상계가 말했다. '그것은 자기를 위한 것입니다. 그 앎의 과정을 통해 그 마음을 얻었고, 그 마음을 통해 항상 변치 않는 마음을 얻은 것인데, 어째서 세상 사람들이 그에게 몰려드는 것입니까?' 중니가 말했다. '사람은 흐르는 물에는 비추어보지 못하고, 멈추어진 물에만 비추어볼 수 있소. 진행되던 일을 멈추고 그것을 사유해야, 능히 멈출 수 있고, 많은 사람을 멈추게 하는 것이오. 땅에서 생명 받은 것 가운데 오직 송백(松柏)만이 홀로 겨울이나 여름이나 푸른 정기(精氣)를 가지고 있고, 하늘에서 생명 받은 것 가운데 오직 순(舜)만이 홀로 바르며, 다행스럽게도 능히 바르게 살 수 있었기에, 많은 사람을 바르게 했소. 저 (미분화된) 시작의 상래를 지키면, 두려워할 것이 없게 되오. 용사(勇士) 한 사람일지라도 대군(大軍)[97]의 진영으로 당당하게 돌진하는 경우가 있는데, 용맹스런 이름을 얻고자 능히 스스로가 원할 때 이와 같은 것이오. 하물며 천지를 기준으로 삼고, 만물을 그대로 인정하며, 육체를 다만 잠시 머물러 있는 곳이라 여기고, 눈과 귀로 접수되는 모든 것을 환상(幻象)인 줄 알며, 하나에 대한 앎이 모든 앎을 지배하여 마음이 일찍이 죽지 아니하는 상태가 되었으니, 그는 좋은 날짜를 골라 하늘로 올라갈 것이오, 이와 같기에 사람들이 그를 따르는 것이오. 그가 어찌 사물을 가지고 일삼을 수 있겠소?'

다(袁義達) 연구에 따르면, 전국시대 초나라, 오나라, 월나라가 있었던 장강이남 지역 전체 저장성, 안휘성, 장쑤성 등지의 중국남부사람들은 백월, 민월 출신 남방계 민족으로서 중국 북부사람들과 유전자 구조상 차이가 존재한다고 한다. 위키백과 참조

97) 대군(大軍): 천자(天子)의 육군(六軍)과 제후(諸侯)의 삼군(三軍)을 합친 것. 일군(一軍)은, 1만 2천 5백 명. 〈장자〉, 안동림 역주, 현암사, 2001년, 152쪽

위 문장에서 노나라 왕태는 법에 저촉되어 발꿈치가 잘리는 형벌을 받은 자로 등장했다. 법이란 사람의 말이나 행동을 문제 삼아, 선한지 악한지 바른지 그른지를 구분하여, 선하거나 바르면 상을 주고 악하거나 그릇되면 벌을 주는데, 법이 이같이 상벌을 주는 까닭은, 결국 사람을 선하고 바르게 이끌고자 함인 것으로, 보통 벌을 받게 되면 악인이라는 사회적 낙인이 찍힌다. 그러나 선악시비를 구분하여 상벌을 준다 해도, 정말 법의 구분대로 되는지는 의문이다. 그것은 법이 사람의 언행만을 제한적으로 다룰 뿐, 그 마음까지 다루지는 못하기 때문이다.

왕태는 악인이라는 사회적 낙인이 찍혔다고 말할 수 있겠는데, 이 같은 왕태를 장자는, 공자에 버금가는 교육자로 등장시켰다. 교육 역시 사람을 선하고 바르게 이끌고자함에 그 주안점을 둔다는 점에서, 법과 같은 점이 있다고 하겠는데, 여기서 문제는 사회적으로 악인의 낙인이 찍힌 왕태가, 사람을 선하고 바르게 이끄는 교육자로서 활동하는 것에 모순이 없는가하는 점이다. 악인이라는 사회적 낙인을 찍은 법의 구분에 아무 문제가 없다면, 최소한 왕태가 교육하는 일은 잘못인 셈이다. 법이나 교육에 있어서 선악시비를 구분하는 기준은, 그 사람의 언행이 상대방 명예나 물적 측면에 얼마나 손익을 끼쳤는가하는 점이다. 이때 그 언행과 마음이 일치하지 않을 수도 있다는 점이다. 즉 선한 언행을 했다 해도, 그 마음은 선하지 않을 수 있는 것인데, 장자는 바로 이점을 제기한 것이다. 장자는 왕태와 공자의 교육방식이 다르다는 것을 암시하며, 그 내면의 마음이 선하게 되는 것을 강조했고, 이것이 곧 앞에서 강조한 허심임을 부각시켰다.

'노나라에 발꿈치가 잘린 왕태'부터 '노나라를 둘로 나눕니다.'까지, 사회적 낙인이 찍힌 왕태가 공자에 버금가는 교육자로서 활동하는 모순적 상황을 부각시켰다. '서서 가르치지 않는다(立不教)'는 것은, 공자의 교육방식과는 다른 것으로써, 이는 도덕경 2장에서 강조한 '말하지 않는 가르침을 편다(行不言之教)'에 가깝다고 말할 수 있다. 공자의 교육방식이 여전히 선악시비를 구분하고 이를 말로써 가르치는 것인데 비해, '말하지 않는 가르침을 편다.'란, 선악시비를 구분하는 자기잣대를 비운 허심, 즉 무지무욕의 상태가 됨이 교육의 목표인 것으로, 이를 말로써 가르치는 것이 아니라, 스승이 직접 허심의 상태가 됨으로써 이를 본받게 하는 것이다. '앉아서 의논하지 않는다(坐不議)'는 것은, 제물론 편에서 강조한 '성인은 말하되 의논하지 않으며(聖人論而不議)'와 동일한 것으로써, 결국 '가르치지 않는다.'의 '불교(不教)'나 '의논하지 않는다.'의 '불의(不議)'는, 비교분별에서 벗어나 절대긍정의 시각으로 바뀐 의식상태를 상징한다. '공허한 느낌으로 가서(虛而往), 충족되어 돌아온다(實而歸)'는 것은, 이 절대긍정의 의식상태가 훼손된 심리상태를 치유할 수 있음에 대한 상징인 것이다. 공허한 느낌이란 온갖 세상사에 있어서 허전하고 씁쓸한 느낌을 갖게 되는 것으로써 이는 결국 자신의 마음속에 존재하는 자기잣대와 무관하지 않다. 이에 반해 충족되었다는 것은, 스승의 허심을 마주하고 제자들 역시 그 마음속 잣대를 비우게 됨으로써 평정함으로 가득 차게 되는 상태라고 말할 수 있다. '실로 말하지 않는 가르침이 있고(固有不言之敎)'에서는, 직접 도덕경 2장의 구절을 언급한 것이고, '형태 없는 마음을 완성이라도 한 것일까요?(無形而心成者邪)'라는 상계의 질문을 통해서는, 왕태의 마음이 완성되었음을 간접적으로나마 일러주고자한 듯 보인다.

'그분은 성인이오.'부터 '구는 온 세상을 이끌고 그를 따르려하오.'까지, 장자는 공자를 내세워 왕태가 최고의 교육자임을 강조했다. 즉 마음비우는 일이 최고의 교육임을 강조한 것이다. 이어 '그는 평범한 경우와 역시 거리가 먼 것입니까?(其與庸亦遠矣) 이 같은 자는 그 마음을 대체 어떻게 쓰는 걸까요?(若然者 其用心也)'의 상계 질문을 통해, 장자는 왕태의 교육방식이 자기마음을 운용함, 즉 자기잣대를 비워냄과 관련되어 있음을 강조한 것이며, 이점 즉 자기 내면의 잣대를 비워냄이 일반교육과 다른 점임을 암시한 것이다.

'죽고 사는 일이 역시 큰일이나 그와 더불어 변하지 않고(死生亦大矣 而不得與之變)'의 구절은, 죽고사는 생사존망에서, 어떤 두려움이나 또는 슬픔으로 요동치지 않는 마음을 상징하는 것이다. 이는 사물에서 자신의 내면으로 관심을 돌려, 자기잣대의 비교속성 및 그 비교속성의 뿌리인 생에 대한 애착을 인지하고, 이 애착이 결국 생사존망의 자연법칙을 외면한 것임을 자각하여, 외면에서 수용으로 자신의 의식을 바꾸어 통제할 수 있게 된 것을 의미한다.

언제나 사망의 상태를 기억하고 수용함으로써, 생사존망의 자연 법칙에 따라 나타나는 물질의 변화에 대하여 평정한 마음상태가 됨을 의미하는 것이다. 제물론 편에서 설결과 왕예의 대화가운데, '죽고 산다 해도 그 몸 어느 한 구석 영향을 끼치지 못한다(死生無變於己)'의 부분과 동일한 의미라고 하겠다. '비록 천지가 무너진다 해도 그와 더불어 잃어버리지 않소(雖天地覆墜 亦將不與之遺)'의 구절은, 그 의식이 사물에 대하여 비교분별 및 애착으로부터 벗어나 있음으로 인하여, 어떤 물질의 변화에도 평정함을 잃어버리지 않는 상태임을 의미하는 것으로, 위구절과 크게 다르지 않다. '거짓 없음을 살펴, 사물의 변천과 함께 하지 않는 것이오(審乎無假 而不與物遷)'의 구절에서 거짓 없음이란, 온갖 현상의 본질로써, 있음과 없음으로 변하는 자연의 절대적 힘이다. 거짓 없음을 살핀다는 것은 이에 대한 수용의식을 의미하는 것으로써, 항상 있음과 없음을 기억하고 받드는 것인데, 도덕경 1장에서 '그러므로 항상 없음으로써 그 오묘함을 보고자하고, 항상 있음으로써 그 운행됨을 보고자 하는 것이다(故常無欲以觀其妙 常有欲以觀其徼)'로 언급되기도 했다. 이름이 다 떨어져나간 있음과 없음의 본질을 기억함은, 결국 자기잣대로 인한 비교분별에서 벗어나야 가능하기에, 비움과 무관하지 않으며, 이와 같을 때 사물이 변천한다 해도 그와 더불어 동요하지 않게 되는 것이다. '사물의 변천과 함께 하지 않는다.'의 말이 이것이다. 사물의 변천과 함께 하지 않는다는 것은, 위에서 '그와 더불어 변하지 않고(不得與之變)'와 또는 '그와 더불어 잃어버리지 않는다(不與之遺)' 의 경우와 같다하겠다.

'물질의 변화를 하늘의 뜻으로 안다(命物之化)'는 것은, 물질의 변화에 맞서거나 또는 추구함 없이 그대로 받들고 따른다는 의미로써, 양생주 편에서 '시간된 것에 편안하고, 순서된 것에 안정되면(安時而處順)'으로 표현된바 있다. '그 근원을 지키는 것이오(而守其宗也)'는, '거짓 없음을 살펴'와 같은 의미라 하겠다.

'무엇을 이르는 말씀이신가요?' 라는 상계의 말은, 중니를 통해서 길게 이어지는 덕에 관련된 설명을 잠시 끊어줌으로써, 혹여 라도 있을 지루함을 없애려는 의도라 하겠다.

'다르다는 점에서 보면 간담도 초나라 월나라인 것이다(自其異者視之 肝膽楚越也)'란, 결국 비교분별의 잣대를 세웠을 때를 말하는 것이고, '한가지인 점에서 보면 만물이 모두 하나인 것이다.(自其同者視之 萬物皆一也)'란, 결국 그 잣대를 내려놓고 있는 그대로 바라보는 것이다. '귀와 눈이 당연하게 행하는 일들을 알지 못한다(不知耳目之所宜)'는 것은, 인간세 편에서 '눈과 귀를 안으로 돌리고(循耳目內通)'와 그 의미가 동일하고, '덕이 합(合)해놓은 곳에서 즐거이 돌아다닐 뿐이오(遊心乎德之和)'는, 통합된 하나의 의식 상태로써, 사물의 묶임에서 벗어나 있는 그대로 바라보는 상태를 강조한 것이다. 이는 양생주 편에서 '조물주가 거꾸로 매달아놓은 데서 벗어남(帝之縣解)'으로 묘사된바 있다.

'사물에서 그 하나인 것만을 보는 것(物視其所一)'은, '덕이 합(合)

해놓은 곳'과 그 의미가 같고, '그 없어진 것을 보지 못하는 것(不見其所喪)'은, 결국 나라는 잣대가 없어, 언제나 하나라고만 생각할 뿐, 없어졌다는 생각을 하지 않는 것을 뜻한다. '그 발 없어진 것을 흙이 떨어져나간 듯 보는 것(視喪其足 猶遺土也)'은, 발과 흙에 있어서 아무런 차별의식이 없는 상태인 것으로써, 자기잣대를 내려놓은 상태가 아니라면 불가능한 일이다.

'그것은 자기를 위한 것입니다(彼爲己)'라는 상계의 말은, 나라는 잣대를 내려놓고 비교분별 없이 있는 그대로 바라보는 것이란, 결국 나의 평정함 때문이지 타인의 평정함 때문이 아님을 말한 것이다. '그 앎의 과정을 통해 그 마음을 얻었다(以其知得其心)'의 말은, 사물에서 자신의 내면으로 관심을 돌려, 자신의 인식이 곧 비교분별임을 알게 되고, 따라서 사물에 대한 자신의 인식 즉 비교분별이, 실상이 아닌 자신의 잣대에 따른 허상임을 알게 됨으로써, 그 일을 중지하여, 있는 그대로 실상을 바라볼 수 있는 마음상태가 되었다는 의미라 하겠다. 따라서 그 마음이란, 나(에고)라는 잣대가 없어진 의식 상태로써, 무아(無我), 무기(無己)라고 표현할 수 있으며, 오상아(吾喪我)로 표현될 때, 오(吾)의 상태라고 말할 수 있다. 이는 명(明)의 상태로써, 아(我)로 뒤덮여진 상태에서, 아(我)가 제거된 상태이다. '그 마음을 통해 항상 변치 않는 마음을 얻은 것이다(以其心得其常心)'의 말은, 무지무욕(無知無欲)의 상태에서 있는 그대로 바라봄을 통해, 어떤 경우든 평정한 상태가 된다는 의미라 하겠다. '어째서 세상 사람들이 그에게 몰려드는 것입니까?(物何爲最之哉)'의 말은, 자기를 위한 것인데, 왜 사람들이 몰려드는가 하는 의미이다.

'사람은 흐르는 물에는 비추어보지 못한다(人莫鑑於流水)'는 중니의 말은, 비교분별을 일삼는 경우, 상대방의 모습을 있는 그대로 비출 수 있는, 깨끗한 거울의 효과를 일으키지 못한다는 것이고, '멈추어진 물에만 비추어볼 수 있소(鑑於止水)'란, 비교분별에서 벗어난 경우, 상대방의 모습을 있는 그대로 비출 수 있는, 깨끗한 거울의 효과를 일으킨다는 것이다.

'진행되던 일을 멈추고 그것을 사유해야, 능히 멈출 수 있고, 많은 사람을 멈추게 하는 것이오.'의 원문은, '유지능지중지(惟止能止衆止)'로써, 보는바와 같이 대단히 압축적으로 표현되었다. 특히 여기서 사용된 '유(惟)' 자는, 이어지는 뒤 구절에서도 두 차례 동일하게 사용되었는데, 두 경우에서는 '사유한다.'는 의미가 아니라 '오직'이라는 의미로 사용되었기에, '유지능지중지'의 부분을 더욱 이해하기 어렵게 만든다. '진행되던 일을 멈춘다(止)'는 것은, 사물을 비교 분별하고 집착하는 일을 멈추는 것으로써, 사물에서 자신의 내면으로 관심을 돌린다는 의미이며, '그것을 사유한다(惟)'는 것은, 자신의 인식(비교분별) 및 집착을 주관적 측면에서 객관적 측면으로 바꾸어 분석하는 것을 의미한다. 즉 자신의 인식이란 비교분별인 것으로써 얼마든지 뒤바뀔 수 있으며, 또한 생존욕구에 근거한 것으로써 생사존망의 자연법칙을 망각하거나 외면한 일인 줄 깨닫는 것을 의미한다. '능히 멈출 수 있다(能止)'는 것은, 자신이 자신의 인식에 대한 분석을 끝냈을 때, 스스로 자신의 비교분별(인식)

과 집착을 중지할 수 있음을 의미한다. 기존의 비교분별과 집착이 극히 자동적으로 이루어졌다면, 자기분석과 반성이 끝났을 때는, 자신의 비교분별과 집착이 철저한 자신의 통제 하에 있게 된다는 의미이다. '많은 사람을 멈추게 하는 것이오(衆止)'란, 비교분별과 집착이 완전히 멈춘 경우, 어떤 경우라도 극히 평정한 상태가 되는 것인데, 이는 행복을 추구하는 측면에서 최상층에 속하게 되는 것으로써 결국 다른 많은 사람들도 이를 본받아 멈출 수 있게 된다는 것이다.

'땅에서 생명 받은 것 가운데 오직 송백만이 홀로 겨울이나 여름이나 푸른 정기(精氣)를 가지고 있고(受命於地 惟松柏獨也在 冬夏靑靑), 하늘에서 생명 받은 것 가운데 오직 순(舜)만이 홀로 바르며, 다행스럽게도 능히 바르게 살 수 있었기에, 많은 사람을 바르게 했소(受命於天 惟舜獨也正 幸能正生以正衆生)'에서, '땅에서'로 시작하는 앞부분의 송백(松柏)은, 무아(無我) 또는 무기(無己)의 의식 상태로써 상징한 것이고, '하늘에서'로 시작하는 뒷부분의 순(舜)은, 가장 순수한 의식 상태로써 상징한 것이다. 특히 순은 '능히 바르게 살 수 있었다.' 하여, 바름을 몸으로써 구현했음을 강조하며, 깨끗한 거울효과를 내는 앞부분 '멈추어진 물(止水)'와 관련해서 다시 한 번 더 강조한 것이다.

'저 (미분화된) 시작의 상태를 지키면(夫保始之徵)'의 말은, 앞부분 '그 근원을 지키는 것이오(守其宗也)'나 '거짓 없음(無假)'과 같은 의미이고, '두려워할 것이 없게 되오(不懼之實)'의 말은, '즐거이 돌아다닐 뿐인 것이오(遊心)'나 '그 없어진 것을 보지 못한다(不見其所喪)'의 표현과 같은 의미이다.

'용사(勇士) 한 사람일지라도 대군(大軍)의 진영으로 당당하게 돌진하는 경우가 있는데, 용맹스런 이름을 얻고자 능히 스스로가 원할 때 이와 같은 것이오(勇士一人 雄入於九軍 將求名而能自要者 而猶若是)'에서, 용사 한사람이 자신의 목숨을 아까워하지 않고, 대군의 진영에 돌진할 수 있는 까닭은, 용맹스럽다는 명예를 자신의 목숨보다 더욱 훌륭한 것으로써 인식하기 때문인 것인데, 결국 이 순간 가치의 결정은 순전히 자신에게 달려있는 것이다. 용맹스런 명예를 자신의 목숨보다 더욱 훌륭한 것으로써 인지하게 될 때 두려움이 없어지는데, 빈 마음이 되어 만물을 주도하는 천지자연의 법칙을 받들게 될 때 두려움이 어디 있겠는가하는 심정으로 다음 말을 이어가고 있다. '천지를 기준으로 삼는다(官天地)'의 말은, 자연의 변화법칙을 마음에 받아들인다는 의미로써, 기존의 인식(비교분별)과 집착과는 달리 무지무욕의 의식 상태가 되었음을 의미한다. '만물을 그대로 인정한다(府萬物)'의 말은, 있는 그대로 바라본다는 것으로써, '관천지'와 다르지 않다고 말할 수 있다. '육체를 다만 잠시 머물러 있는 곳이라 여긴다(直寓六骸)'의 말은, 자신의 육체조차 벗어난 의식 상태로써, 인간세 편에서 '아직 회라는 존재가 시작되지 않았습니다(未始有回)'의 표현과 그 의미가 같다. '눈과 귀로 접수되는 모든 것을 환상(幻象)인 줄 알며(象耳目)'의 말은, 제물론 편에서 '깨고 나서야 그것이 꿈인 줄 아오(覺而後知其夢也)'의 구절과 의미가 같다. '하나에 대한 앎이 모든 앎을 지배하여, 마음이 일찍이 죽지 아니하는 상태가 되었다(一知之所知 而心未嘗死者乎)'의 말은, 언제나 하나의 통합된 마음이 되면, 어떤 변화에도 평정한 상태가 사라지지 않는 것을 뜻하는 것으로써, '그와 더불어 변하지 않고' '그와 더불어 잃어버리지 않는다.'의 표현과 그 의미가 같다. '좋은 날짜를 골라 하늘로 올라갈 것이오(擇日而登假)'의 말은, '육체를 다만 잠시 머물러 있는 곳으로 여기지만', 이는 역시 육체에 의지하는 것으로써, 그의 평정한 의식 상태는 육체와 무관할 수 없다. 그러나 어느 날인가 정녕 육체를 여읠 때, 육체에서 벗어난 평정한 상태에 있게 된다는 것을 의미한다. 불교에서 유여열반(有餘涅槃)[98]과 무여열반(無餘涅槃)[99]의 말이 있는데, 아마도 위 말은 무여열반의 상태를 뜻하는 듯하다. '이와 같기에 사람들이 그를 따르는 것이오(人則從是也)'의 말은, 그의 지극히 평정한 의식 상태가 사람들에게 깨끗한 거울효과를 일으키고, 이것이 사람들에게 깊이 편안함을 느끼게 하기에, 사람들이 그를 따르는 것으로 이해할 수 있다. '그가 어찌 사물을 가지고 일삼을 수 있겠소?(何肯以物爲事乎)'의 말은, 생사에서 벗어난 자가 더 이상 사물에 묶이지 않음을 강조한 것이다.

---

98) 유여열반(有餘涅槃): 번뇌는 완전히 소멸되었지만 아직 육신이 남아있는 상태. 지식백과 참조

99) 무여열반(無餘涅槃): 더 이상의 번뇌가 남아 있음이 없는 참 열반의 상태. 번뇌 망상을 단멸하고 분별시비의 지혜를 떠나 육신까지 없애서 정적(靜寂)에 들어간 열반. 유여열반에 상대되는 말로 죽은 후에 들어가는 열반. 완전한 절대무의 경지로서, 고뇌가 없이 영원한 평안만 있는 열반이다. 지식백과 참조

2.

신도가[100]는 발꿈치가 잘린 자이다. 그런데 정(鄭)나라 자산(子産)[101]과 같이 백혼무인(伯昏無人)[102]을 스승으로 삼고 가르침을 받고 있었다. 자산이 신도가에게 일렀다. '내가 먼저 나가면 자네가 기다리고, 자네가 먼저 나가면 내가 기다리겠네.' 다음날 또 전원(全員)이[103] 한 자리에 앉게 되었다. 자산이 신도가에게 일렀다. '내가 먼저 나가면 자네가 기다리고, 자네가 먼저 나가면 내가 기다리겠네. 지금 내가 나가려 하는데, 자네 기다릴 수 있겠나? 그렇게 못하겠나? 또 자네는 재상(宰相)을 보고도 피하지를 않으니, 자네가 재상과 똑같은가?' 신도가가 말했다. '선생님 문하에 재상이 자네 말대로 정말 있는가? 자네는 자네가 재상이라고 말하면서 사람을 깔보는 게로군. 듣건대

---

100) 신도가(申徒嘉): 신도는 성(姓), 가는 이름. 정(鄭)나라의 현자(賢者). 〈장자〉, 안동림 역주, 현암사, 2001년, 153쪽

101) 정자산(鄭子産: 기원전 580년?~522년): 춘추말기 정(鄭)나라의 정치가이자 사상가로, 544년 정나라에서 제후자리를 둔 쟁탈전이 벌어졌는데, 이때 정자산이 지지하는 제후가 정간공이 되었고, 정간공은 자산을 재상(宰相)으로 임명하면서, 23년간 국정의 총책임자로 있었다. 북쪽 진(晉)나라와 남쪽 초(楚)나라 등 큰 나라 사이에 끼어, 어려운 처지에 있던 정나라에서 외교적 성공을 거두었다. 내정에서도 중국 최초의 성문법(成文法: 문서로 작성된 법률)을 만들어 널리 알렸으며, 인습적인 귀족정치를 배격했고, 농지를 정리해서 토지와 인구에 적합한 부세(賦稅)를 매겼다. 미신적 행사를 배척하는 등, 합리적이고 인간주의적 활동을 함으로써 공자사상의 선구가 되었다. 지식백과 참조

102) 백혼무인(伯昏無人): 가공(架空)의 사상가로서, 외편 전자방 편에서는, 활쏘기에 능했던 열자(列子)를 백척간두에 서게 하여 그곳에서도 능할 수 있는지를 물었다. 이는 목숨(생명)이 경각에 달렸을 때조차, 목숨에 대한 본능적 애착을 직시하고, 이를 제어할 수 있어야함을 강조한 것이다. 잡편 열어구 편에서는, 가르침을 펴는 열자에게 찾아가, 그럴 필요가 없는 일이라고 하면서, 그 마음을 비울 것에 대해 강조하였는데, 이는 가르침이 단순히 감정을 일깨우거나 또는 기쁨을 느끼는 데 그치는 것이 아니라, 그 마음에 존재하는 에고를 직시하고 그것에서 벗어나는 데 있음을 강조한 것으로써, 앞서 강조한 불언지교(不言之敎)와 상통하는 것으로 볼 수 있다.

103) 전원(全員): 원문 '합당(合堂)'에 대한 풀이로써, '당(堂)'에 있는 전원(全員)'이란 의미를 따랐음. 〈동아 백년옥편〉, ㈜두산동아, 2001년, 377쪽

거울이 밝은 것은 먼지가 묻지 않아서고, 물으면 밝지 않다고 했네. 현인(賢人)[104]과 오래 함께 하면 허물이 없어지지. 지금 자네가 크게 취할 것은 선생님의 가르침일 것이야. 이 같이 말하다니 역시 허물이니겠나?' 자산이 말했다. '자네가 이미 이와 같이 되었거늘, 요(堯)와 선(舜)을 다투기라도 하는 것 같군. 자네 덕을 따져볼 때, 스스로 반성하는 데도 부족하군.' 신도가 말했다. '그 허물을 스스로 변명하면서, 없어져버린 것에 대해 부당하다고 하는 자는 많지만, 그 허물을 변명하지 않고, 존재하는 것이 부당하다고 하는 자는 적네. 어찌할 수 없음을 알고, 하늘의 뜻인 양 편안하게 있음은, 오직 덕 있는 자만이 할 수 있지. 예(羿)[105]의 사정거리 안에서 노닐고 있을 때, 그 안 어느 곳이나 명중하네. 그럼에도 명중하지 않았다면 하늘의 뜻이네. 사람들이 그 온전한 발로 내 불온전한 발을 비웃는 경우가 많아, 울컥 화가 치밀면 선생님 계신 곳으로 가네. 거기서 말끔히 씻어져 돌아오는데, 선생님의 신(善)으로 내가 씻어졌는지 알 수 없네. 내 저분을 19년 따랐지만, 아직 나의 발이 잘렸음을 한 번도 깨닫지 못했네. 지금 자네와 내가 외모와 육체의 안, 심덕(心德)에서 노닐고 있는데, 자네가 날 심덕의 밖, 외모와 육체에서 찾고 있으니, 역시 허물 아니겠나?' 자산이 놀라 얼굴빛을 고치며 말했다. '자네 이제 더는 이르지 마시게.'

'신도가는 발꿈치가 잘린 자이다. 그런데 정(鄭)나라 자산(子産)과 같이 백혼무인(伯昏無人)을 스승으로 삼고 가르침을 받고 있었다.'의 말은, 정나라 재상으로, 사회적 지위가 최상층에 있었던 자산과,

---

104) 현인(賢人): 재덕이 겸비되어 성인(聖人)의 다음가는 사람. 상동 1,871쪽
105) 예(羿): 중국신화에 나오는 전설적인 궁수의 신으로, 앞서 제물론 편에서 다룬바 있다.

범법자로 많은 사회적 제약이 뒤따랐을 신도가가 한 스승 밑에서 배운다는 것을 강조하였다. 사회적으로 그 지위가 높은 경우와 낮은 경우, 보통은 함께 배우지 못할 것이나, 여기서는 함께 배우고 있음을 강조한 것이다.

원문에서 '함께 배운다.'는 '동사(同師)'의 강조는, 앞부분에서 지속적으로 강조한 '같음(一)'에, 그 맥이 닿은 것으로 보인다. '내가 먼저 나가면 자네가 기다리고, 자네가 먼저 나가면 내가 기다리겠네.'라며 신도가에게 일렀던 자산의 말은, 얼핏 보면 대등한 관계를 기반으로 한 말인 듯하다. 그런데 '다음날 또 전원(全員)이 한자리에 앉게 되었다.'부터 '그렇게 못하겠나?'까지는, 상대방보다 자신이 우월하다는, 숨겨져 있는 생각이 드러난 것을 느낄 수 있다.

먼저 나가려는 자신의 욕구에 상대방이 그대로 따를지를 물은 것이지만, 이 질문에는 따라야한다는 강한 암시가 들어있다. '또 자네는 재상(宰相)을 보고도'부터 '똑같은가?'까지는, 자산이 인간관계에서, 본질적인 면에서 동일한 인간 대 인간으로 관계 맺기보다는, 사회적 지위의 고하로써 관계 맺고 있음을 엿볼 수 있다. '신도가가 말했다. "선생님 문하에 재상이 자네 말대로 정말 있는가?"'의 부분은, 백혼무인이 이끄는 모임 안에서는, 사회적 지위가 인간을 평가하는 기준이 아님을 역설한 것이다. '정말 있는가?'의 질문은, 정말 없다는 강한 확신이 있을 때 가능한 것으로, 앞서 강조해온 있는 그대로 바라보는 것에 상통하며, 사물의 본질을 중시함인 것이다. 최상층의 재상이란 지위조차 그 호오유무의 비교분별을 금했던 까닭은, 이같은 비교분별이 자신의 의식은 물론 타인의 의식까지 군림하고 지배하기 때문이며, 인간의 행복을 위협하는 큰 장애 가운데 하나이기 때문이다. '자네는 자네가 재상이라고 말하면서 사람을 깔보는 게로군.'의 말에는, 지위에 대한 비교분별심이 인간에게 얼마나 큰 상처를 줄 수 있는가에 대한 단면을 보여주고 있다.

'듣건대 거울이 밝은 것은 먼지가 묻지 않아서고, 묻으면 밝지 않다고 했네.'의 원문은 '문지왈 감명즉진구부지 지즉불명야(聞之曰 鑑明則塵垢不止 止則不明也)'이다. 원문을 밝힌 까닭은, 원문에 명(明) 자가 사용되었음을 확인하기 위해서이다. 명(明) 자는 제물론 편[106]에서 두세 차례 강조되었던 것으로써, 의식에서 나라는 잣대가 없는 상태를 가리킨다. 여기서 사용된 명(明) 자 역시 제물론 편과 동일하다. 거울을 뜻하는 감(鑑) 자는, 의식(意識)을 상징하고, 먼지를 뜻하는 진구(塵垢)는, 나라는 잣대 또는 에고를 상징한다. 거울의 이같은 비유는, 덕충부 편 왕태의 이야기에서는, '멈추어진 물에만 비추어볼 수 있다(鑑於止水)'로 표현되었다. '현인과 오래 함께 하면 허물이 없어지지'의 부분에서 '현인'은, 무아의 각성상태가 지속가능한 자를 뜻하고, '오래 함께 하면 허물이 없어지는 것'은, 덕충부 편 왕태의 이야기에서 '오직 순(舜)만이 홀로 바르며, 다행스럽게도 능히 바르게 살 수 있었기에, 많은 사람을 바르게 했다.'와 상통하는 것으로써, 에고 없는 의식 상태의 거울효과라고 하겠다.

---

106) 시비에 관련해서 제물론 편에, '막약이명(莫若以明)'으로 두 차례, '위시불용이우제용 차지위이명(爲是不用而寓諸庸 此之謂以明)'으로 한 차례 사용되었다.

'자네가 크게 취할 것은 선생님의 가르침일 것이야'의 말에서 가르침이란, 결국 말에 그치는 것이 아니라 몸으로써 실제 행하는 에고 없음의 상태이다. '이 같이 말하다니 역시 허물 아니겠나?'의 말은, 에고 없는 상태와는 달리, 에고를 떨치지 못한 채, 지위의 고하를 따지고 그 유무에 묶인 의식 상태를 허물이라고 말한 것이며, 이때 허물은 먼지가 묻었다는 위 표현의 의미와 동일하다.

'자네가 이미 이와 같이 되었거늘'부터 '스스로 반성하는 데도 부족하군.'까지 자산의 말에서, 자산은 여전히 신도가의 충고를 받아들이지 않고, 현재 자신의 의식 상태를 고수한다. 이는 자신의 에고를 당연시하는 것으로써, 결국 이 상태는 신도가를 요임금과 비교하면서, 신도가를 열등한 상태로써 평가하였다. 신도가를 누구와 비교하는가는 그야말로 오로지 자기에게 달려있을 뿐인데, 자산은 아직 이 사실을 의식하지 못한 것이다. '자네 덕을 따져본다'는 말 역시 덕을 비움보다는 채움으로 인식했음을 반영하는 것으로, 자산의 의식 상태를 엿볼 수 있다. 반면 '그 허물을 스스로 변명하면서'부터 '존재하는 것이 부당하다고 하는 자는 적네.'까지 신도가의 말은, 자산으로 대표되는 일반의식 상태와 신도가로 대표되는 텅 비운의식 상태를 대비시킨 말로써, 이익과 생존의 측면에만 집착하며 당연시하는 일반의식 상태를 '없어져버린 것에 대해 부당하다고 하는 자'로 상징하였고, 손해와 사망의 측면까지 사유하고 수용하는 텅 비운의식 상태를 '존재하는 것이 부당하다고 하는 자'로 상징하였다. '어찌할 수 없음을 아는 것'은, 각종 현상에 있어서 인간의 한계를 인식하는 한편 자연의 위력을 인지한 것으로써, 양생주 편에서 '온 것은 그 사람이 올 시간이 된 것이고, 간 것은 그 사람이 갈 순서가 된 것'의 표현과 의미가 같다. '하늘의 뜻인 양 편안하게 있는 것'은, 결국 의식에서 나라는 잣대 없이 절대긍정의 시각으로 현상을 바라보는 것이며, 양생주 편에서 '시간된 것에 편안하고, 순서된 것에 안정되게 있다'의 안시처순(安時處順)과 같다. '오직 덕 있는 자만이 할 수 있다.'에서 덕은, 나라는 에고에서 벗어나 있는 의식 상태를 상징하는 것이다.

'예(羿)의 사정거리 안에서 노닐고 있을 때, 그 안 어느 곳이나 명중하네(遊於羿之彀中 中央者中地也).'에서 '예(羿)'는 조물주의 상징이며, '사정거리 안에서 노닐고 있는 것'은, 비록 지금 이렇게 살고 있지만 반드시 죽는 것을 의미한다. '그럼에도 명중하지 않았다면 하늘의 뜻이네(然而不中者命也).'에서 '명중하지 않았다'는 것은, 누구든 필연적으로 죽고, 병들고, 늙게 되는데, 아직 그렇지 않다는 것이다. '하늘의 뜻'이란, 인간이 그렇게 되는 까닭에 대해서 도저히 알 수 없다는 것으로써, 이는 결국 받아들일 수밖에 없음을 시사(示唆)하는 것이며, 나의 잣대를 내려놓는 까닭이 여기에 있다.

'사람들이 그 온전한 발로 내 불온전한 발을 비웃는 경우가 많아, 울컥 화가 치민다.'의 말은, 자기를 기준으로 남을 비교분별 하는 것에 대해 지적한 것으로써, 이 비교분별이 사람의 자존심을 짓밟는 일임을 강조한 것이다. '선생님 계신 곳으로 가네. 거기서 말끔히 씻어져 돌아오는데, 선생님의 선(善)으로 내가 씻어졌는지 알 수 없네.'의 말에서, '선생님 계신 곳'이란, 비교분별 없이 자신을 있는 그대로 바라보는 상징인 것이며, '거기서 말끔히 씻어져 돌아온다.'란, 그러한 시각이야말로 마음의 상처를 치유할 수 있음에 대하여 강조한 것이다. '선생님의 선(善)'이란, 무아의 의식 상태를 의미하는 것으로써, 제물론 편에서 '성인은 우둔한 채, 영구한 세월이 지나도록 순수함 하나 이룰 뿐이고(聖人愚芚 參萬歲而一成純)'의 순(純)과 의미가 같다. '알 수 없네.'의 말은, 오히려 강한 확신에서 한 말이다. '내 저분을 19년 따랐지만, 아직 나의 발이 잘렸음을 한 번도 깨닫지 못했네.'의 말에서, '19년'은 양생주 편 포정해우에서 나온 햇수와 동일한 것으로써, 스승의 차별없는 의식상태가 한결같음을 의미하는 것이다. 이는 백혼무인이 19년간 한 차례도 아(我)의 상태에서 신도가를 바라본 적이 없음을 의미하고 있다. 그만큼 백혼무인은 마음수련의 고수임을 강조한 것이다.

'지금 자네와 내가, 외모와 육체의 안, 심덕(心德)에서 노닐고 있다(今子與我遊於形骸之內)'란, 정자산과 신도가가 모두 백혼무인의 빈 마음 상태를 받들어, 자신들도 그와 같이 되고자 주력하고 있음을 뜻하는 것으로써, 주력에 성공했다면 스승의 마음 상태와 같아졌을 것인즉, 여기서 유(遊) 자는, 따른다는 종유(從遊)의 뜻과 다르지 않다할 것이다. '자네가 날 심덕의 밖, 외모와 육체에서 찾고 있으니(而子索我於形骸之外)'란, 잣대 없이 빈 마음 상태가 되는 것을 배우고 있음에도 불구하고, 여전히 잣대를 세워 비교분별 함에 대해 지적한 것으로써, '역시 허물 아니겠나?'에서 허물은, 비교분별을 의미한다. 마음속에 존재하는 이 같은 허물이야말로, 외모에 존재하는 허물에 못지않은 것임을 강조했다. '자산이 놀라 얼굴빛을 고치며 말했다. "자네 이제 더는 이르지 마시게."'의 말은, 이제까지 외면만을 바라보던 자산의 시각이, 신도가의 이 같은 말로 인해 비로소 도의 시작인 내면으로 돌리게 되었음을 암시하고 있다.

3.

노나라에 발꿈치가 잘린 숙산무지(叔山無趾)[107]라는 자가 있었다. 빈번하게[108] 중니(仲尼)를 만났다. 중니가 말했다. '그대는 삼가지 않고, 일전에 법을 어기어[109] 이와 같이 되었소. 비록 지금 여기 왔지만, (목표하는 바에) 어찌 이를 수 있겠소?' 무지가 말했다. '내 다만 의무(義務)[110]수행에 대해 알지 못했기에 내 몸을 경솔하게 다루었고, 이로 인해 내 발을 잃었소. 지금 내가 온 것은, 발보다 존귀한 것이 존재하기에, 내 그것을 온전히 하고자함이었소. 하늘은 덮지 않음이 없고, 땅은 싣지 않음이 없소. 내 선생을 하늘이자 땅으로 알았건만, 선생이 이와 같을 줄 어찌 알았겠소?' 공자가 말했다. '구(丘)가 생각이 좁았소. 선생께서 어찌 안으로 들지 않소! 들은 바[111]를 설(說)해 주시지요.' 무지는 나가버렸다. 공자가 말했다. '제자들은 힘써라. 저무지는 발꿈치가 잘린 자이다. 그러나 학문에 힘써 이전 행위에 있어서 추악한 면[112]을 다시 보수(補修)[113]했다. 하물며 온전한 덕인(德

---

107) 숙산무지(叔山無趾): 숙산은 자(字). 월형(刖刑)을 당해 발(趾: 복사뼈 이하의 부분)이 없으므로 무지(無趾)라 함.〈장자〉, 안동림 역주, 현암사, 2001년, 157쪽

108) 빈번하게: 원문 종(踵) 자의 풀이. 종(踵) 자는 발꿈치, 뒤쫓다, 찾다, 밟다, 이르다, 거듭 등의 뜻이 있다.〈동아 백년옥편〉, ㈜두산동아, 2001년, 1,898쪽 /〈석문(釋文)〉에는 '발이 없으므로 발꿈치로 감'이라 했고,〈곽주(郭注)〉에는 빈(頻: 자주 빈)이라 함.〈장자〉, 안동림 역주, 현암사, 2001년, 157쪽

109) 법을 어기어: 원문 범환(犯患)의 풀이로써, 범(犯)에는 법률, 규칙, 도덕 따위를 어기는 뜻이 있고, 환(患)에는 근심, 재앙, 병(病) 등의 뜻이 있다. 법을 어기는 것은, 사회활동을 해야 하는 사람에게 있어서 치명타를 입힐 수 있는 것이며, 따라서 범환은 범법(犯法)의 완곡한 표현으로 볼 수 있다.

110) 의무(義務): 원문 무(務) 자의 풀이로, 의무란 마땅히 하여야 할 일 곧 맡은 직분. 또는 법률로써 강제하는 일 ↔ 권리.〈엣센스 국어사전〉, 민중서림, 2001년, 1,837쪽

111) 들은 바: 원문 소문(所聞)의 풀이로써, 문(聞)은, 귀로 소리를 알아듣다 는 뜻이며, 견문과 지식이란 의미이다.

112) 행위에 있어서 추악한 면: 원문 행지악(行之惡)의 풀이로써, 법을 어기다의 범환(犯患)과 의미가 같다하겠다.

113) 보수(補修): 낡은 것을 보충하여 수선함.〈엣센스 국어사전〉, 민중서림, 2001년, 1,013쪽

人)의 경우겠는가?' 무지가 노담(老聃)에게 이야기했다. '공구(孔丘)는 아직 지인(至人)의 경지에는 이르지 못했더군요. 그는 어째서 공손한 모습[114]으로 당신께 배우려는 걸까요? 그는 또한 거짓되고 덧없는 [115] 세상평판[116]을 구하고 있는데, 지인(至人)은 이것을 자기를 묶는 족쇄로 여기는 줄 모르는가 보더군요.' 노담이 말했다. '왜 그로 하여금 사생(死生)이 하나의 나뭇가지이고, 되고 안 됨(可不可)이 하나의 꿰미인줄 알도록 바로잡지 않았소? 그 족쇄를 풀고 벗어날 수 있을 텐데!' 무지가 말했다. '하늘이 내린 벌(罰)[117]입니다. 어찌 풀 수 있겠습니까?'

'노나라에 발꿈치가 잘린'부터 '빈번하게 중니(仲尼)를 만났다'까지는, 숙산무지가 빈번히 중니를 찾아갔지만, 그의 제자는 아닌 것으로 추측된다. '그대는 삼가지 않고'부터 '어찌 (목표하는 바에) 이를 수 있겠소?'까지는, 삼가지 않고 법을 어기면 벌을 받게 되고, 벌을 받으면 사회진출이 어렵게 되어, 배움이 무용지물로 전락하게 되는 점을 말하고 있다. 이는 배움이 사회진출을 위한 수단일 뿐,

---

114) 공손한 모습: 원문 빈빈(賓賓)의 풀이로써, 혹자는 자주, 여러 번이라는 뜻인 빈빈(頻頻)으로 풀이하기도 하고, 혹자는 공손한 모습으로 풀이하기도 하는데, 여기서는 후자를 따랐다. 〈장자〉, 안동림 역주, 현암사, 2001년, 158쪽

115) 거짓되고 덧없는: 원문 숙궤환괴(諔詭幻怪)의 풀이로써, 숙(諔)이나 궤(詭)는 둘 다 속이다의 뜻이고, 환(幻)은 허깨비, 가상(假象) 등의 뜻이며, 괴(怪)는 기이하다, 의심하다, 도깨비 등의 뜻이다. 〈동아 백년옥편〉, ㈜두산동아, 2001년, 1,812, 1,796, 643, 700쪽

116) 세상평판: 원문 명문(名聞)의 풀이. 상동 375쪽

117) 하늘이 내린 벌(罰): 원문 천형(天刑)의 풀이로써, 벌(罰)이란, 잘못하거나 죄(罪)를 지은 사람에게 괴로움을 주어 징계하고 억누르는 일. 〈엣센스 국어사전〉, 민중서림, 2001년, 973쪽

인격도야를 목적으로 하지 않는 것을 지적한 것이다. '내 다만 의무수행에 대해 알지 못했기에'부터 '온전하게 하고자함이었소'까지는, 사회인으로서 의무를 수행해야한다는 점과, 발(呆)보다 마음이 존귀하다는 점을 강조하였다.

'국가에는 국민으로서 누릴 수 있는 권리와 행해야할 의무를 헌법으로 규정하며, 이는 나라별로 대동소이하다. 국방, 납세, 교육, 근로 등 4대 의무가 있고, 제2차 세계대전 후 국민의 기본권은 종교의 자유, 언론, 출판, 집회, 결사의 자유, 신체의 자유, 적법절차 조항, 사유재산제도의 보장, 주거의 안전 등이 있다.'[118] 헌법에 명시된 의무를 수행하지 않을 때, 불이익을 받을 수 있는 것인데, 이것이 숙산무지가 발을 잃은 까닭이다. 이렇게 해서 잃어버린 '발보다 존귀한 것이 존재한다(猶有尊足者存)'란, 발은 잃어버릴 수 있을지 몰라도 마음은 잃어버릴 수 없다는 것이고, 발보다는 마음이 존귀한 것임을 강조한 것이다.

'하늘은 덮지 않음이 없고, 땅은 싣지 않음이 없다'의 말은, 어떤 경우라도 이해하고 감싸는 절대적 포용력을 상징하는 것으로써, 선악시비로 비교분별함 없이, 바라보는 것을 뜻한다. 공자가 시비선악의 사회적 개념에 따라 비교분별 하는 자를 상징한다면, 숙산무지는 이에 맞서 두루 포용함에 대해 역설하고 있다. '내 선생을 하늘이자 땅으로 알았건만'부터 '무지는 나가버렸다'까지, 비교분

---

118) 위키백과 참조

별과 절대적 포용력이 우열로써 강조된 한 편, 숙산무지의 말에 공자의 태도가 급변한 것을 부각시켰다. '제자들은 힘써라'부터 '온전한 덕인의 경우겠는가?'까지, 학문에 힘쓰면 악이 보수되어 선이 될 수 있음을 강조했는데, 이는 앞부분에서 '비록 지금 여기 왔지만, (목표하는 바에) 어찌 이를 수 있겠소?'라고 했던 것과 달리, 학문을 선에 이르게 하는 수단으로 인식한 것이다.

이는 비움을 통해 선과 악에서 벗어난 허심의 상태에 이르고자 하는 것과 달리, 학문을 통해 선에 이르고자 하는 것으로써, 선과 악에 여전히 묶여있다고 말할 수 있다. 비움과 학문은 안과 밖으로 그 길이 다름을 인지할 필요가 있다. 비움은 에고를 비우는 일인 반면, 학문은 에고를 높이는 경우가 허다하다.

도덕경 48장에 '학문을 위하면 날마다 더하게 되고, 도를 위하면 날마다 덜게 된다(爲學日益 爲道日損)'는 말이 이것이다. '하물며 온전한 덕인의 경우겠는가?'에서 과연 온전한 덕인(全德之人)을 비움의 상태로써 인식하고 사용했는지는 의문이다.

'무지가 노담에게 이야기했다'부터 '족쇄로 여기는 줄 모르는가 보더군요.'까지, 마음속에 있는 에고를 직시하지 못하고 비우는 것에 대해 인지하지 못하는 한, 외부로부터 아무리 많은 것을 배운다 해도, 배움과 비움은 여전히 평행선일 뿐이다. '공구(孔丘)가 아직 지인(至人)에 이르지 못했다'는 숙산무지의 말이 이러한 의미이다. 지인은, 제물론 편 설결과 왕예의 대화에서, 생사(生死)와 이해(利害)에서 벗어난 자로 묘사되었는데, 이는 에고에서 완전히 벗어났음을 의미하는 것이다. 한편 인간세 편 안회의 말에서 '아직 회라는 존재가 시작되지 않았다(未始有回也)'로 표현되기도 했으며, 제물론 편 서두에서는 '오상아(吾喪我)'로 표현되기도 했다.

'그는 어째서 공손한 모습으로 당신께 배우려는 걸까요?'의 말은, 배움이 아닌 비움에 그 핵심이 있음을 강조한 것이다. '그는 또 거짓되고 덧없는 세상평판을 구하고 있다'의 말은, 세상평판이란 것은, 거짓되고 덧없는 것임을 강조한 것으로써, 이에 대한 욕구의 어리석음을 부각시킨 것이다. 거짓되고 덧없다는 것은, 인생을 환(幻)으로 보는 깨달음의 관점과 상통하는 것이며, 제물론 편 대각(大覺)의 언급과 같은 맥이라 할 것이다. '지인은 이것을 자기를 묶는 족쇄로 여기는 줄 모르는가 보더군요.'의 숙산무지 말은, 명예욕이 곧 고(苦)의 원인임을 강조한 것이다. 물론 명예욕은 기본 생존욕구에서 뻗은 많은 욕구 가운데 하나로, 생존욕구에 대한 인식 및 제압이 없다면, 이에 대한 통제 역시 불가능하다.

'왜 그로 하여금 사생이 하나의 나뭇가지이고'부터 '어찌 풀 수 있겠습니까?'까지, 사물만을 바라볼 뿐, 자신의 내면으로 그 관심을 돌리지 못하는 경우를 가리킨다. 자신의 내면으로 관심을 돌려야, 자신이 비교하고 있음을 인지할 수 있고, 그로써 비교를 중지할 수 있으며, 비교가 중지된 상태에서 사물을 바라볼 때 비로소 사물에 집중할 수 있게 되는 것이다. 사물에 집중할 때, 사물이 고정불변의 상태로 존재하는 것이 아님을 깨닫게 되고, 마침내 생과 사 또는 유와 무 등으로 분리된 것이 아닌 통합된 것임을 깨닫게 된다. '왜 그로 하여금 사생이 하나의 나뭇가지이고, 되고 안 됨이 하나의 꿰미인줄 알도록 바로잡지 않았소?'의 원문은, '호불직사 피이사생위일조 이가불가위일관자(胡不直使彼以死生爲一條 以可不可爲一 貫者)'이다. 원문 부분의 '~以 ~爲' 구조는 '~를 ~로 여긴다.'는 의 미로써, 특히 '알도록'으로 풀이한 것은, 통합(一)이, 의식에서 일어 나는 현상일 뿐, 의식밖에 존재하는 대상이 아님을 강조하기 위해 서이다. '불직(不直)'의 부분을 '바로잡지 않았다'로 풀이한 이면에 는, 하나인줄 깨닫는 것이야말로 바른 것인 반면, 둘로 인식하는 것 이란 왜곡이라는 의미이다. '호(胡)' 자는 의문대명사로 사용되었다.

'그 족쇄를 풀고 벗어날 수 있을 텐데!'의 원문은 '해기질곡 기가 호(解其桎梏 其可乎)'이다. 질곡이란 '옛 형구의 하나로써, 기다란 두 개의 토막나무를 맞대어 거기에 구멍을 파서 죄인의 두 발목을 그 구멍에 넣고 자물쇠를 채우는 것이다.'[119] 이는 욕구로 인해 사물 을 비교분별하고 결국 사물에 묶이게 되는 의식 상태를 비유한 것 으로써, '해(解)'란 그러한 상태에서 벗어나는 것을 의미한다.

양생주 편 '포정해우(庖丁解牛)'의 '해(解)'와 '노담이 죽었다(老聃 死)'의 단락에서 '제지현해(帝之縣解)'의 '해(解)'와 의미가 동일하다.

'하늘이 내린 벌입니다. 어찌 풀 수 있겠습니까?'의 원문은 '천 형지 안가해(天刑之 安可解)'이다. 여기서 '해'는 위의 경우와 동일하 고, 천형(天刑)의 표현은, 그만큼 자신의 욕구에서 벗어나기가 어렵 다는 의미라 하겠다. 즉 사람들의 비교인식은 생존욕구와 불가분

---

119) 〈엣센스 국어사전〉, 민중서림, 2001년, 2,216쪽

의 관계에 있다. '안(安)'은, '호(胡)' 자의 경우처럼 의문대명사로 사용되었다.

4.

인기지리무신(闉跂支離無脤)[120]이 위(衛)나라 영공(靈公)에게 설(說)했다. 영공이 기뻐했다. 그리고는 온전한 사람을 보면 그 목을 가냘프게 보았다. 옹앙대영(甕㼜大癭)[121]이 제(齊)나라 환공(桓公)에게 설했다. 환공이 기뻐했다. 그리고는 온전한 사람을 보면 그 목을 가냘프게 보았다. 그러므로 덕이 자라나게 되면 겉모습[122]에 대해서는 잊게 된다. 사람이 그 잊어야할 것을 잊지 않고, 그 잊지 않아야할 것을 잊는 것, 이것을 참으로 잊은 것이라 이른다. 그러므로 성인은 노니는 것이다. 분별지를 재앙으로 여기고, 예절이나 규범을 갖풀[123]로 여기며, 은혜 베푸는 일을 접착으로 여기고, 모양 나게 만드는 것을

---

120) 인기지리무신(闉跂支離無脤): 인(闉)은, 구부러지다, 막다 등의 뜻이고, 기(跂)는, 발가락이 여섯 개 있는 육 발의 뜻이며, 지(支)는 쪼개져 나가다, 뿔뿔이 흩어지다. 라는 뜻이고, 리(離)는 나누다, 가르다의 뜻이다. 무(無)는 없다, 말라, 아니다 등의 뜻이고, 신(脤)은 제육(祭肉)의 뜻이나 여기서는 입술을 뜻하는 순(脣) 자와 같다. 〈동아 백년옥편〉, ㈜두산동아, 2001년 참조. 인기(闉跂)는, 발가락 끝으로 걷고 발꿈치가 닿지 않는 것으로, 다리가 굽어 걷는 모습이 단정치 못함을 뜻한다. 지리(支離)는, 꼽추로 풀이할 수 있고, 무신(無脤)은, 언청이로 풀이할 수 있어, 인기지리무신은 심한 불구자를 형용한다고 할 수 있다. 〈장자〉, 안동림 역주, 현암사, 2001년, 166쪽

121) 옹앙대영(甕㼜大癭): 옹(甕) 자는 독(운두가 높고 중배가 좀 부르며 전이 달린 오지그릇이나 질그릇)을 뜻하고, 앙(㼜) 자는 동이(몸이 둥글고 아가리가 넓으며 양 옆에 손잡이가 있는 질그릇의 하나)를 뜻하며, 영(癭) 자는 사람 몸에 난 혹을 뜻한다. 옹앙대영은 항아리 같은 큰 혹이 달려 있는 사람을 가리킨다.

122) 겉모습: 원문 형(形) 자를 풀이한 것으로, 형(形) 자에는 모양, 맵시, 몸, 육체, 형세, 세력 등의 의미가 있다. 따라서 외모나 사회적 명성 또는 소유한 재산 등이 모두 포함된다고 할 수 있다.

123) 갖풀: 쇠가죽을 끈끈하도록 고아 말린 접착제. 아교(阿膠). 〈엣센스 국어사전〉, 민중서림, 2001년, 84쪽

사고파는 일로 여긴다. 성인은 도모하지 않으니 어찌 분별지를 쓸 것이며, 깎지 않으니 어찌 갖풀을 쓸 것인가? 잃어버림 없으니 어찌 은혜 베풀 것이며, (얻기 어려운) 재화[124] 귀하게 여기지 않으니 어찌 사고팔 것인가? 네 가지는 하늘이 기르는 것이다. 하늘이 기르는 것이란, 하늘이 먹이는 것이다. 이미 하늘에서 먹거리 받았거늘 또 어찌 사람의 것을 쓰랴?

인기지리무신과 옹앙대영 이야기에서는 동일한 내용이 반복되어 있다. 왕에게 강설(講說)할 정도의 지식인이라면, 외모도 어느 정도 받쳐줄 것이라는 선입견을 깨고, 두 사람모두 심한 불구이다.

이는 고정관념에 사로잡혀있는 일반의식에 대하여 충격요법[125]을 가함과 같은 것이며, 위 내용을 뒷받침히기 위해 깔아놓은 포석인 셈이다. 위나라 영공이나 제나라 환공이 이들의 강설을 듣고 기뻐했으며, 그 후 '온전한 사람을 보면 그 목을 가냘프게 보았다'했는데, 이는 강설을 듣고 난 후 두 왕의 기준점이 바뀐 것을 상징한다. 강설을 듣기 전 온전한 사람이 기준점이었다면, 듣고 난 후에는 온전하지 못한 불구의 상태가 기준점이 된 것을 뜻한다.

온전한 것을 기준점으로 하면, 이에 부족한 경우 신경(마음)이 거슬리지만, 온전하지 못한 불구의 상태를 기준점으로 하면, 대부분의 것들이 차고 넘치는 것으로 인식될 뿐 아니라, 마음이 늘 흡족한 상태가 된다. '그러므로 덕이 자라나게 되면 겉모습에 대해서는

---

124) 재화(財貨): 사람의 욕망을 만족시키는 물질. 상동 1,978쪽
125) 충격요법: 환자에게 급격히 자극을 주어 병을 치료하는 방법. 쇼크요법. 상동 2,309쪽

잊게 된다.'의 원문은, '고덕유소장 이형유소망(故德有所長 而形有所忘)'이다. 여기서 '덕(德)'이란 사물을 바라보는 마음이라 할 것이고, '자라난다(有所長)'는 것은, 그 마음에 있는 에고의 잣대가 비워졌음을 뜻하며, '겉모습에 대해서는 잊게 된다(形有所忘)'란, 겉모습에 대한 비교분별이 중지되는 것을 의미한다. 이는 인간세 편 심재(心齋)부분의 '비우고 사물을 맞이하는 것(虛而待物)'과 그 의미가 동일하다.

'사람이 그 잊어야 할 것을 잊지 않고'의 원문 '인불망기소망(人不忘其所忘)'에서 '기(其)' 자는 '겉모습'을 뜻하는 것으로써 비본질적인 것을 가리킨다할 것이다. '그 잊지 않아야할 것을 잊는 것'의 원문 '이망기소불망(而忘其所不忘)'에서 '기(其)' 자는 본질적인 변화 법칙을 뜻하는 것으로써, 이는 자기 잣대에 대한 인식이 없음과 관련이 있다. '이것을 참으로 잊은 것이라 이른다.'의 원문은 '차위성망(此謂誠忘)'으로, '성(誠)' 자는 거짓이 없고 참되다는 뜻이나, 여기서는 비우지 못하고 비교분별을 일삼는 것이야말로 가장 심각한 건망증임을 강조한 것이다.

'그러므로 성인은 노니는 것이다'의 원문 '고성인유소유(故聖人有所遊)'에서 '유(遊)' 자는, 제물론 편에서 '속세 밖에서 노닌다(遊乎塵垢之外)', '세상 밖에서 노닌다(遊乎四海之外)'로, 덕충부 편에서 '덕이 합(合)해놓은 곳에서 즐거이 돌아다닐 뿐이오(遊心乎德之和)', '지금 자네와 내가 외모와 육체의 안, 심덕(心德)에서 노닐고 있다(今子與我遊於形骸之內)', '예(羿)'의 사정거리 안에서 노닐고 있다(遊於羿之彀

中)’ 등으로 사용되었는데, 모두 예고에서 벗어난 의식 상태를 가리킨다. ‘분별지를 재앙으로 여기고’부터, ‘모양 나게 만드는 것을 사고파는 일로 여긴다.’까지, 기존개념이 전복된 것으로써, 좋은 것으로 여기던 것을 더는 좋은 것으로 여기지 않는 것이다. 이는 사물에서 자신의 내면으로 관심을 돌려, 사물에 대한 자신의 비교분별이 허황된 것임을 깨닫고, 비교분별을 중지함에서 나타난다. ‘분별지를 재앙으로 여긴다.’의 원문은 ‘지위얼(知爲孼)’이다. ‘지(知)’는 분별지로써 도덕경 71장 ‘아는 것을 모른다하면 으뜸이다. 모르는 것을 안다하면 병이다(知不知上 不知知病).’에서 ‘안다’는 비교분별로, ‘모른다.’는 있는 그대로 바라보는 것으로 풀이했는데, 이것과 연관시킬 수 있다. 따라서 ‘재앙’으로 풀이한 ‘얼(孼)’자는, 71장의 ‘병(病)’자와 동일한 의미라 할 수 있다.

‘예절이나 규범을 갖풀로 여긴다.’의 원문은 ‘약위교(約爲膠)’이다. ‘약(約)’이란 묶는다, 법에 따르다, 약속하다 등의 뜻으로, 예절, 규범 등의 의미가 있고, ‘교(膠)’는 아교, 갖풀의 뜻으로 속박의 의미가 있다. ‘예(禮)’에 관련해서 도덕경 38장에 ‘저 예라는 것은 참된 마음과 신뢰가 적어진 것으로 혼란의 시초이다(夫禮者 忠信之薄而亂之首).’의 구절이 있다. 이는 바른 마음중심보다 예의범절의 형식을 치중할 때 나타날 수 있는 폐해를 지적한 것으로써, 예의범절의 형식이 바른 마음중심을 앞설 수 없음에 대해 강조한 것이다.

예의범절의 형식이 앞설 때, 그 예의범절은 바른 마음중심과 일치하지 않는 위선이 되기 쉽고, 결국 위선은 상대를 위하는 척할 뿐, 상대를 해치는 경우가 많은 것이다. 위에서 '약(約)'자는 38장의 '예(禮)' 자와 같은 의미라 할 것이며, 이를 사물에 묶인 속박으로 인식한 것이다. '은혜 베푸는 것을 접착으로 여긴다.'의 원문은 '덕위접(德爲接)'이다. 은혜 베푸는 것이란 물건을 거저 준다는 시여(施與)의 의미이고, 접착이란 접촉, 교접, 교미 등의 뜻으로 역시 속박의 의미가 있다.

도덕경 5장에 '천지는 자애롭지 않다(天地不仁)'와 '성인은 자애롭지 않다(聖人不仁)'의 구절이 있는데, 여기서 불인(不仁)의 '인(仁)' 자와 덕위접(德爲接)의 '덕(德)' 자 의미가 유사하다고 할 것이다. 인(仁) 자와 덕(德) 자의 함의가 인위(人爲)를 중시한다면, 불인(不仁)과 부덕(不德)에는 무위자연을 중시한다할 것이다. '모양 나게 잘 만드는 것을 사고파는 일로 여긴다.'의 원문은 '공위상(工爲商)'이다. '공(工)' 자는 물건 만드는 일을 업으로 하는 장인(匠人)이나, 물건을 매만지거나 손질하여 모양 나게 잘 꾸민다는 뜻이다.

'상(商)' 자는 이익을 얻으려고 물건을 사고파는 일을 뜻한다. 도덕경 19장에 '꾸미는 일을 끊고 이익을 버린다.'의 '절교기리(絶巧棄利)'와 '본바탕을 보고 생긴 그대로를 끌어안으며, 개인적인 것을 줄이고 욕심을 적게 한다.'는 '견소포박 소사과욕(見素抱樸 少私寡欲)'의 구절이 있다. '공(工)' 자와 '교(巧)' 자의 의미가 같다 하겠고, 이 두 글자는 '견소포박'에 반대된다하겠으며, '상(商)' 자는 '소사과욕'에 반대된다하겠다.

마음을 비움이 사물에 대한 비교분별을 중지하는 일일 뿐 아니라, 이익에 대한 욕심을 비우는 일에 직결되어 있음을 강조하고 있다. 은혜를 베풀 때도 모양 나게 잘 매만질 때도, 바른 마음중심을 잃어버리지 않고자 했던 옛사람의 마음가짐을 엿볼 수 있다.

'성인은 도모하지 않는다(聖人不謀)'에서 '모(謀)' 자는 꾀한다. 는 뜻으로, 어떤 일을 이루려고 뜻을 두거나 힘쓰는 것을 말한다.

따라서 '불모(不謀)'는 에고에서 벗어나 있는 의식 상태로써 자연과 하나 된 상태라고 말할 수 있다. '어찌 분별지를 쓸 것인가?(惡用知)'란, 분별지를 쓰지 않는다는 것으로써, 에고에서 벗어난 의식 상태인 것이며, '지위얼(知爲孼)'과 같은 맥락이다. '깍지 않으니 어찌 갖풀을 쓸 것인가?(不斲惡用膠)'에서 '깍지 않는다.'함은, 유무의 자연변화 그대로 받들고 수용하는 의식 상태를 가리키는 것으로써, 인위적으로 이어 붙이려는 행위가 없는 깃이다. 때문에 인위적으로 이어 붙이려 할 때 필요한 '갖풀'은, 쓸데가 없게 된다는 것이다.

'잃어버림 없으니 어찌 은혜 베풀 것인가?(無喪惡用德)'에서 '잃어버림 없다'함은, 제물론 편에서 인생을 꿈과 같은 환(幻)의 상태로 보는 대각(大覺)의 의식 상태로써, 물질에 대한 집착을 여읜 상태를 가리킨다. 이 상태에서는 물질의 증감에 따라 애락이 마음속에 들어갈 수 없으므로, 은혜를 베푼다는 의식마저도 없는 것이다.

'(얻기 어려운) 재화를 귀한 것으로 여기지 않으니 어찌 사고팔 것인가?(不貨惡用商)'에서 '화(貨)' 자는, 돈 값을 지닌 모든 물건의 총칭으로, '불화(不貨)'를, 도덕경 3장의 '얻기 어려운 재화를 귀한 것으로 여기지 않는다(不貴難得之貨)'와 동일시했다. 재화와 관련해서 도덕경 53장에서는 '광채 나는 의복을 입고, 번쩍이는 칼을 찼으며,

음식은 질리도록 먹고 마시고, 재화가 남아도는 것, 이것은 도둑의 괴수일 뿐 도는 아닌 것이다.'[126)]라고 했다. 재화에 대한 욕구를 다스리지 못하면서 마음을 비웠다는 것은 어불성설이며, 따라서 '어찌 사고팔 것인가?'는, 이익에서 벗어나 있음을 의미하는 것이다.

'네 가지는 하늘이 기르는 것이다(四者天鬻也)'에서 '육(鬻)' 자는, 묽은 죽이란 뜻일 경우, 죽으로 음독(音讀)하고, 기르다, 양육하다의 뜻일 경우, 육으로 음독한다. '천육'을 위와 같이 풀이한 것은, 제물론 편에서 '하늘에 비춘다(照之於天)', '하늘의 저울추에 (앉아)서 쉰다(休乎天鈞)', '하늘어린이로서 화합하는 것이다(和之以天倪)' 등과 맥을 같이한다. '하늘이 기르는 것이란 하늘이 먹이는 것이다(天鬻也者 天食也)'의 구절에서 강조하는 것은, 결국 전적으로 하늘에 맡기고 산다는 것으로써, 에고 없음을 의미하는 것이다.

이는 항상 죽음을 기준점으로 세우고, 새롭게 텅 빈 마음상태가 되어, 모든 것을 수용함을 뜻한다. '이미 하늘에서 먹거리 받았거늘 또 어찌 사람의 것을 쓰랴?(旣受食於天 又惡用人)'에서 강조하는 것은, 무욕(無欲)하여 만족(滿足)하는 상태를 나타내는 것으로써, 도덕경 46장 내용과 완전히 일치한다. '천하에 도 있으면, 잘 달리는 말들이 도리어 똥을 실어 나르고, 천하에 도 없으면, 군마(軍馬)들이 도시 주변지역에서 새끼를 낳는다. 죄는 욕심내는 것보다 큰 것이 없고, 재앙은 만족할 줄 모름보다 큰 것이 없으며, 허물은 얻고자함보다 큰 것이 없다. 그러므로 만족할 줄 아는 만족함이라야,

---

126) 도덕경 53장 '복문채 대리검 염음식 재화유여 시위도과 비도야재(服文綵 帶利劍 厭飮食 財貨有餘 是謂盜夸 非道也哉)'

항상 만족한다.'[127]

5.
......
사람의 걸모습은 있지만, (사물을 비교 인식함으로써 갖게 되는 희로애락 또
는 좋아함과 싫어함의 호오라는 극히 일반적인) 사람의 감정은 없다. 사람의
걸모습이 있기에, 사람 속에 무리지어 있고, 사람의 감정이 없기에,
몸에 시비를 두지 않는다. 보잘 것 없이 작아서, 그러므로 사람에 속
해 있고, 광대무변하게 커서, 홀로 그 하늘을 이루었다. 혜자가 장자
에게 말했다. '사람이 본래 감정이 없는 것이오?' 장자가 말했다. '그
렇소.' 혜자가 말했다. '사람인데 감정이 없다니, 어찌 그를 사람이라
이르겠소?' 장자가 말했다. '도가 얼굴모양을 주었고, 하늘이 걸모습
을 주었는데, 어찌 그를 사람이라 이르지 않겠소?' 혜자가 말했다.
'이미 그를 사람이라 이른 이상, 어찌 감정이 없을 수 있겠소?' 장자
가 말했다. '이것은 내가 이르는 바의 감정이 아니오. 내가 이르는바
감정 없음이란, 사람이 호오로써 그 몸을 내상(內傷)입지 않게 함을
말하는 것이오. 항상 자연을 따를 뿐 생을 보태지 않소.' 혜자가 말
했다. '생을 보태지 않다니, 어떻게 그 몸이 있겠소?' 장자가 말했다.
'도가 얼굴모양을 주었고, 하늘이 걸모습을 주었으니, 호오로써 그
몸을 내상 입는 일 없게 함인 것이오. 지금 그대가 그대의 정신을 밖
으로만 향하고, 그대 정신의 진수를 고달프게 하고 있소. 나무에 기
대어 읊조리고, 거문고를 붙들고 졸고 있소. 하늘이 그대의 걸모습을
다 갖춰 만들어주었건만, 그대는 견백(堅白)을 가지고 떠드는 것이
오.'

---

127) 46장 전문: 천하유도 각주마이분 천하무도 융마생어교 죄막대어가욕 화막대어부
지족 구막대어욕득 고지족지족 상족의 (天下有道 却走馬以糞 天下無道 戎馬生於郊 罪莫
大於可欲 禍莫大於不知足 咎莫大於欲得 故知足之足 常足矣)

'사람의 겉모습은 있지만, 사람의 감정은 없다'의 원문은, '유인지형 무인지정(有人之形 無人之情)'이다. '형(形)' 자는, 인기지리무신 단락에서 사용된바 있어 동일하게 '겉모습'으로 풀이했고, '정(情)' 자는 감정으로, 특히 사물을 인식함에 있어서 그 비교 분별적 측면과 관련지었다. 감정이 없다는 무정(無情)에 대하여, 혜자와 장자의 견해가 서로 다른데, 혜자는 사물에만 관심을 쏟아, 자신의 감정이 자신의 인식과 관련되어있음을 미처 인지하지 못한 일반적 경우를 상징하고, 장자는 사물에서 자신의 내면으로 관심을 돌려, 감정이 인식의 비교 분별적 측면에 관련되었음을 인지한 경우를 상징한다.

  '사람의 겉모습이 있기에, 사람 속에 무리지어 있고, 사람의 감정이 없기에, 몸에 시비를 두지 않는다.'의 원문은 '유인지형 고군어인 무인지정 고시비부득어신(有人之形 故羣於人 無人之情 故是非不得於身)'이다. 이는 컴퓨터로 말하자면 하드웨어는 갖춰 있지만, 소프트웨어는 초기화상태를 뜻하는 것이다. 제물론 편에서 집요하게 다룬 시비문제를 다시 언급하였는데, '몸에 시비를 두지 않는다.'는 말로 미루어볼 때, 자기잣대가 비워졌음을 뜻하고, 이는 곧 비교 분별적 인식(판단)이 중지되었음을 뜻하는 것으로써, (희로애락이나 호오로써 요동치는 감정상태가 없는) 무정(無情)이, 이에 관련되어있음을 말한 것이다. 내면으로 관심을 돌리지 못하고 자기잣대에 대하여 인지가 없다면, 사물에 대한 자신의 인식(판단)중지는 불가능할 뿐더러, 장자가 말하는 무정의 상태도 이해할 수 없다.

대부분의 사람들은 사물을 인식하고, 자신의 인식을 당연시함에 따라, 자기인식의 시비호오에 따라 거의 동시에 느끼게 되는 자기감정도 당연시하여 말하고 행동하는 것이며, 이 말과 행동에 따라 나타나는 반응에, 다시금 인식하고 감정을 느끼며 동일한 사이클을 되풀이한다. 장자는 이 같은 사이클의 되풀이에 회의를 느끼고 마침내 자신의 내면으로 관심을 돌림으로써, 사물에 대한 자신의 인식과 감정은 물론 그 말과 행동까지 강력한 통제의 단계 또는 그 통제가 완숙됨으로써, 벗어남의 단계에 있고자 했던 것이다. 이는 일반적 경우와는 역행되는 것으로써 결국 전혀 다른 차원에 있게 되는 것이다. 한편 사물에 대한 자신의 인식과 감정을 바탕으로 말하고 행동하면서, 사물을 변화시키고자 노력하는 것이 보편적 양상이라면, 장자는 이 같은 노력보다는 오히려 자신의 인식이나 감정 또는 이 인식이나 감정을 바탕으로 하는 말과 행동을 부정하고, 사물을 있는 그대로 수용하며 이를 전적으로 따르고 받들고자 했던 것이다. 장자는 소아(小我)적이라고 말할 수 있는 자기잣대를 부정함으로써, 사물을 있는 그대로 100% 수용하고자 했는데, 이 100%의 수용의식을 소위 대아(大我)적이라고 말할 수 있다.

　　'보잘 것 없이 작아서, 그러므로 사람에 속해 있고, 광대무변하게 커서, 홀로 그 하늘을 이루었다'의 원문은 '묘호소재 소이속어 인야 오호대재 독성기천(眇乎小哉 所以屬於人也 謷乎大哉 獨成其天)'이다. '묘(眇)' 자는 한쪽 눈이 꺼져서 작은 상태의 애꾸눈이나, 희미하다, 작다, 가늘다, 멀다, 다되다 등의 뜻이 있고, '오(謷)' 자는 뜻이 높고 먼 모양을 나타내는 것으로써 고매하다는 의미가 있다. '호(乎)' 자와 '재(哉)' 자는 어조사[128]로 사용되었다. 대비되는 이 두 구절은 동일하게 자기잣대에 관련된 말인 것으로써, '보잘 것 없이 작아서(眇乎小哉)'란, 자기잣대로는 대자연이 주도하는 변화에 맞설 수 없음을 상징한 것이고, '사람에 속해 있다(屬於人也)'란, 자기잣대를 비워야하는 측면을 상징한 것이다. '광대무변하게 커서(謷乎大哉)'란, '홀로 그 하늘을 이루었다(獨成其天)'에서 '하늘(天)'과 의미가 동일한 것으로써, 자기잣대를 비운 의식 상태를 뜻하고, '홀로(獨)'는, 비움의 의식 상태가 되는데 있어서, 누가 해줄 수 있는 일이 아니라, 스스로 해내야하는 일임을 강조한 것이다.

'사람이 본래 감정이 없는 것이오?(人故無情乎)'라는 혜자의 질문은, 자신의 감정동요를 지극히 당연시하는 것으로써, 이는 자신의 내면을 전혀 들여다보지 못했음을 의미한다. 즉 시비호오의 비교 분별적 인식을 정당한 인식으로 생각할 뿐, 그러한 인식에서 벗어남에 대해서는 전혀 생각해보지 못한 상태에서의 질문이다. 그러나 '본래'라고 풀이한 '고(故)' 자는, 혜자 또한 본래모습 즉 본질에 대해서 고민했을 것으로 추측하게 한다. '그렇소(然).' 라는 장자의 대답은, 감정이란 것이 당연히 존재한다는 전제에서 물은 혜자의 질문에, 가차 없이 존재하지 않는다고 대답한 것이다. '사람인데 감정이 없다니, 어찌 그를 사람이라 이르겠소?(人而無情 何以謂之

---

128) 어조사: 한문의 토(실질적인 뜻은 없고, 다만 다른 글자들의 보조로만 씀) 〈엣센스 국어 사전〉, 민중서림, 2001년, 1,585쪽

시'라는 혜자의 질문은, 감정이 없다는 장자의 대답을 받아들이지 못한 것으로써, 감정 동요야말로 사람으로 규정하는 가장 큰 특징임을 강조했다. 두 번째 질문에서는 '고(故)' 자가 삐져 있는데, 조금은 여유를 잃어버린 모습이라고 말할 수 있다. '도가 얼굴모양을 주었고, 하늘이 겉모습을 주었는데, 어찌 그를 사람이라 이르지 않겠소?(道與之貌 天與之形 惡得不謂之人)' 라는 장자의 대답에서, '도(道)'와 '천(天)'은 동격이고, '모(貌)'와 '형(形)' 역시 동격이다. 여기서 '감정'으로 풀이한 '정(情)' 자는 빠져있다. 그렇다면 '감정'은, '도'와 '천'이 준 것이 아닌가 하는 의문을 가져볼 수 있다.

'이미 그를 사람이라 이른 이상, 어찌 감정이 없을 수 있겠소?(旣謂之人 惡得無情)' 라는 혜자의 질문은, 혜자가 감정동요를 당연한 것으로 받아들일 뿐, 그에 대한 어떤 사유도 하지 않았음을 짐작하게 한다. '이것은 내가 이르는 바의 감정이 아니오(是非吾所謂情也)' 라는 장자의 대답은, 사물에 대한 인식과 그에 따른 감정동요를 당연시하는 혜자와는 달리, 거기서 벗어나 말하는 것이다. '내가 이르는바 감정 없음이란, 사람이 호오로써 그 몸을 내상(內傷)입지 않게 함을 말하는 것이오(吾所謂無情者 言人之不以好惡內傷其身).' 라는 장자의 대답에서, '호오(好惡)'란 곧 비교 분별적 인식과 그에 따라 거의 동시에 동요하는 감정을 아울러 가리킨 것임을 알 수 있다. 이 호오의 비교인식과 그로인한 감정동요가 결국 '그 몸을 내상 입게 하는(內傷其身)' 원인임을 강조한 것이다. 따라서 감정이 없다는 무정(無情)은, 시비호오의 비교 분별적 인식이 없는 상태로써, 비교분별이 철저히 통제된 상태에서의 평정함과 상통한다. 자신의 호오분별을 통제하는 일은, '그 몸을 내상 입게 하는(內傷其身)' 원인을 제거하는 일과 같은 것이고, 이로써 어떤 경우에도 마음의 평정을 잃어버리지 않게 되는 것이다. '항상 자연을 따를 뿐 생을 보태지 않소(常因自然而不益生也).'의 대답에서, '상(常)' 자는, 어떤 경우라도 시비 호오의 비교 분별적 인식이 없다는 의미이고, '인자연(因自然)'이란 그 텅 빈 마음에서 자연의 변화를 따르고 받든다는 의미이다. '불익생(不益生)'은 생에 대하여 집착하지 않음을 뜻하는 것이며, 생사의 변화를 호오로써 비교분별하지 않음과 맥을 같이한다.

양생주 편 '온 것은 그 사람이 올 시간이 된 것이고, 간 것은 그 사람이 갈 순서가 된 것이오(適來 夫子時也 適去夫子順也)'와 그 의미가 상통되는 것이며, 인간세 편 '아직 회라는 존재가 시작되지 않았습니다(未始有回也)'와도 상통되는 것이다. '생을 보태지 않다니, 어떻게 그 몸이 있겠소?(不益生 何以有其身)'라는 혜자의 질문은, 생을 당연한 것으로 받아들이고, 그것을 기준점으로 세운 의식 상태를 반영한 것으로써, 자신이 자연적 존재임을 까맣게 잊어버린 상태라고 말할 수 있다. 죽을 수밖에 없는 사실을 외면하지만, 이는 언제고 받아들일 수밖에 없는 것이다.

'도가 얼굴모양을 주었고, 하늘이 겉모습을 주었으니, 호오로써 그 몸을 내상 입는 일 없게 함인 것이오(道與之貌 天與之形 無以好惡內傷其身)'라는 장자의 대답은, 앞과 동일하게 반복되었다. 다만 '불(不)' 자를 '무(無)' 자로 교체했는데, '불(不)' 자에서 좀 더 노력하는 의지를 엿볼 수 있다면, '무(無)' 자에서는 이미 그 상태에 도달해 있음을 엿볼 수 있다. '지금 그대가 그대의 정신을 밖으로만 향하고, 그대 정신의 진수를 고달프게 하고 있소(今子外乎子之神 勞乎子之精)'의 대답에서, '밖으로 향하고(外乎)'는 인간세 편 '눈과 귀를 모두 안으로 돌리고(夫徇耳目內通)'와 반대되는 것으로써, 사물에만 온통 관심을 쏟고 있음을 지적한 것이다.

한편 오늘날 하나의 단어로써 사용되는 '정신(精神)'을, 각각 분리해서 사용했지만 그 의미에 있어서 큰 차이는 없다. 위 구절은 사물에 얽혀 피로한 정신상태가 되어 있음을 의미한다.

'나무에 기대어 읊조리고, 거문고를 붙들고 졸고 있다(倚樹而吟 據槁梧而瞑)'의 말은, 혜자의 일상이 무료함을 지적한 것으로써, 그 의식 또한 일상의 무료함에서 벗어나지 못함을 내포하고 있다.

앞서 제물론 편에 '혜자가 책상에 기대어 열심히 떠들었다(惠子之據梧)'의 표현이 있었는데, 여기서는 '거고오(據槁梧)'로 표현되었다. '고오(槁梧)'가 '거문고'로 풀이됨[129]에 따라 '거문고를 붙들고'로 풀이했다. '하늘이 그대의 겉모습을 다 갖춰 만들어주었건만(天選子之形)'의 말에는, 사람의 형상을 갖추어 태어났음이 얼마나 감사한 일인지를 강조한 것으로써, 인생을 경험할 수 있는 그 자체가 최대의 선물임을 거듭 생각하게 하는 말이다. '그대는 견백(堅白)을 가지고 떠드는 것이오(子以堅白鳴)'의 말은, 이렇듯 무한의 가치를

---

129) 고오(槁梧): 거문고. 마른 오동나무로 만들기 때문에 이르는 말. 〈동아 백년옥편〉, ㈜ 두산동아, 2001년, 964쪽

지닌 인생을 놓고, 감사 감동은커녕 별 의미 없는 시비변론을 일삼는 것에 대하여 일침을 가한 것이다. 지금, 이 순간 하나의 사건과 사물 앞에서, 그 의식의 운용은 자기 몫인데, 운용 그밖에 따로 인생이 펼쳐질 마당은 없다.

대종사 편

그냥 지나치는 일상에서,
가령 똥에서조차 통합(무지무욕)의
의식 상태로 점철된 자들.

대종사 편에서는 하나의 이야기만을 뽑았다. 이는 덕충부 편과는 달리 생로병사에 대한 의식 상태를 다룬 것으로써, 무지무욕의 의식 상태를 완성함으로 인해, 질병과 사망의 변화측면에 대한 절대적 수용의식을 강조한 것이다.

자사(子祀), **자여**(子輿)[130], **자려**(子犂), **자래**(子來), **네 사람이 서로 이야**

---

130) 자여(子輿): 공자의 제자인 증삼(曾參)의 자(字)인데, 동일인인지 확실하지 않다./ 공자의 사상을 이어받아 공자의 손자 자사(子思)에게 전했고, 자사는 맹자(孟子)에게 그 도를 전했다. 안자(顏子), 자사(子思), 맹자(孟子)와 함께 사성(四聖)으로 일컬어진다. 인터넷 참조/ 증삼은 산동성(山東省) 사람으로 벼슬을 하지 않고 유람하다가 위(衛)나라에서 살았다. 솜옷은 겉이 남아 있지 않고, 얼굴빛은 (오래 굶어) 부어 있었으며, 손발은 (일을 많이 해) 굳은살이 박혔다. 사흘 동안 불을 때지 못했고, 10년 동안 옷을 지어 입지 못한지라 갓을 똑바로 쓰려하면 갓끈이 끊어지고, 옷깃을 여미려 하면 팔꿈치가 나왔으며, 신발을 신으려 하면 신발 뒤축이 터졌는데, 그 낡은 신발을 끌고 다니며 노래를 하였다. 천자는 그를 신하로 삼을 수 없었고, 제후는 벗으로 삼을 수 없었다. 노(魯) 애공(哀公)이 그를 현인이라 여겨 봉읍(封邑)을 주었으나, 증삼은 사양하여 받지 않으며, '제가 듣자니 다른 사람에게서 받은 자는 항상 다른 사람을 두려워하고, 다른 사람에게 준 자는 항상 다른 사람에게 교만하다고 합니다. 비록 임금께서는 저에게 교만하지 않으시더라도 제가 어찌 두려워하지 않겠습니까? 라고 하면서 끝내 받지 않았다. 훗날 노나라에서 생을 마쳤다. 〈고사전〉, 황보밀 지음, 김장환 옮김, 예문서원, 2000년, 113쪽 (이 고사의 전반부는 〈장자〉 양왕(讓王) 편에서 채록한 것이고, 후반부는 황보밀 자신이 덧붙인 것임)

기를 주고받았다. '누가 무(無)를 머리로, 생(生)을 등뼈로, 사(死)를 꽁무니로 여길 수 있을까? 누가 사생존망이 한 몸체인줄 알까? 내 그와 벗이리.' 네 사람이 서로 바라보며 웃었다. 마음에 거슬림이 없어 곧 서로 벗이 되었다. 갑자기 자여가 병이 났다. 자사가 문병을 갔다. '위대하도다. 저 조물주가 날 이 같이 굽어지게 했도다. 곱사등이 되게 해서 오장을 위로 올라가게 했고, 턱은 배꼽 속에 숨겼으며, 어깨는 정수리보다 높게 되었고, 굽은 목덜미는 하늘을 가리키는구나.' 음양의 기운이 흐트러졌지만 그 마음은 한가로이 해야 할 일이 없었다. 비척거리며 우물로 가서 제 모습을 비추었다. '체! 저 조물주가 다시 날 이 같이 굽어지게 하다니!'라고 했다. 자사가 말했다. '자네 그것이 싫은가?' '그런 일 없네! 내 어찌 싫겠나? 점차 내 왼팔을 닭이 되게 한다면, 내 그것으로 "울어서 밤 시각을 알릴 것"이고, 점차 내 오른팔을 탄알이 되게 한다면, 내 그것으로 "부엉이구이"를 구할 것이네. 점차 내 꽁무니를 바퀴가 되게 한다면, 내 정신을 말(馬)이 되게 해서, 그것에 올라탈 것이니, 어찌 또 멍에를 씌우겠나? 게다가 저 얻은 자 시간이 된 것이고, 잃은 자 순서가 된 것이니, 시간된 것에 편안하고, 순서된 것에 안정되면, 슬픔이든 즐거움이든 들어올 수 없네. 이것을 그 옛날에는 조물주가 거꾸로 매달아놓은 데서 벗어남이라 일렀지. 스스로 벗어날 수 없는 것은, 사물에 자신의 정신을 묶기 때문이지. 게다가 저 사물이 하늘을 이기지 못함은 오래된 일인 것이니, 내 다시 무엇을 싫어하겠나?' 갑자기 자래가 병이 났다. 헐떡이는 것이 곧 죽을 것 같았다. 그 아내와 자식들이 빙 둘러 울고 있었다. 자려가 문병을 갔다. '츠츠! 물러들 서시오. 죽어가는 사람 놀라게 하지 마시오.'라 했다. 그 방문에 기대어 그에게 말했다. '위대하도다. 조화옹이 자넬 다시 무엇이 되게 할 건지? 자넬 어디로 데려갈 건지? 자넬 쥐 간이 되게 할 건지? 자넬 벌레 팔뚝이 되게 할 건지?'라 했다. 자래가 말했다. '부모는 자식에게 동서남북 어디든 따르도록 명령하네. 음양은 사람에게 있어서 부모만 못지않고,

그것이 날더러 죽어라 해도 내 듣지 않을 수 없네. 내가 눈을 부릅뜬다 해도 그것이 무슨 죄 있겠나? 저 자연이 내게 사람모습 갖추게 했고, 내게 생명주어 일하게 했으며, 내게 늙음 주어 쉬게 했고, 내게 죽음 주어 마치게 했네. 그러하니 내 삶을 좋아하는 것은, 내 죽음을 좋아함인 것이지. 지금 뛰어난 대장장이가 쇳물을 부어 만들 때, 쇳물이 튀어 오르며 "난 기필코 다시 막야(鏌鎁)[131]가 될 테야"라고 한다면, 뛰어난 대장장이가 기필코 불길한 쇳물이라 여길 것이네. 지금 한차례 사람모습 만났다고 "사람일 뿐! 사람일 뿐!"이라고 한다면, 저 조화옹이 기필코 불길한 사람이라 여길 것이네. 지금 한차례 천지를 큰 용광로라 여기고, 조화옹을 뛰어난 대장장이라 여기면, 어찌 가는 것이 용납되지 않겠는가? (사망의 요건) 두루 이루어지면 (무심히) 잠들 것이고, 형체 있게 되면 깨어날 것이네.'

'자사, 자여, 자려, 자래'부터 '곧 서로 벗이 되었다'까지는, 생로병사의 변천을 하나의 덩어리로써 수용하는 의식 상태에 대하여 강조하고 있다. 생과 사를 분리할 수 없는 하나로써 인식할 뿐 아니라, 유와 무까지 통합한 의식 상태를 표현한 것이다. '무를 머리로 생을 등뼈로 사를 꽁무니로 여길 수 있다'는 것은, 머리, 등뼈, 꽁무니가 서로 하나로 이어져 작동해야 사람이라 말할 수 있는 것처럼, 이것들이 서로 분리될 수 없는 점을 강조한 것이다. 보통의 경우 살아있음만을 생각하고 또한 존재하는 것만을 생각하는 것과 달리, 죽음과 무의 상태를 항상 잊지 않고 기억하는 것이다. 사실 생물학적이나 물리학적 측면에서 볼 때, 세포는 생사변환이

---

131) 막야(鏌鎁): 춘추시대 월왕 구천에게 도장공 간장(干將)이 만들어 바친 명검의 이름.

끊임이 없고, 물질을 이루는 미립자들 역시 유무의 변환이 끊임없는 것이지만, 그것을 보지 못할 따름인 것이다. 사멸이나 소멸 앞에서 당혹스러운 까닭은, 실정(實情)을 보지 못하기 때문이다. '내 그와 벗이리(吾與之友矣)'라는 말은, 생과 사, 유와 무를 언제나 하나로써 기억하는 의식 상태를, 서로 공유하고 있음에 대해 강조한 것이다. 벗을 뜻하는 붕우(朋友)라는 낱말에서, 붕(朋)은, 동문(同門)의 벗을 가리킬 때 사용하고, 우(友)는, 동지(同志)의 벗을 가리킬 때 사용한다.[132] '네 사람이 서로 바라보며 웃었다. 마음에 거슬림이 없어 곧 서로 벗이 되었다(四人相視而笑 莫逆於心 遂相與爲友)'에서 '웃었다'는 '소(笑)' 자와 '거슬림이 없다'는 '막역(莫逆)' 자는, 의미가 동일한 것으로, 사생존망에 대한 통합의식의 완성을 상징한다.

'갑자기 자여가 병이 났다'부터 '다시 날 이 같이 굽어지게 하다니!'까지는, 생로병사의 변화란 피할 수 없는 일인 것이며, 그 변화의 양상은 언제나 상상을 초월하는 것임을 강조했다. 그러한 중에 장자는 '비척거리며 우물로 가서 제 모습을 비추었다(跰𨇮[133]而鑑於井)'의 구절을 삽입했는데, 이는 덕충부 편 '멈추어진 물에만 비추어볼 수 있다'는 '감어지수(鑑於止水)'와 동일한 의미로써, 자기 잣대에 대한 인식과 통제에 대한 강조이다. '그 마음은 한가로이 해야 할 일이 없다'는 '기심한이무사(其心閑而無事)'의 구절은, '감어정(鑑於井)'의 구절과 직결된 것으로써, 자기 잣대를 인식하고 통제한 비움

---

132) 〈동아 백년옥편〉, ㈜두산동아, 2001년, 360쪽
133) 변선(跰𨇮): 걷기 어려운 모양, 비척거리는 모양. 상동 1,895쪽

의 의식 상태에서만 가능한 일임을 강조한 것이다. 이는 줄곧 강조해온 비움의 의식 상태에서 있는 그대로를 바라봄과 같은 맥락인 것이며, 어떤 비교분별도 중지된 의식 상태를 뜻한다. '자사가 말했다. "자네 그것이 싫은가?"'부터 '내 무엇을 다시 싫어하겠나?'까지는, 생로병사의 변화에 대하여 호오의 어떤 비교분별도 없음을 거듭 강조한 것이다. '점차 내 왼팔을 닭이 되게 한다면, 내 그것으로 울어서 밤 시각을 알릴 것이고(浸假而化予之左臂以爲雞 予因以求時夜)'의 구절은, 제물론 편 '알을 보고 닭이 울어 밤 시각을 알리길 구한 것(見卵而求時夜)'의 구절을 연상시키는 것으로써, 변화와 하나된 의식 상태이자 자기 잣대가 없는 의식 상태의 상징이다. '점차 내 오른팔을 탄알이 되게 한다면, 내 그것으로 부엉이구이를 구할 것이오(浸假而化予之右臂以爲彈 予因以求鴞炙)'의 구절 역시, 제물론 편 '탄알을 보고 부엉이구이를 구한 것이오(見彈而求鴞炙)'의 구절을 연상시키며 동일한 의식 상태의 상징이다. '점차 내 꽁무니를 바퀴가 되게 한다면, 내 정신을 말(馬)이 되게 해서, 그것에 올라탈 것이니, 어찌 또 멍에를 씌우겠나?(浸假而化予之尻以爲輪 以神爲馬 予因而乘之 豈更駕哉)'의 구절은, 자기라는 잣대 없이 오직 변화와 하나 될 때에만 비로소 멍에의 구속에서 자유로울 수 있음을 강조했다.

'게다가 저 얻은 자 시간이 된 것이고, 잃은 자 순서가 된 것이니'라는 '차부득자시야 실자순야(且夫得者時也 失者順也)'의 구절은, 양생주 편 '온 것은 그 사람이 올 시간이 된 것이고, 간 것은 그 사람이 갈 순서가 된 것이오'라는 '적래 부자시야 적거 부자순야(適來 夫

子時也 適去 夫子順也)’의 구절과 같은 의미라 하겠고, ‘시간된 것에 편안하고, 순서된 것에 안정되면, 슬픔이든 즐거움이든 들어올 수 없소. 이것을 그 옛날에는 조물주기 거꾸로 내달아 놓은 데서 벗어남이라 일렀지’라는 ‘안시이처순 애락불능입야 차고지소위현해야(安時而處順 哀樂不能入也 此古之所謂縣解也)’의 구절은, 양생주 편 ‘(安時而處順 哀樂不能入也 古者謂是帝之縣解)’ 구절을 그대로 반복하고 있다.

‘스스로 벗어날 수 없는 것은, 사물에 자신의 정신을 묶기 때문이지’라는 ‘이불능자해자 물유결지(而不能自解者 物有結之)’의 구절은, 덕충부 편 ‘하늘이 내린 벌(罰)입니다. 어찌 풀 수 있겠습니까?’라는 ‘천형지 안가해(天刑之 安可解)’의 구절과 같은 맥락이다. ‘게다가 저 사물이 하늘을 이기지 못함이란 오래된 일인 것이니(且夫物不勝天久矣)’의 구절은, 어떤 사물도 자연의 변화에서 벗어날 수 없음을 강조한 것이고, ‘내 다시 무엇을 싫어하겠소?(吾又何惡焉)’의 구절은, 호오의 자기 잣대를 통제한 의식 상태로써, 이는 결국 생존에 대한 집착에서 완전히 벗어나 있는 의식 상태의 상징이다.

‘갑자기 자래가 병이 났다’부터 ‘자넬 벌레 팔뚝이 되게 할 건지?’까지, 장자는 사람이 쥐 간, 벌레 팔뚝으로 변할 수 있다고 말한 것인데, 이는 제물론 편 ‘만물과 내가 하나이다(萬物與我爲一)’의 측면에서 생각해볼 때 충분히 가능한 표현인 셈이다. 쥐 간이나 벌레 팔뚝이라는 표현은, 차별의식을 타파하지 못하는 일반 의식 상태에서는 충격적 발언이지만, 장자는 바로 이 같은 차별의식에서 벗어나야, 뭇 변화에서 평정한 상태가 될 수 있음을 역설한 것이다. '헐떡이는 것이 곧 죽을 것 같았다. 그 아내와 자식들이 빙 둘러 울고 있었다.'의 표현은, 양생주 편 노담(老聃)의 죽음 앞에서 그 제자들이 '늙은이는 그 아들이 죽어서 울 때처럼 울었고, 젊은이는 그 어미가 죽어서 울 때처럼 울었다'의 표현과 같은 것으로써, 생사의 측면은 의식을 둘로 나누게 하는 원초적 질료임을 강조했다. '츠츠! 물러들 서시오. 죽어가는 사람 놀라게 하지 마시오.'의 말은, 죽음이야말로 (신비하기만 한) 삶의 원인으로써 받들어져야하는 것이거늘, 죽음을 슬퍼하고 거부한다면, 이는 삶도 슬퍼하고 거부해야하는 것임을 암시하고 있다.

'자래가 말했다. 부모는 자식에게'부터 '내 삶을 좋아하는 것은 내 죽음을 좋아함인 것이지'까지, 자식이 부모의 명령을 따르듯(복종하듯), 사람은 자연의 명령을 따를 수밖에 없는 존재임을 강조했다. '부모는 자식에게 동서남북 어디든 따르도록 명령하네. 음양은 사람에게 있어서 부모만 못지않지'의 구절이 이것이다. '그것이 날더러 죽어라 해도 내 듣지 않을 수 없네.'의 구절은, 설령 죽음일지라도 그것이 자연의 명이라면 피할 수 없음을 강조한 것이다.

'내가 눈을 부릅뜬다 해도 그것이 무슨 죄 있겠나?'의 구절은, 죽음을 싫어하고 거부하지만, 결국 받아들일 수밖에 없는 불가항력을 의미하는 것으로써, 여기서 죄 라는 말은, 인간이 자연의 변화에 대해 그 시비선악을 구별할 수 없음을 강조한 것이다.

'저 자연이 내게 사람모습 갖추게 했고'부터 '내게 죽음 주어 마치게 했네.'까지, '사생존망이 한 몸체(死生存亡之一體)'라는 표현과 같은 의미라 하겠다. '그러하니 내 삶을 좋아하는 것은, 내 죽음을 좋아함인 것이지'의 구절은, 산 자로서 죽음을 피할 수 없는 점에서, 결국 호오의 자기 잣대를 접고, 어떤 경우도 절대긍정의 시각으로 바꾼 의식 상태를 상징한다. 죽음에 대해 깊이 생각하지 않고 그리하여 죽음을 받아들이지 못하면, 결국 이 같은 자기 혁신은 요원한 일이다.

'지금 뛰어난 대장장이가 쇳물을 부어 만들 때, 쇳물이 튀어 오르며 "난 기필코 다시 막야(鎮鎁)가 될 테야"라고 한다면, 뛰어난 대장장이가 기필코 불길한 쇳물이라 여길 것이네'의 구절에서, 뛰어난 대장장이란 만물의 변화를 주도하는 자연의 힘을 상징하는 것이고, 쇳물이 튀어 오르는 부분에 대한 묘사는, 결국 호오의 분별로써 생존에 대한 집착심과 다르지 않다. '뛰어난 대장장이가 기필코 불길한 쇳물이라 여길 것이네'의 구절을 통해, 이러한 호오의 분별과 집착이 잘못된 것임을 암시하고 있고, 이를 다스려야함을 강조하고 있다. '지금 한차례 사람모습 만났다'부터 '저 조화옹이 기필코 불길한 사람이라 여길 것이네'까지, 쇳물이 튀어 오르는 부분에 대한 묘사와 동일한 의미이며, 다스려야함에 대해서도 동일하게 강조했다. '지금 한차례 천지를 큰 용광로라 여기고'부터 '어찌 가는 것이 용납되지 않겠는가?'까지는, 자기라는 잣대를 내려놓고 비교분별에서 벗어나 있을 때, 비록 큰 용광로 속에서 뒤섞여 끓는 물질의 상태처럼 혼돈의 상태로 느낄 수 있지만, 오히려 자기를 비웠기에 대통합으로 느낄 수 있는 것이다.

혼돈과 통합이 공존하는 모순 속에서, 결국 자기 잣대를 통제하는가 아니면 통제하지 못하는가의 의식이 관건인 것이다. '지금 한 차례(今一)'의 표현은, 위의 의식 가운데 어떠한 의식 상태로 존재 할지, 지금의 일임을 강조한 것이다. '어찌 가는 것이 용납되지 않 겠는가?(惡乎往而不可哉)'의 구절은, 비움의 의식 상태에서 죽음을 평 정히 맞이함에 대해 강조한 것이며, 이것이 의식이 도달할 수 있는 절정이자 소위 무여열반(無餘涅槃)의 상태임을 강조한 것이다.

'(사망의 요건) 두루 이루어지면 (무심히) 잠들 것이고, 형체 있게 되 면 깨어날 것이네'의 원문은 '성연매 거연각(成然寐 蘧然覺)'이다. '성 (成)' 자는, '이루어지다'는 의미로써, 보통은 생과 존의 측면에서 사용하는 것이나 여기서는 사와 망의 측면에서 사용하였다. 이는 생사를 하나라 여기는 의식에서만 가능하다할 것이다.

도덕경 40장에 '하늘아래 만물은 있음에서 생겨나고, 있음은 없 음에서 생겨난다.'는 '천하만물생어유 유생어무(天下萬物生於有 有生 於無)'의 구절이 있고, 14장에 '물질 없음으로 되돌아간다.'는 '복귀 어무물(復歸於無物)'의 구절이 있다.

이 두 구절은 노장의 생사관이 직선이 아니라 하나의 고리로써 연결되어 있음을 엿볼 수 있다. 제물론 편에서 '옳음 역시 하나의 무궁함이고 그릇됨 역시 하나의 무궁함이기에(是亦一無窮 非亦一無窮 也)' '돌고 도는 그 중앙을 얻었던 것(得其環中)'처럼, 생사 역시 무궁 하기에, 비움의 의식 상태가 되어 생사 모두 절대긍정의 시각을 얻 었다. '(무심히) 잠든다.'의 '매(寐)' 자는, 비교분별에서 완전히 벗어 난 상태에서 죽음을 맞이한다는 의미이고, '깨어날 것이네'의 '각 (覺)' 자는, 제물론 편에서 강조한 '대각(大覺)'과 상통하는 것으로써,

존재(有)를 환(幻)으로 바라보는 시각, 즉 모든 집착을 여읜 의식 상태를 가리킨다. '거연(蘧然)'의 '거(蘧)' 자는, 제물론 편 호접몽의 단락에서 '주의 모습 그대로였다(蘧蘧然周也)'의 표현으로 사용된바 있고, 인간세 편 '복희궤거(伏戲几蘧)'에서 사용된바 있다. 따라서 '거(蘧)' 자는, 임시 또는 잠시나마 개체로서 존재하는 일생(一生)을 의미한다.

응제왕 편

명리욕에 대한 자제력

응제왕 편에서는 총 6이야기가 수록되었지만, 계함과 혼돈 두 이야기만을 뽑았다. 설결과 왕예의 문답으로 시작되는 앞부분 이야기에서는 부지(不知)를 강조하여, 제물론 편에서 다룬 것과 같은 맥락이라 하겠고, 견오와 광접여, 천근과 무명인, 양자거와 노담 이야기에서는, 규범이나 법도 등 바깥을 따르기보다는, 안에 있는 에고를 비움으로써 문제를 해결할 수 있음을 강조하고 있다. 이는 앞에서 강조한 내용들과 크게 다르지 않다.

1.
    정(鄭)나라에 계함(季咸)[134]이라는 영험한 무당[135]이 있었다. 사람의

---

134) 계함(季咸): 〈소(疏)〉에는 '정나라에 기이하게 신통력 있는(神異) 무녀(巫女)가 있음. 매우 영험이 있으며 제(齊)나라에서 왔음. 성(姓)은 계(季), 이름은 함(咸)임' 이라 함. 〈장자〉, 안동림 역주, 현암사, 2001년, 227쪽

135) 영험한 무당: 원문 신무(神巫)의 풀이. 춤과 노래로 강신(降神)하게 하여 소원을 비는 사람. 후세에 와서는 여자 무당을 무(巫), 박수인 남자 무당을 격(覡)이라 부르기도 한다. 〈동아 백년옥편〉, ㈜두산동아, 2001년, 622쪽

생사존망과 길흉이나 장명(長命), 단명(短命)을 알고, 연월일[136]을 귀신같이 맞혔다. 정나라 사람들은 그를 보면 모두 버려둔 채 달아났다. 열자(列子)[137]는 그를 보자 심취하여 돌아가 호자(壺子)[138]에게 알렸다. '처음에는 제가 선생님의 도를 지극한 것이라 여겼는데, 또 지극한 것이 있습다.' 호자가 말했다. '내 그대에게 그 외관을 말했지만 아직 그 내용을 말하지 않았거늘, 실로 도를 얻었던가? 암컷이 많

---

136) 연월일: 원문 세월순일(歲月旬日)의 풀이. 순(旬)은 날(日)을 한돌림 돌게 싼다(包)는 뜻. 태양(日)이 십간(十干)에 따라 갑(甲)에서 계(癸)에 이르는 열흘 동안 한차례 돌기 때문에 열흘의 뜻을 나타낸다. 그러나 여기서 순(旬) 자 보다는 일(日) 자의 뜻이 강해서, 날짜를 뜻하는 일(日)과 동의어로 사용되었다. 상동 867쪽

137) 열자(列子): 기원전 4세기경 중국 전국시대 도가(道家) 사상으로 이름은 어구(禦寇)이다. 정나라의 은자로서 오늘날 〈열자〉 8권 8편이 남아 있다. 열자는 현상의 본원을 태역이라 부르고 우주적 법칙을 좇아 사는 것이 인간의 진실 된 삶의 방법이라고 했다. 제1권 1년 〈천서(天瑞)〉에서는 '정(靜)하고 허(虛)하면 그 거(居)를 얻으리라'고 했다. 〈장자〉와 함께 도가적 우화가 풍부한 서적이다. 위키백과 참조

138) 호자(壺子): 이름은 림(林), 호자는 호(號). 정나라 사람이며 열자(列子)의 스승이라 함. 〈장자〉, 안동림 역주, 현암사, 2001년, 227쪽/ 중국 고대 은군자(隱君子) 91인의 이야기를 담고 있는 황보밀(皇甫謐: 215~282년)의 〈고사전(高士傳)〉에 수록된 인물로, 다음과 같은 문장이 있다. '호구자림(壺丘子林)은 정(鄭)나라 사람으로, 도와 덕이 매우 뛰어나 열어구(列禦寇)가 스승으로 모셨다. 처음에 열어구는 유람하길 좋아했는데, 호구자가 "어구는 유람하길 좋아하는데, 유람할 때 무엇이 좋은가?"라고 하자, "유람의 즐거움은 접하는 것이 옛 모습 그대로 있지 않은 데 있습니다. 사람들의 유람은 보이는 것을 관찰하지만, 저의 유람은 변화하는 것을 관찰합니다." 라고 하였다. 그러자 호구자는 이렇게 말하였다. "어구의 유람은 본래 다른 사람들과 같은데도 본래 다른 사람들과 다르다고 하는구나. 무릇 사람들의 눈에 보이는 것도 항상 그 변화된 모습이 보이는 것이다. 저 사물이 옛 모습 그대로 있지 않는 것을 좋아하는 자는 자기도 옛 모습 그대로 있지 않다는 사실을 모르고 있으니, 바깥의 유람에는 힘쓰면서 내적인 성찰에는 힘쓸 줄 모르는 것이다. 바깥으로 유람하는 자는 사물에서 완비된 것을 구하려 하고, 내적인 성찰을 하는 자는 자신에게서 만족을 얻으려 하니, 자신에게 만족을 얻는 것이 지극한 유람이며, 사물에서 완비된 것을 구하는 것은 지극한 유람이 아니다." 이에 열자는 자신이 지극한 유람을 모른다고 생각하여 죽을 때까지 외출하지 않았으며, 정나라의 채마밭에서 40년간 살았는데 알아보는 사람이 없었다' 〈고사전〉, 황보밀 지음, 김장환 옮김, 예문서원, 2000년, 126쪽 (이 고사는 황보밀이 〈열자〉 중니(仲尼)편에서 채록한 것으로, 원문은 생략하였음)

아도 수컷이 없다면 거기 어찌 알 있겠나? 도를 가지고 세상과 맞서며 기필코 펼쳐 나가고자 하니, 사람으로 하여금 그대의 상(相)을 얻게 하는 것이오. 그와 함께 온다면 날 그에게 보여 보겠소.' 다음날 열자가 계함과 함께 호자를 만났다. (계함이) 밖으로 나와서 열자에게 말했다. '하! 당신 선생 죽겠소. 살지 못해요. 열흘을 넘기지 못합니다. 난 기이한 모습을 보았어요. 축축한 재를 보았습니다.' 열자가 들어가 옷깃이 젖도록 울면서 그 사실을 호자에게 알렸다. 호자가 말했다. '조금 전 내 그에게 땅의 결[139]을 보였소. 흔들리지도 않고 멈추지도 않는 상태에서 움직이지 않는 것이오. 그는 아마도 내게서 덕(德)의 기운이 막혀있음[140]을 보았을 것이오. 다시 함께 와보시오.' 다음날 다시 계함과 함께 호자를 만났다. (계함이) 밖으로 나와서 열자에게 말했다. '다행이오. 당신 선생 날 만나 병이 나았소. 완전히 생기가 있소. 난 생기(生氣)로 인해 막힌 상태가 호전되는 것(杜權)을 보았소.[141]' 열자가 들어가 호자에게 그 사실을 알렸다. '조금 전 내 그에게 하늘과 땅(부드러운 흙)[142]을 보였소. 이름과 실질이 끼어들지 못한 채, 발꿈치에서 기운이 발동하오. 그는 아마도 내게서 기운이 발동하는 시초를[143] 보았을 것이오. 다시 함께 와보시오.' 다음날 다

---

139) 땅의 결: 원문 지문(地文)의 풀이.

140) 덕(德)의 기운이 막혀 있는 것: 원문 두덕기(杜德機)의 풀이로, 두(杜)는 막다, 닫아걸다는 의미이고, 덕의 기운(德機)는 생의(生意)라고 풀이한 〈구의(口義)〉에 근거했다. 〈장자〉, 안동림 역주, 현암사, 2001년, 229쪽/ 생의(生意)는 활발하고 생생한 기운으로 생기(生氣), 생기(生機)와 그 의미가 같다. 〈동아 백년옥편〉, ㈜두산동아, 2001년, 1,252쪽

141) 생기(生氣)가 막힌 상태에서 호전되는 것: 원문 두권(杜權)의 풀이로, 권(權)을 '생기(生機)가 이미 노출되었다'고 풀이한 〈구의(口義)〉에 근거했다. 상동 229쪽/ 계함의 이야기는 〈열자〉 황제(黃帝) 편에 거의 동일하게 수록되어 있다.

142) 하늘과 땅(부드러운 흙): 원문 천양(天壤)의 풀이로, 양(壤) 자에는 부드러운 흙, 갈아 놓은 비옥한 흙 등의 생동적 의미가 있다. 이는 지구의 표면, 영토, 바탕, 음(陰), 곤(坤) 등의 의미인 지(地) 자와, 약간의 차이가 있다하겠다.

143) 기운이 발동하는 시초: 원문 선자기((善者機)의 풀이로, 선기(善機)와 같음. 생기(生氣)의 조짐. 선(善)을 〈경해(經解)〉에서는 발동의 시초라고 함. 〈장자〉, 안동림 역주,

시 계함과 함께 호자를 만났다. (계함이) 밖으로 나와 열자에게 말했다. '당신 선생 일정치가 않소. 내가 상(相)을 얻을 수가 없소. 일정해지면 다시 봐드리리다.' 열자가 들어가 그 사실을 호자에게 알렸다. 호자가 말했다. '내 조금 전 그에게 크게 비어서 이길 것이 없음[144]을 보였소. 그는 아마도 내게서 음양의 균형 잡힌 기운[145]을 보았을 것이오. 나아가지 못하는 상태로 깊은 것도 못(淵)이라 하고, 괴어있는 물의 상태로 깊은 것도 못이라 하며, 흐르는 물의 상태로 깊은 것도 못이라 하오. 못에는 아홉 이름이 있고, 이것들은 그중 세 가지에 해당되오. 다시 함께 와보시오.' 다음날 다시 계함과 함께 호자를 만났다. 미처 자리 잡고 서기도 전에 얼이 빠져 달아났다. 호자가 말했다. '쫓아가보시오.' 열자가 그를 쫓아갔지만 미치지 못했다. 돌아와 호자에게 그 사실을 알리며 말했다. '이미 없어졌습니다. 이미 놓쳐버렸어요. 전 뒤쫓을 수가 없었습니다.' 호자가 말했다. '조금 전 내 그에게 아직 내 근본이 나오기 전 상태[146]를 보였소. 나는 비어서 구불구불한 대로, 그것이 누구인지도 무엇인지도 몰랐으며, 이 때문에 바람에 쏠리는 띠 풀[147]로, 이 때문에 흐름을 따르는 물결[148]이 되었소.

현암사, 2001년, 230쪽. 한편 응제왕 편에서는 두덕기(杜德機), 선자기(善者機), 형기기(衡氣機)로 기(機) 자가 사용되었는데, 〈열자〉 황제 편에서는 두덕기(杜德幾), 선자기(善者幾), 형기기(衡氣幾)로 기(幾) 자가 사용되었다.

144) 크게 비어서 이길 것이 없음: 원문 태충막승(太沖莫勝)의 풀이.

145) 음양의 균형 잡힌 기운: 원문 형기기(衡氣機)의 풀이로, 기(氣) 자를 음양의 두 기운으로 보았고, 형(衡) 자를 이길 것이 없다는 막승(莫勝)과 관련지어, 조화, 균형 등의 의미를 담아 풀이했다.

146) 아직 내 근본이 나오기 전 상태: 원문 미시출오종(未始出吾宗)의 풀이.

147) 바람에 쏠리는 띠 풀: 원문 제미(弟靡)를 풀이한 것으로써, 여기서 제(弟) 자는 〈열자〉 황제 편에 모미(茅靡)로 되어 있는 부분을 따랐음. 모(茅)는, 볏과의 여러해살이 풀로 산과 황무지에 무더기로 나고 뿌리줄기는 약에 쓰이며 잎은 지붕을 이는데 쓰임. 〈장자〉, 안동림 역주, 현암사, 2001년, 232쪽

148) 흐름을 따르는 물결: 원문 파류(波流)의 풀이로써, 이는 흐름을 따라 움직인다는 뜻이며, 세상변천이 끝이 없음을 비유하여 이르는 말. 〈동아 백년옥편〉, ㈜두산동아, 2001년, 1,059쪽

그래서 도망친 것이오.' 이 일이 있고난 후 열자는 자신이 아직 배움을 시작하지도 않았다 여기고, 집으로 돌아가 3년 동안 나오지 않았다. 부인을 위해 밥도 짓고, 사람에게 먹이듯 돼지를 먹였으며, 일에 있어서 더 좋아하는 것이 없었다. 파내고 다듬어 거짓 없는 참된 상태로 돌아갔다. 무심히 홀로 그 형체 세워, 어수선한 세상에서 오로지 하나로써 일생을 마쳤다.

'정나라에 계함이라는'부터 '또 지극한 것이 있습니다.'까지는, 점괘를 내는 일에 대한 문제제기라고 하겠다. 도덕경 38장에 '미리 아는 것은, 도의 꽃이자 어리석음의 시작이다'[149]라는 구절이 있다. 앞일을 내다보며 미리 점치는 것은 38장에서 명시(明示)한 것처럼, 계함의 이야기에서도 동일한 기조(基調)를 이어가고 있다. 앞을 내다보는 것은, 미래에 대한 선입견을 갖는 것으로써, 자기 잣대를 비우고 있는 그대로 바라보며 수용하는 허이대물(虛而待物)의 자세와는 상반된다. 끊임없이 자신을 일신시켜 사물과 하나 되는 조화의 상태에 있는 것과 달리, 선입견을 갖게 되면 사물을 나누고, 자신에게 유리한 쪽으로 인위를 가함으로써 자연의 질서를 어지럽히게 된다. '내 그대에게 그 외관을 말했지만 아직 그 내용을 말하지 않았거늘, 실로 도를 얻었던가?(吾與汝旣其文 未旣其實 而固得道與)'라는 호자의 말은, 도덕경 38장과 다르지 않다.

도는 그 외관(文)에 있지 않고 그 내용(實)에 있는 것이며, 말(言)에 있지 않고 실천(實踐)에 있는 것임을 강조하고 있다. 특히 호자

---

149) 전식자 도지화 이우지시(前識者 道之華 而愚之始) 〈도덕경〉 38장 부분.

가 '그 외관(文)을 말했다'의 구절에서 외관은, 호오 없이 있는 그대로 바라보는 허심(虛心)에 관련된 가르침(말)인 것이고, '아직 그 내용을 말하지 않았다'의 구절에서 내용은, 허심의 실천적 측면인 것으로써, 도란 있는 그대로 바라보는 허심을 실천하는데 있을 뿐, 허심의 가르침(말)을 배웠다 해서 도를 이루는 것이 아님을 강조한 것이다. '암컷이 많아도 수컷이 없다면, 거기 어찌 알 있겠나?(衆雌而無雄 而又奚卵焉)'라는 호자의 말에서, 도란 허심의 가르침(말)을 배우는 데서 그치는 것이 아니라, 오직 실천함으로써 이룰 수 있음을 거듭 강조한 것이다.

'도를 가지고 세상과 맞서며 기필코 펼쳐 나가고자 하니(以道與世亢 必信[150]夫)'의 말은, 오히려 대립하며 세상을 이기려는 것을 말한 것이다. '사람으로 하여금 그대의 상(相)을 얻게 하는 것이오(故使人得而相汝)'의 말은, 허심을 내적상태로 만들지 못하고, 자랑거리로 내세우게 될 때, 허심 역시 하나의 비교 분별적 차원에 속하게 됨을 강조한 것이다.

'하! 당신 선생 죽겠소.'부터 '그는 아마도 내게서 덕(德)의 기운이 막혀 있는 것을 보았을 것이오.'까지, 상대의 상(相)을 귀신같이 맞히는 계함의 상태와 자기 마음을 자유자재로 부리는 호자의 상태를 대비시켜 그 우열을 나누고 있다. 계함과 호자의 4차례 대면은, 모두 이 두 가지에 대한 반복으로, 마음이 사물을 시비호오로

---

150) 원문의 신(信) 자는, 〈집해(集解)〉에 '신(信)은 신(伸: 펴다, 발전하다)이라 읽음'을 따랐음. 〈장자〉, 안동림 역주, 현암사, 2001년, 228쪽

비교분별하는 것에서 벗어나 보다 다양한 단계가 있음을 보여주고 있다. '덕의 기운(생기)이 막혀 있는' '두덕기(杜德機)'의 상태는, 죽음과도 같은 의식상태를 뜻하는 것으로써, '땅의 결(地文)'이라 하여, '흔들리지도 않고 멈추지도 않는 상태에서 움직이지 않는다(萌乎[151]不震不止[152])'고 표현했다. 그러나 한편 움직이지 않는다는 맹(萌) 자에는, 싹튼다는 함의도 있는 것으로써, 온갖 것이 비롯되고 또한 복귀하는 땅(地)으로 이해할 수 있다. 이는 양생주 편 노담의 죽음에서 '땔나무가 바닥을 가리킨다 해도 불은 이어지고, 그 끝은 알 수 없는 것이오.(指窮於爲薪 火傳也 不知其盡也)'의 구절과 맥이 닿아 있는 듯도 하다.

두 번째 계함을 만났을 때, 호자가 보인 천양(天壤)의 마음단계에서는, '이름과 실질이 끼어들지 못한다.(名實不入)' 했는데, 이는 제물론 편 조삼모사(朝三暮四) 단락에서 '이름과 내용에 있어서, 조금도 이지러지지 않았건만(名實未虧)'의 구절과 연관 지어 생각해볼 수 있다. '명실불입'이나 '명실미휴'나 명실에 집착하지 않는 허심의 상태를 강조한 것으로써 동일한 상태라고 하겠다. '발꿈치에서 기운이 발동한다(機發於踵)' 했는데, 이는 대종사 편에서 '진인은 발꿈

---

151) 움직이지 않음: 원문 맹호(萌乎)의 풀이. 〈동아 백년옥편〉, ㈜두산동아, 2001년, 1,636쪽/ 이설(異說)이 많다. 유월(兪樾)은 〈열자〉 황제(黃帝) 편 '죄호부진부지(罪乎不震不止)'구절에 의거해, 죄(罪) 자를 육중한 산(山)의 모양으로 풀이했고, 〈구의(口義)〉에서는 생겨나는 듯하면서도 생겨나지 않음으로 풀이했다. 〈장자〉, 안동림 역주, 현암사, 2001년, 229쪽

152) 지(止) 자는, 원본에 정(正)으로 되어 있으나 〈석문(釋文)〉과 〈열자〉에 지(止)로 된 것을 따름. 상동 229쪽

치로 호흡하고, 뭇사람은 목구멍으로 호흡한다(眞人之息以踵 衆人之息以喉)'의 구절에 연관시켜 볼 수 있는 것으로써, 욕심을 끌어내리는 의식을 강조한 것이라 하겠다. '땅의 결(地文)'에 이어 '하늘과 땅(부드러운 흙), 천양(天壤)'의 단계를 제시했고, '덕기(德機)'에 이어 '선기(善機)'의 단계를 제시했다.

세 번째 계함을 만났을 때, 호자가 보인 '크게 비어서 이길 것이 없는' '태충막승(太沖莫勝)'의 마음단계는, '음양의 두 기운이 공평하게 조화를 이루는' 상태로써 '형기기(衡氣機)'로 표현되었다. 가운데 기(氣) 자가 음양을 뜻하는 것으로 보고, 따라서 형기(衡氣)를 음양의 조화로운 상태로 풀이했으며, 끝부분의 기(機) 자를 기운으로 풀이했다.

이는 크게 비어 있는 것으로 보이지만, 음양이 서로 조화를 이루는 균형 잡힌 상태를 강조한 것이다. '나아가지 못하고 빙빙 도는 상태[153]로 깊은 것도 못(淵)이고, 멈춘 물의 상태로 깊은 것도 못이며, 흐르는 물의 상태로 깊은 것도 못이오.'의 원문은, '예환지심위연(鯢桓之審爲淵), 지수지심위연(止水之審爲淵), 류수지심위연(流水之審爲淵)'이다. 여기서 심(審) 자는 일반적으로 살피다, 바르게 하다, 깨닫다 등의 뜻으로 보는데, '깊다'의 심(深), 뜨물[154] 또는 소용돌이

---

153) 나아가지 못하고 빙빙 도는 상태: 원문 예환(鯢桓)의 풀이로, 예(鯢) 자에는 도롱 농, 암코래, 작은 물고기(小魚) 등의 뜻이 있고, 환(桓) 자에는 푯말, 굳셈, 머뭇거림, 나아가지 못하고 빙빙 돌다 등의 뜻이 있다. 〈동아 백년옥편〉, ㈜두산동아, 2001 년, 2,234쪽, 943쪽

154) 뜨물: 곡식을 씻은 부옇게 된 물. 〈엣센스 국어사전〉, 민중서림, 2001년, 695쪽

의 반(潘), 쌓다 의 반(蟠) 등의 뜻으로 보기도 한다.'[155] 〈열자〉 황제
편에서는 예환(鯢桓)이 예선(鯢旋)으로, 심(審)이 반(潘)으로 사용되어,
'예선지반위연, 지수지반위연, 류수지반위연(鯢旋之潘爲淵, 止水之潘爲
淵, 流水之潘爲淵)'으로 되었으며, '고래가 휘저어서 생긴 소용돌이 물
도 깊은 못이 되고, 고요하게 멈추어 있는 물이 만들어낸 소용돌이
물도 후에 깊은 못이 되며, 흐르는 물이 만들어낸 소용돌이 물도
깊은 못이 된다.'[156]고 풀이되기도 했다.

〈장자〉와 〈열자〉의 단어사용에서 서로 차이가 있으나, 심(審) 자
나 반(潘) 자는 마음을 뜻하는 같은 맥락에서 이해될 수 있으며, 깊
은 물, 뜨물, 쌓인 물 또는 소용돌이 물조차도 마음의 여러 가지 상
태로 이해할 수 있다. 특히 뜨물로 이해할 때, 흔들면 부옇고 가만
두면 맑게 되는 것이 마음과 유사한 면이 있다.

한편 소요유 편의 북명(北冥)과 남명(南冥) 역시 마음을 상징한다
고 볼 때 깊은 물, 뜨물, 소용돌이 물, 바다 등의 표현은 모두 마음
의 상징으로 볼 수 있다. '못에는 아홉 이름이 있고, 이것들은 그중
세 가지에 해당되오.(淵有九名[157] 此處三焉)'의 말에서 연(淵) 자는, 물
이 깊이 차 있는 상층부를 가리키는 것으로써 마음을 뜻한다면, 심
(審) 자나 반(潘) 자는 그 마음의 내면상태를 뜻한다하겠다.

---

155) 〈장자〉, 안동림 역주, 현암사, 2001년, 231쪽

156) 〈열자〉, 김영식 옮김, 지식을 만드는 지식, 2010년, 67쪽

157) 〈열자〉 황제 편에 수록된 아홉 가지 이름의 못은 다음과 같다. ① 소용돌이치는
물(예선 鯢旋) ② 멈춘 물(지수 止水) ③ 흐르는 물(류수 流水) ④ 넘치는 물(람수 濫水)
⑤ 기름진 물(옥수 沃水) ⑥ 곁갈래에서 나는 물(궤수 氿水) ⑦ 조화롭게 흐르는 물(옹
수 雍水) ⑧ 늪처럼 흐르는 물(견수 汧水) ⑨ 살진 물(비수 肥水) 상동, 69쪽

네 번째 계함을 만났을 때 호자가 보인 '아직 내 근본이 나오기 전 상태'의 '미시출오종(未始出吾宗)'의 마음단계는, 인간세 편에서 안회가 언급한 '아직 회라는 존재가 시작되지 않았습니다(未始有回也)'와 동일한 것으로, '나는 비어서 구불구불한 대로(吾與之虛而委蛇)'의 허(虛) 자는, '미시출(未始出)' '미시유(未始有)'와 같고, '구불구불한 대로(委蛇)'란, 그 어떤 경우도 싫을 것도 좋을 것도 없는 무아의 텅 빈 의식 상태를 가리킨다 하겠다. '그것이 누구인지도 무엇인지도 몰랐으며, 이 때문에 바람에 쏠리는 띠 풀[158]로, 이 때문에 흐름을 따르는 물결이 되었소.[159] 그래서 도망친 것이오.' 이 구절은, 대종사 편에서 '위대하도다. 조화옹이 자넬 다시 무엇이 되게 할 건지?

자넬 어디로 데려갈 건지? 지넬 쥐 간이 되게 할 건지? 자넬 벌레 팔뚝이 되게 할 건지'[160]의 구절이나, 제물론 편 호접몽 단락에서, 나비로 그 의식이 대체되었던 물화(物化)와 그 의미가 상통되고, 여기서 한걸음 더 나아간 것으로 이해될 수 있다. 즉 하나의 대상과 맞바꾸어지는 상태에서 한걸음 더 나아가 자연의 변천 그 자체와 분리되지 않는 의식상태가 되었기 때문이다. 이는 허심으로 인해 소아(小我)에서 대아(大我)의 의식 상태가 된 것을 상징하는 것

---

158) 바람에 쏠리는 띠 풀: 원문 제미(弟靡)를 풀이한 것으로써, 여기서 제(弟) 자는 〈열자〉 황제 편에 모미(茅靡)로 되어 있는 부분을 따랐음. 모(茅)는, 볏과의 여러해살이 풀로 산과 황무지에 무더기로 나고 뿌리줄기는 약에 쓰이며 잎은 지붕을 이는데 쓰임. 〈장자〉, 안동림 역주, 현암사, 2001년, 232쪽

159) 흐름을 따르는 물결: 원문 파류(波流)의 풀이로써, 이는 흐름을 따라 움직인다는 뜻이며, 세상변천이 끝이 없음을 비유하여 이르는 말. 〈동아 백년옥편〉, ㈜두산동아, 2001년, 1,059쪽

160) 위재 조화우장해이여위 장해이여적 이여위서간호 이여위충비호(偉哉 造化又將奚以 汝爲 將奚以汝適 以汝爲鼠肝乎 以汝爲蟲臂乎) 〈대종사〉 편

이고, 자기 한계에서 벗어났음을 의미한다. 다만 이것은 여전히 의식에서 일어나는 일일 뿐, 몸은 여전히 제물론 편에서 언급한 '주의 모습 그대로였다(蘧蘧然周也)'의 상태인 것으로써, 유여열반의 상태와 유사하다하겠다.

　'이 일이 있고난 후'부터 '3년 동안 나오지 않았다'까지, 계함에게 심취했던 열자의 심리적 충격과 그에 따른 자기 반성을 여실히 보여주고 있다. '부인을 위해 밥도 짓고'부터 '더 좋아하는 것이 없었다.'까지, 허심의 상태에서 어떤 비교분별도 없는 일상의 모습을 묘사하고 있다. 부인과 남편의 일을 구분하지 않았고, 돼지와 사람의 우열을 나누지 않았으며, 좋아함과 싫어함의 구분 없이, 허심으로 자연을 받들고 따르는 모습을 상징적으로 표현했다.

　'파내고 다듬어 거짓 없는 참된 상태로 돌아갔다'는 '조탁복박(雕琢復朴)'에서 파내고 다듬는 '조탁'은, 무엇보다 먼저 자신의 내면으로 관심을 돌려야 가능한 작업으로, 자신에게 있는 에고(小我)를 파내고 다듬는 것을 의미한다. 이때 파내고 다듬는 에고(小我)란 비교분별과 집착에 다름 아니며, 따라서 참된 '박(朴)'의 상태로 돌아갔다는 것은, 에고(小我)로부터 완전히 벗어나 무지무욕(無知無欲)의 상태에 이른 것을 의미한다. '무심히 홀로 그 형체 세워'의 원문 '괴연독이기형립(塊然獨而其形立)'에서 괴(塊) 자는, 흙덩이, 홀로인 모양, 편안한 모양, 소박한 모양 등의 의미가 있으며[161], 제물론 편에

161) 〈동아 백년옥편〉, ㈜두산동아, 2001년, 463쪽

서 '저 땅이 내뿜는 기운을 바람이라 한다(大塊噫氣 其名爲風)'로 사용
된바 있다. 독(獨) 자는, 허심의 작업이 자신의 실천에 달렸을 뿐임
을 강조한 깃이며, 형립(形立) 자는, 제물론 편 서두에서 '몸을 실로
말라죽은 나무처럼 부릴 수 있고'라는 '형고가사여고목(形固可使如槁
木)'의 표현과 의미가 상통한다. '어수선한 세상에서 오로지 하나로
써 일생을 마쳤다.'의 원문 '분이봉재 일이시종(紛而封哉 一以是終)'은,
〈열자〉 황제 편에서 '분연이봉융 일이시종(忿然而封戎 壹以是終)'으로
사용되었고, 이때 봉융(封戎)을 '흩어지고 어지러운 산란(散亂)'의 의
미로 풀이했는데[162], 이를 따랐다. 일이시종(一以是終)의 일(一)은, 제
물론 편 '만물과 내가 하나이다(萬物與我爲一)의 일(一)과 같은 의미라
하겠으며, 이는 허심의 상태가 되어야 가능한 의식 상태라 하겠다.

명예의 시동(尸童)이 되지 말고, 꾀를 담아두지 말며, (보수를 위해) 일
을 떠맡지 말고, 분별지의 주인이 되지 말라. 무궁한 대도를 실천함
에 최선을 다하고, 조짐 없는 곳에서 노닐며, 하늘에서 그 받은바 다
없어질 때까지, (무언가) 얻었다고 생각하지 말라. 역시 비움 뿐이다.
지인(至人)의 마음 씀은 거울과 같아서, 가게 하지도 오게 하지도 않
으며, 대응할 뿐 담지 않는다. 그러므로 물질적 대상을 능히 이겨 상
처입지 않는다.

이 단락은 열자 이야기 뒤에 위치하는 것으로, 앞에서 강조한
'일(一)'을 '허(虛)'의 의식 상태와 불가분의 관계 속에서 해설하고

---

162) 〈장자〉, 안동림 역주, 현암사, 2001년, 233쪽

있다.

　'무위명시(無爲名尸)'를 '명예의 시동(尸童)이 되지 말라'로 풀이했다. 시동이란 '옛날에 제사를 지낼 때 신위(神位: 죽은 사람의 영혼이 의지할 자리) 대신 그 자리에 앉히던 어린아이'[163]를 가리키는 말로써, 명예 때문에 죽은 사람처럼 살지 말라는 의미이다. 명예란 훌륭하다, 선하다. 는 사람들의 평가로, 대부분의 경우 자신의 속뜻과 달리 이 평가대로 행동하게 된다. 명예에 이처럼 묶이는 까닭은, 자신을 그들이 평가하는 높이만큼 올려놓고 싶은 욕구 때문이다. 이 욕구는 떨어짐에 대한 두려움, 불안, 싫음 등의 감정을 뒤따르게 한다. 올려놓고 싶은 욕구 또는 떨어짐에 대한 이 같은 감정 때문에, 엔간하면 속뜻을 접고 그들의 평가대로 행동하게 된다. 행동과 속뜻이 일치한다면 별문제가 없지만, 일치하지 않는 경우 갈등이 생길 뿐 아니라 위선적 행위로 전락하여, 보여주기 식 행위에 그치게 된다. 훌륭하고 선한 행위를 했을지라도 스스로 만족을 느낄 수 없고, 상대에게도 진정한 안정을 줄 수 없다. 이 같은 폐해에서 벗어나려면, 자신의 내면으로 들어가 자신에 관련해서 잔뜩 올려놓은 키들을 찾아 내리고, 그것에 만족할 수 있어야 한다. 자신도 미처 의식하지 못하는 사이 높이 올라가버린 키들을 내리는 일이란, 자신의 것으로 생각되는 것들, 지식, 학벌, 문벌, 지연, 학연, 재산, 명성, 미모, 건강, 젊음 등 여러 상태 또는 소유에 대해서 그것이

---

163) 〈동아 백년옥편〉, ㈜두산동아, 2001년, 588쪽

정녕 자신의 본질인지를 성찰함으로써 그것들로부터 벗어나는 일이다. 이는 그동안 방치한 자연법칙을 생각함과 맞물린 일로써, 자연법칙 속에서 자기 존재를 재인식함이다. 자기 존재를 좁은 사회 안에 가두지 않고, 광활한 자연 속에서 규정해보는 일이다. 이 일이 심화될수록 자기 존재는 무에 근접하는 것이며, 이것이 곧 허심의 의미이다. 따라서 명예에 묶이는 것은, 본질에 대한 성찰이 없는 것이며, 자연의 변화 또한 외면한 처사이다.

덕충부 편에서 '그는 또한 거짓되고 덧없는 세상평판을 구하고 있는데, 지인(至人)은 이것을 자기를 묶는 족쇄로 여기는 줄 모르는가 보더군요.'[164]의 구절과 같은 맥락이다.

'무위모부(無爲謀府)'를 '꾀를 담아두지 말라'로 풀이했다. 이는 '분별지의 주인이 되지 말라'로 풀이한 '무위지주(無爲知主)'와 유사한 것이며, 노장에서 강조한 무지무욕(無知無欲)의 상태와 상반된다 하겠다. '무위모부'나 '무위지주'는 허심을 통해 자연을 따르는 노장의 인생관 속에서 이해할 수 있다. 사람은 본능적으로 분별지와 꾀의 상태로 되돌아간다. 따라서 허심의 상태는 정녕 꾀가 없고 분별지가 없는 상태가 아니라, 항상 되돌아가버리는 그 상태에 대한 인식과 통제로써, 각성의 상태라고 말할 수 있다.

'무위사임(無爲事任)'을 '(보수를 위해) 일을 떠맡지 말라'로 풀이했다. 일에는 보수가 따르지 않는 일이 있고, 보수가 따르는 일이 있

---

164) 피차기이숙궤환괴지명문 부지지인지이시위기질곡사(彼且蘄以諔詭幻怪之名聞 不知
至人之以是爲己桎梏邪)

는데, 보수가 따르는 일에서 보수를 일보다 앞세우지 말라는 뜻이다. 대부분의 경우 보수가 따르는 일을 하면서 살아야 하는데, 이때 보수를 일보다 앞세운다면, 결국 일은 놀이가 아니라 노동이 된다. 일이 노동이 될 때 신체는 물론 정신도 피폐해진다. 보수에 대한 욕구를 자제함은 이러한 폐해를 최소화하기 위함이다.

덕충부 편에서 언급되었던 '천육(天鬻)'의 낱말은, 재물에 대한 욕구에서 완전히 벗어난 성인(聖人)의 경우를 표현한 것이지만, 일을 노동이 아닌 놀이로 만들고자 할 때 이는 빠뜨릴 수 없는 부분이다. 놀이에 해당하는 '노닐다'의 '유(遊)' 자는, 성인과 함께 빈번하게 사용되었는데, 이 단락에서도 사용되었다. '무궁한 대도를 실천함에 최선을 다한다.'로 풀이한 '체진무궁(體盡無窮)'과 '조짐 없는 곳에서 노닌다.'로 풀이한 '이유무짐(而遊無朕)'이 그것이다.

'체진무궁(體盡無窮)'에서 무궁(無窮)이란 낱말은, 제물론 편에서 '그것과 이것이 서로 짝이 되지 못한 상태, 이를 도의 지도리라 한다. 지도리란 돌고 도는 그 중앙을 얻은 것으로써, 무궁함에 응한다. 옳음 역시 하나의 무궁함이고, 그릇됨 역시 하나의 무궁함이다'[165] 로 사용되었고, 이는 체진무궁의 무궁과 큰 차이가 없다.

체진(體盡)'은, 시비로 대립각을 세우는 현실을 회피하지 않고, 언제나 그 가운데에서 자기 잣대를 비움으로써 시비 중 어느 한 쪽에 치우치지 않는 자세를 뜻한다. '이유무짐(而遊無朕)'에서 짐(朕)은,

---

165) 피시막득기우 위지도추 추시득기환중 이응무궁 시역일무궁 비역일무궁야(彼是莫得其偶 謂之道樞 樞始得其環中 以應無窮 是亦一無窮 非亦一無窮也)

조짐(兆朕)[166]이라는 의미이고 따라서 무짐(無朕)은, 결국 사물을 바라볼 때 사물에 대한 어떠한 분별의식도 담지 않는 상태 즉 무심(無心), 무지(無知), 무아(無我), 무기(無己), 무욕(無欲) 등, 주관적 시각이 전혀 없는 상태를 뜻한다. 따라서 이는 허심과 동의어인 셈이다.

'유무짐(遊無朕)'은 허심의 상태가 되어야 비로소 놀이와 그 의미가 같은 '노닌다.'의 차원으로 삶이 끌어올려질 수 있음을 강조한 것이다. '하늘에서 그 받은바 다 없어질 때까지, (무언가) 얻었다고 생각하지 말라. 역시 비움 뿐이다(盡其所受乎天 而無見得 亦虛而已)'에서 '하늘에서 그 받은바'란 목숨을 뜻하고, '다 없어진다는 것'은 죽는 것을 뜻하며, '얻었다고 생각하지 말라'는 것은 자신이 상태나 소유에 대하여 자신의 것이라 착각하지 말라는 의미이다. '역시 비움 뿐'이라는 것은 항상 무지무욕의 허심상태로 자신의 마음을 다스리라는 의미이다.

'지인의 마음 씀은 거울과 같다(至人之用心若鏡)'란 허심의 상태에서 있는 그대로 사물을 바라볼 뿐, 비교분별하지 말라는 의미이다. '가게 하지도 오게 하지도 않는다(不將不迎)'란 호오의 분별없이 무심히 대하는 자세를 뜻하는 것이며, '대응할 뿐 담지 않는다(應而不藏)'란 허심에서 사물의 변천을 따라 대응할 뿐, 언제나 다시 허심의 상태가 된다는 의미이다. '그러므로 물질적 대상을 능히 이겨 상처입지 않는다(故能勝物而不傷)'란, 덕충부 편 마지막 단락에서 '도

---

166) 조짐(兆朕): 길흉이 생길 동기가 미리 드러나 뵈는 빌미. 〈엣센스 국어사전〉, 민중서림, 2001년, 2,079쪽

가 얼굴모양을 주었고, 하늘이 겉모습을 주었으니, 호오로써 그 몸을 내상(內傷) 입는 일 없게 함인 것이오.'[167]의 구절과 그 의미가 같다.

2.

남해(南海)의 임금은 숙(儵)이고, 북해(北海)의 임금은 홀(忽)이며, 중앙 (中央)의 임금은 혼돈(渾沌)이다. 숙과 홀은 가끔 함께 혼돈의 땅에서 만났다. 혼돈은 그들을 매우 잘 대접했다. 숙과 홀은 혼돈의 융숭한 대접에 보답코자 의논하며 말했다. '사람은 다 일곱 개 구멍이 있소. 이로써 보고 듣고 먹고 숨 쉬는데 혼돈만이 유독 갖고 있지 않소. 그 것을 뚫어줘 봅시다. 하루 한 구멍씩 뚫었는데 7일이 되자 혼돈이 죽었다.

이 문장은 아주 짧지만 그 감상은 매우 강렬하다. 그동안 강조해온 무아(無我), 무심(無心), 무지(無知), 무욕(無欲) 등의 의식 상태를 상징하는 혼돈이, 고종명(考終命)하지 못하고 오히려 그 선행으로 인해 죽게 되는 사실 앞에서 어안이 벙벙해진다. 내편 마지막 응제왕 편에서, 장자는 자신의 분신과도 같았을 혼돈을, 이 같은 죽음으로 끝나게 했다. 이는 무아의 의식상태가 세상 속에서 결국 이해되지 못하고 받아들여질 수 없는 것임을 은유한 것인듯싶다. 무아의 의식상태는 세상과 대립하고 이겨서 세상 속에 존립하는 것이 아니라, 세상에서 벗어나고 격리된 상태로 겨우 목숨을 부지하는

---

167) 도여지모 천여지형 무이호오내상기신(道與之貌 天與之形 無以好惡內傷其身)

별종 상태인 것이다.

'남해의 임금은 숙이고, 북해의 임금은 홀이며, 중앙의 임금은 혼돈이다'에서, 숙과 홀 그리고 그들이 차지한 지역의 남과 북은, 제물론 편에서 누차 언급한 시비의 상징이자 자기라는 벽에 갇힌 에고의 상징이다. 숙(儵) 자에는 빠르다, 검다, 재앙 등의 뜻이 있고, 홀(忽) 자에는 갑자기, 멸(滅)하다, 소홀히 하다, 밝게 깨닫지 못하는 모양 등의 뜻이 있으며, 작은 수의 단위로써, 10 미(微)는 1 홀(忽), 10 홀(忽)은 1 사(絲)로 사용되기도 한다.

이에 반해 중(中) 사에는 어느 쪽에도 치우치지 않는 곳, 마음, 절반, 곧다, 알맞다, 일치하다 등의 뜻이 있고, 앙(央) 자에는 역시 어느 쪽으로도 치우치지 않는 곳, 시간적으로 멀다(오래다), 넓다, 그만두다, 선명한 모양 등의 뜻이 있다. 혼(渾) 자에는 흐리다, 합수(合水)하다, 온전하다, 크다, 성(盛)하다 등의 뜻이 있으며, 돈(沌) 자에는 만물 생성(生成)의 근기(根氣)가 아직 나누어지지 않은 모양, 빙빙 도는 모양, 어리석다 등의 뜻이 있다.[168]

중앙과 혼돈 자에 있는 이 같은 뜻에 의거할 때, 혼돈은 제물론 편의 도추(道樞), 천균(天鈞), 천부(天府), 보광(葆光), 천예(天倪) 등의 의미와 상통한다. 숙과 홀 그리고 혼돈에 모두 동일한 제(帝) 자를 붙

168) 〈동아 백년옥편〉, ㈜두산동아, 2001년, 245, 700, 137, 500, 1,110, 1,040쪽

였는데, 이는 사물을 대하는 각 사람의 의식(意識)을 상징한 것으로 보인다.

'숙과 홀이 가끔 함께 혼돈의 땅에서 만났다'는 구절은, 제물론 편에서 시와 비로 견해가 갈리는 너와 내가, 너와 내가 아닌 그에게 시비규명을 부탁할 수 있을까 하는 내용이 있었는데, 이와 유사한 상황이라 하겠다. '혼돈은 그들을 매우 잘 대접했다'는 구절은, 혼돈이 그들에 대한 시비판단을 중지한 채, 있는 그대로 인정했음을 상징한다. 이는 숙과 홀이 설령 서로 다른 시비견해를 갖고 있다 해도, 혼돈은 시비견해의 측면에서 그들을 바라본 것이 아니라, 인간의 본질적 측면을 바라본 것으로써, 새로운 관점이라고 말할 수 있다.

새로운 관점이란 자기 잣대를 비운 허심의 상태를 뜻하며, 인간세 편에서 '비우고 사물을 맞이하는 것이오(虛而待物)'로써 강조된바 있다. 시든 비든 그에 구애되지 않고 다만 인간적인 면에서 상대했던 혼돈의 태도에, 숙과 홀은 저마다 감동되는바 있었던 것인데, 이 감동은 결국 자신이 그대로 받아들여지는 데서 비롯된 것으로써, 기존의 세상 인심과는 다른 느낌이었던 것이다. '숙과 홀은 혼돈의 융숭한 대접에 보답코자'의 구절이 이러한 의미라 하겠다.

'사람은 다 일곱 개의 구멍이 있소'부터 '하루 한 구멍씩 뚫었다'까지는, 분별지를 극히 당연시하는 일반 의식 상태를 상징한 것이라 하겠는데, 이는 인간세 편에 '눈과 귀를 복종시켜 모두 안으로 돌리고, 주관적 알음알이는 밖에 두시오(徇耳目內通 而外於心知)'의 구절과 상반되는 내용이다. '7일이 되자 혼돈이 죽었다'는 구절은, 분별지가 없었던 혼돈과 분별지가 생긴 혼돈은, 더 이상 동일한 존재가 아님을 강조한 것으로써, 분별에서 벗어나 있는 무지무욕의 의식상태가 세상과 섞일 수 없음을 천명한 것이다. 장자가 강조한 평정의 상태는 세상과 연결되어 일어나는 것이 아니라, 결국 격절된 상태에서 갖는 특별한 것임을 암시하고 있다

소요유 편

벗어남에 대하여
무지몽매한 소지(小知)와
벗어난 대지(大知)의 상징적 형상대비

처음부터 소요유 편을 마지막에 배치하고자 했던 것은 아니다. 다만 제물론 편이 난해하여 우선 시작했던 것인데, 제물론 편에서 힘이 붙어 응제왕 편까지 직진했다. 사물에 대한 시비호오의 분별의식은 건강한 의식 상태를 대표하는 것이나, 그것만을 가지고서는 2% 부족하다할 것이다. 벗어남에 의해 그 부족함이 사라진다.

북명에 물고기가 있다. 그 이름은 곤이다. 곤의 크기는 그 몸체가 몇 천리인지 모른다. 변해서 새가 되는데 그 이름은 붕이다. 붕의 등은 그 크기가 몇 천리인지 모른다. 세차게 날아오르면 그 날개는 하늘에 드리워진 구름 같다. 이 새는 바닷물이 밀려올 때 남명으로 옮겨가려 한다. 남명이란 하늘 못(天池)이다. 제해(齊諧)[169]는 괴이한 일을 기록한 책이다. 해(諧)에서 말하길, 붕이 남명으로 옮겨갈 때, 삼

---

169) 제해(齊諧): 학의행(郝懿行: 1757~1825년, 청나라 학자)의 〈산해경전소서(山海經箋疏敍)〉에 따르면, 〈제해〉는, 남조(南朝) 송(宋)의 동양무의(東陽無疑)가 지은 책으로 신괴(神怪)한 이야기들의 기록인데, 지금은 전하지 않음. 이라 했다. 〈산해경〉, 정재서 역주, ㈜민음사, 1993년, 48쪽/ 양(梁)나라 오균(吳均: 469~520년)의 〈속제해기(續齊諧記)〉 언급으로 미루어 볼 때에도 제해는 책명임을 추측할 수 있다. 〈중국고대문화상식〉, 왕력 저, 이홍진 역, 형설출판사, 1989년, 43쪽

천리나 물결치고 구만리 솟구쳐 오르는 회오리바람을 타고서 6개월을 가야 그친다. 라고 했다. 아지랑이나 먼지나, 생물체가 숨을 뿜어대기 때문이다. 하늘이 새파란 것, 하늘의 바른 색일까? 하늘이 멀어서 끝이라는 것 없기 때문일까? 하늘에서 아래를 내려다봐도 역시 이와 같을 것이다. 가령 물 채워짐이 깊지 못하면 큰 배 띄우기엔 무력할 것이다. 우묵하게 팬 땅위에 한잔 물을 쏟으면 작은 풀잎은 배가 되지만, 잔을 올려놓으면 붙어버린다. 물은 얕고 배는 크기 때문이다. 바람 쌓인 것이 두텁지 못하면 큰 날개 띄우기엔 무력하다. 그러므로 구만리 바람으로 그 아래가 채워져야 비로소 바람을 타고 푸른 하늘을 등에 질 수 있다. 그리하여 가로막는 것 없어야 비로소 남쪽을 도모할 수 있다.

위 문장은 세 단락으로 나눌 수 있다. '북명에 물고기가 있다'부터 '남명이란 하늘 못이다'까지 첫째 단락으로, 여기서는 이성적 측면에서 수용하기 어려운 기발한 이야기를 불쑥 꺼내놓았다는 점이다. 곤이라는 물고기가 붕새로 변태한다는 이야기도 기발하지만, 엄청나게 과장된 크기나 북명과 남명 그리고 '바닷물이 밀려온다.'로 해석할 수 있는 '해운(海運)' 게다가 '하늘 못(天池)'까지 모두 어안을 벙벙하게 한다. '제해는 괴이한 일을'부터 '6개월을 가야 그친다.라고 했다'까지 둘째 단락으로, 첫째 단락에 대한 방증이다. 첫째 단락의 이야기가 자신이 지어낸 허무맹랑한 이야기가 아니라, 제해라는 책자에 수록되었다는 것이다. '아지랑이나 먼지나'부터 '비로소 남쪽을 도모할 수 있다'까지 셋째 단락으로, 이성적 측면에서 접근했을 때 추측이 가능한 일임을 에둘러 강조했다.

위 문장에서는 곤을 물고기라 언명했지만, 곤이 몸담은 북명에 대해 바다라는 언급은 없고, 붕을 새라 언명했지만 이 새가 옮겨갈 장소인 남명에 대해 바다인지 하늘인지 불분명한 채로 다만 하늘 못(天池)이라고 언급했다. 곤이 붕으로 변태하는 시점은, 바닷물이 밀려올 때로 추측할 수 있는데, 바닷물이 밀려온다는 표현이 사실이 아닌 상징이라는 점이다. 북명과 남명을 객관세계에 존재하는 바다가 아닌 내면세계로 이해하면, 바닷물이 밀려온다는 표현은, 감정이나 생각이 북받치는 현상으로써 이해할 수 있다.

북명 남명에서 사용된 명(冥) 자는 오늘날 명상(冥想: meditation)의 명(冥) 자와 동일하다. 명(冥) 자의 조합으로 볼 때, 해(日)를 가리고(冖) 가장 깊숙한 내면으로 들어가는(六) 일이다. 육(六)이란 숫자는, 오래전 동양에서 모든 사물의 이치를 음과 양으로 대별하여 규명하고자 했던 사람들에게 있어서 음을 대표한다.

1에서 9의 숫자 가운데 9(九)는, 무한히 뻗어나가는 형상으로 양을 대표하고, 8(八)은 반쪽으로 나누어지는 형상으로 음을 대표할 수 있는데, 6(六)의 윗부분이 8(八)에서 한걸음 더 들어간다는 입(入) 자의 변형으로써, 6(六)은 최종 음을 대표하는 숫자가 되었다.

따라서 명(冥)은, 외부세계가 아닌 내면세계를 가리키는 것으로 볼 수 있으며, '바닷물이 밀려온다.'거나 현실에서는 실현 불가능한 크기의 곤과 붕을, 심리적 상태의 상징으로 볼 수 있다. 곤이 북명에 머물러 있지 못하고 남명으로 옮겨가는 까닭은, 바닷물이 밀려오는 그 상태를 도저히 감당할 수 없기 때문인 것으로써, 자신을 완전히 버리고 전혀 다른 존재로 변할망정 그 길을 택할 수밖에 없음을 표현한 것이다. 바닷물이 감당할 수 없을 만큼 밀려올 때 세차게 날아오르지 않는다면, 바닷물은 자신을 흔적도 없이 삼켜버리고 말 것이다. 울렁이는 바닷물로부터 벗어난다는 것은, 요동치는 자기 감정에서 벗어남의 상징이며, 세차게 날아오른다 함은, 결국 자기 감정을 극복할 수 있는 이성을 갖추었을 때 가능한 일이다. 사물에 촉발된 감정의 끝은 고통이고, 따라서 이 같은 울렁증의 감정에서 벗어나 평정의 세계에 도달하지 못한다면, 인생은 고(苦)의 바다일 뿐이다. 붕새가 되어 세차게 날아오르는 모습을 '그 날개는 하늘에 드리워진 구름 같다'로 아름답게 묘사하였지만, 이는 사실 기존의 자기 감정과 생각을 완전히 부정하지 않으면 일어날 수 없는, 결코 쉽지 않은 일이다. 이런 점에서 장자가 묘사한 붕새의 비상은 지나칠 만큼 함축적 상징이다.

둘째 단락에서 '물결은 삼천리를 치고 구만리 솟구쳐 오르는 회오리바람을 타고 6개월을 가야 그친다.'의 표현은, 기존의 자기 감정과 생각을 극복하는 기나긴, 자기와의 싸움을 상징한 것으로 보인다. 삼천리는 대략 1,200km이고, 구만리는 36,000km이다.

삼천리 되는 물결이 격정의 상태를 상징한다면, 솟구쳐 오른 회오리바람의 구만리 높이는 공교롭게도 오늘날 지구를 공전하도록 쏘아 올리는 인공위성[170]의 정지궤도,[171] 3만 6천km와 동일하다.

구만리 솟구쳐 오르는 회오리바람을 탄다고 했을 때, 지구를 공전하도록 쏘아 올린 인공위성처럼 사물에 대한 분별과 집착에서 벗어나게 하는, 각성과 지성을 상징한 것이 아닌가 짐작해본다.

6개월을 가야 그친다는 것은, 설령 각성과 지성으로 남쪽을 도모할 수 있게 되었다 해도 그것이 곧 완성은 아닌 것으로써, 지와 각의 상태는 현실상황에서 실지로 구현되는 행위 속에서 완성된다는 의미로 보인다.

셋째 단락에서는 앞 단락에서 보인 과장된 표현을 접고 극히 일상적 사고로 돌아와, 아지랑이나 먼지 또는 하늘색 등 평소 지나쳐버리는 극히 미세한 것들에 관심을 보이며, 거시와 미시를 넘나들

---

170) 인공위성: 로켓(발사체)에 의해 대기권 밖의 궤도까지 올라간 인공위성이 계속 공전하기 위해서는 수평방향으로 초속 7.9km 이상의 속도가 필요하다. 인공위성은 지구 밖으로 상당히 멀리 떨어져 나갈 수 있지만, 지구 중력 때문에 결국 지구 쪽으로 다시 되돌아오게 되며, 지구가 당기는 인력과 회전에 의한 원심력이 평형을 이루어 '타원궤도'로 지구를 공전하게 된다. 그런데 속도를 더 크게 해서 어떤 한계를 넘으면 떨어져 나갔던 인공위성은 다시는 지구로 되돌아올 수 없게 된다. 이처럼 지구의 인력을 벗어나기 위한 속도를 '탈출속도'라 하며 11.3km/sec 이상이 되어야 한다.

171) 정지궤도: 지상에서 3만 6천km 떨어져 있다. 우주는 크게 지상으로부터 100km 이상 상공까지의 대기권, 500~1,000km 사이 중간권, 1,000km 이상 높이 떠있는 열권, 이렇게 세 가지 층으로 구분된다. 고도 3만 6천km 부근엔 강력한 자기장이 형성되어 있으며, 이를 밴앨런대라고 부른다. 이곳은 태양풍으로부터 지구를 보호해주는 역할을 담당해주고 있다. 인터넷 참조

고 있다. 아지랑이[172]나 먼지[173] 또는 하늘색[174]에 대해 오늘날 과학적 정의와 일치하는 것은 아니지만, 그 실체를 규명하고자 했던 노력에는 의미를 부여할 수 있을 것이다. '가령 물 채워짐이 깊지 못하면'부터 '물은 얕고 배는 크기 때문이다'까지는, 더 설명하지 않아도 그대로 공감할 수 있는 문장이다. '바람 쌓인 것이 두텁지 못하면'부터 '남쪽을 도모할 수 있다'까지 핵심은, 구만리 되는 회오리바람이라 할 것이다. 구만리 되는 회오리바람으로 그 아래가 가득 채워지지 않으면, 어떤 경우에도 걸림 없이 남쪽으로 비상할 수 없다. 결국 구만리 솟구쳐 오르는 회오리바람이란, 기존의 자기 감정과 생각들을 능히 통제하고 초극할 수 있는 총체적 자기 저력의 상징이라 하겠다. 즉 사물에 대한 기존 분별과 자기 집착(욕구)에서 벗어나게 하는, 새로운 사고체계를 갖추지 못한다면, 법열[175]

---

172) 아지랑이: 햇볕이 강하게 내리쬘 때 고온으로 가열된 지면의 공기는 뜨거워지면서 주위 공기보다 가벼워지고 부력을 받아 위로 올라간다. 공기의 온도에 따라 빛의 굴절률이 다르기 때문에 지면에서 급격히 대류 하는 공기덩어리 사이를 통과하는 빛은 이리저리 굴절한다. 그렇기 때문에 먼 풍경이 불꽃처럼 위로 아른거리는 모습을 보게 된다. 지식백과 참조

173) 먼지: (dust)는 세밀한 입자의 물질이다. 고체물질이 물리적 파쇄과정 등에 의해 발생한 작은 입자를 말하며 화학적 조성은 발생원 물질과 같다. 먼지의 예로는 암석의 파쇄에 의해서 발생한 광물성 분진, 곡물분진 등이 있다. 위키백과 참조

174) 하늘이 새파란 까닭: 지구에 공기가 있기 때문. 햇빛이 공기 즉 대기를 지나면, 빛이 공기입자와 부딪치면서 산란이 일어나고, 이때 파장이 짧은 파란색 빛이 활발하게 퍼지면서 우리 눈에 가장 잘 들어오기 때문에 하늘이 파랗게 보이는 것. 우주 공간이 항상 검은색을 띠고 있는 것은 산란된 공기가 없기 때문. 공기 중에 입자가 큰 먼지가 많으면, 하늘이 뿌옇게 보이는 것도 산란(파동이나 입자선이 물체와 충돌하여 여러 방향으로 흩어지는 현상) 때문. 인터넷 참조

175) 법열(法悅): 참된 이치를 깨달았을 때 사무치는 황홀한 기쁨. 〈엣센스 국어사전〉, 민중서림, 2001년, 982쪽

의 상태를 상징하는 하늘 못에 도달할 수 없음을 강조한 것이다.

매미와 작은 비둘기[176]가 비웃으며 말했다. '난 힘차게 날아올라도 느릅나무나 다목[177]에 다다르고, 때때로 이르지도 못한 채 땅바닥에 나동그라질 뿐이건만, 저것은 어떻게 구만리 남쪽으로 간다는 것이야?' 교외로 나가는 자 세끼 식사를 마치고 돌아올 때도 여전히 배가 부르다. 백리길 나가는 자 밤새 양식을 찧어야 하고, 천리 길 나가는 자 3개월간 양식을 모아야 한다. 저 두 벌레가 다시 더 무엇을 알 것인가? 작은 지식은 큰 지식에 미치지 못하고, 짧은 세월은 긴 세월에 미치지 못한다. 어찌 그러한 줄 아는 것인가? 아침에 돋아났다가 저녁에 시드는 버섯 조균(朝菌)[178]은, 그믐과 초하루를 알지 못하고, 쓰르라미는 봄가을을 알지 못한다. 이것이 짧은 세월이다. 초나라 남쪽에 명령(冥靈)[179]이란 거북이 있었는데, 오백년 세월이 봄이고 오백년 세월이 가을이었으며,[180] 아주 오랜 옛날 큰 참죽나무 대춘(大椿)이 있었는데, 팔천년 세월이 봄이고 팔천년 세월이 가을이었다.[181] 요즘

---

176) 작은 비둘기: 원문 학구(學鳩)의 풀이로, 〈석문(釋文)〉에는 학(學) 자를 학(鷽: 메까치) 자와 동일시하였다. 〈장자〉, 안동림 역주, 현암사, 2001년, 31쪽. 학구(鷽鳩)는, 작은 비둘기를 가리키며, 소인(小人)을 비유하기도 한다. 〈동아 백년옥편〉, ㈜두산동아, 2001년, 2,259쪽

177) 다목: 원문 방(枋) 자의 풀이로, 다목은 콩과의 상록교목. 동인도 원산으로 따뜻한 곳에서 재배함. 높이 약 5m 가시가 있고 봄에 누른 나비 모양의 꽃이 핌. 목재는 활을 만드는 재료로 쓰고, 속의 붉은 부분은 홍색물감, 한약재료, 뿌리는 황색물감으로 씀. 〈엣센스 국어사전〉, 민중서림, 2001년, 517쪽

178) 조균(朝菌): 〈백년 동아옥편〉, ㈜두산동아, 2001년, 909쪽

179) 명령(冥靈): 거북의 딴 이름. 일설에는 나무의 이름. 〈백년 동아옥편〉, ㈜두산동아, 2001년, 275쪽

180) 원문 '이오백세위춘 오백세위추(以五百歲爲春 五百歲爲秋)'의 풀이로, '상대(商代)와 서주(西周) 전기에는 1년을 춘, 추의 두 때로 나누었기 때문에 후대에는 춘추라고 하면 1년을 의미하게 되었다.' 〈중국 고대문화상식〉, 왕력 저, 이홍진 역, 형설출판사, 1989년, 18쪽

181) '초나라 남쪽에'부터 '팔천년 세월이 가을이었다.' 까지, 〈열자〉 탕문편에 동일한

(팔백년 살았다는) 팽조[182]가 오래 산 자로 특별히 알려졌으며, 뭇사람들 그와 비슷하게 되고자 하니, 역시 슬프지 않은가?

위 문장에서는 매미와 작은 비둘기를 등장시켜 붕새의 비상에 빗대었다. 붕새가 세차게 날아올랐을 때 그 날개가 하늘에 드리워진 구름 같던 것과는 달리, 매미와 작은 비둘기는 힘차게 날아올라도 종종 땅바닥에 나동그라진다고 했다. 매미와 작은 비둘기가 느릅나무나 다목에 도달해서 느낄 기쁨과, 붕새가 하늘 못에 도달해서 느낄 기쁨을 상상해본다면, 매미와 작은 비둘기는 여전히 여러 감정들로부터 자유롭지 못한 것이고, 붕새는 그러한 감정에서 완전히 벗어나 있다. 매미와 작은 비둘기가 '저것은 어떻게 구만리 남쪽으로 날아간다는 것이야?'라고 던진 한마디 말은, 붕새의 비상에 반드시 선제조건으로 갖추어야하는, 구만리 솟구쳐 오르는 회오리바람에 대한 부정확한 인식을 나타낸 것으로써, '저 두 벌레가 다시 더 무엇을 알 것인가?'라는 말을 하게 했다.

느릅나무나 다목에 도달하기 위해, 힘차게 날아오르는 매미와 작은 비둘기의 비상이, 나의 잣대에 따라 사물을 분별하고 집착하는 일반의식 상태를 상징한다면, 하늘 못에 도달하기 위해 세차게 날아오르는 붕새의 비상은, 나의 잣대에서 벗어나 사물을 있는 그대로 바라보는, 무아(無我)의 의식 상태를 상징한다.

내용이 있다. 〈열자〉, 김영식 옮김, 지식을 만드는 지식, 2010년, 140~142쪽
182) 팽조(彭祖): 요임금 때부터 하(夏) 상(商)왕조에 걸쳐 8백세를 살았다는 전설적 인물. 성은 전(籛), 이름은 갱(鏗). 〈장자〉, 안동림 역주, 현암사, 2001년, 31쪽

264 다시 장자

교외로 나가는 자와 백리길, 천리 길 나가는 자가, 각기 준비해야하는 양식의 분량이 다르다고 강조한 것은, 결국 하늘 못에 도달하기 위해서는 반드시 구만리 솟구치는 회오리바람이 필요하다는 것을 거듭 강조한 것이다. '작은 지식은 큰 지식에 미치지 못하고, 짧은 세월은 긴 세월에 미치지 못한다.'의 말은, 의식 상태가 나라는 에고에 묶여있는가 아니면 벗어나있는가를 상징한 것이다.

묶여있음과 벗어나 있는 의식의 차별화는, 자신의 내면으로 관심을 돌리는데 그 관건이 있으며, 그리하여 사물에 대한 인식이 자기를 기준으로 비교 분별한 것임을 자각함과, 이 비교분별이 결국 생존에 대한 애착에서 비롯하는 것인 줄 자각하는데 있다. 따라서 두 의식의 차이는 자신의 비교분별과 애착을 다스림에 의해 벌어진다고 말할 수 있다. 애착과 비교분별을 능히 다스리게 될 때 기존의 인식세계는 더 이상 의미를 지니지 못한 채, 전혀 새로운 차원으로 이끌리게 된다. 아침에 돋아났다가 저녁에 시드는 버섯 조균이, 그믐과 초하루를 알지 못한다는 것은, 조균이 해(日)가 만드는 빛과 어둠은 알지만, 달(月)이 만드는 빛과 어둠은 모른다는 것으로써, 생에 대한 애착에서 오는 기쁨은 알지만, 애착에서 벗어났을 때 오는 기쁨은 모른다는 것을 은유한다. 여름한철 살다죽는 쓰르라미가 봄가을을 알지 못한다함 역시 조균의 경우와 같다. 초나라 남쪽에 명령이란 거북과 아주 오랜 옛날 대춘의 경우는, 봉새의 상징과 동일하다. 이에 반해 뭇사람들이 그와 비슷하게 되고자 하는 팽조의 팔백년 세월은, 아쉽게도 매미와 작은 비둘기의 차원에 속하게 되었다.

탕(湯)[183]이 극(棘)[184]에게 물은 것도 이것이다. 불모의 땅[185] 북쪽에 명해(冥海)라는 것이 있는데 하늘 못이다. 물고기가 있고 그 넓이가 수 천리로, 아직 그 길이를 아는 자 없다. 그 이름이 곤이다. 새가 있고 그 이름이 붕이다. 등은 태산 같고, 날개는 하늘에 드리워진 구름 같다. 구만리 솟구쳐 오르는 회오리바람을 타고서, 구름기운 끊어지고, 푸른 하늘 등에 진 후 남쪽을 도모하고 이에 남명으로 나간다. 늪에 사는 메추라기[186]가 비웃으며 말했다. '저것이 다시 어디를 간다는 게야? 나는 높이 뛰어올라도 불과 몇 미터아래 쑥 우거진 풀숲사이를 날개 짓하며 날아다니고, 이것 역시 비상의 지극함인 것인데, 저것은 다시 어디를 간다는 것이지?' 이것이 작고 큰 것의 분별이다. 그러므로 저 지식은 하나의 관직에 효력을 보이고(故夫知效一官), 행동은 하나의 마을[187]을 따르게 하며(行比一鄉), 덕행은 하나의 군현(郡

---

183) 탕(湯): 중국 고대 상(商: 기원전 1600~기원전 1046년)나라를 창건한 왕. 하(夏)나라 걸왕을 무찌르고 박(亳: 현재 허난성(河南省) 뤄양시(洛陽市) 또는 허난성 정저우시(鄭州市) 부근으로 추정)에 도읍하여 제도와 전례를 정비하고 13년간(기원전 1600년~1589년) 재위하였음. 성은 자(子), 이름은 리(履)로, 갑골문자명은 탕(湯), 대을(大乙)이며, 별칭으로는 천을(天乙), 성탕(成湯) 등이 있다. 1899년 갑골문 발견과 1928년 은허에서 대규모 청동기물이 발굴되어 상나라 실체가 처음으로 드러났다. 중국 청동기는 기원전 21세기경 하나라 때부터 본격적으로 제작되었음이 확인되었다. 탕은 후세 하(夏)의 우(禹), 우(虞)의 순(舜), 주(周)의 문왕(文王), 무왕(武王)과 함께 성군(聖君)으로 숭상되었다. 인터넷 참조

184) 극(棘): 탕왕의 현대부(賢大夫)로 하극(夏棘)을 말함. 〈열자〉 탕문편(湯問篇)에 '은나라 탕왕이 대부인 하극에게 물었다(殷湯問於夏革日)'의 구절이 있다. 하(夏)는 성(姓)이고 극(革)은 이름이며, 하극의 자(字)는 자극(子棘)으로, 장자 소요유 편에서는 극(棘)으로 사용되었다. 〈열자〉, 김영식 옮김, 지식을 만드는 지식, 2010년, 136쪽

185) 불모의 땅: 원문 궁발(窮髮)의 풀이로, 초목이 자라지 못하는 북극지대. 불모(不毛)의 땅. 〈동아 백년옥편〉, ㈜ 두산동아, 2001년, 1,398쪽

186) 늪에 사는 메추라기: 원문 척안(斥鷃)의 풀이. 상동 852쪽

187) 마을: 원문 향(鄉) 자의 풀이로, 헌법상으로 중국은 1급이 성(省)급이고, 2급이 현(縣)급이며, 3급이 향(鄉)급 행정구역이다. 성급과 현급 사이에 지급시(地級市)가 생기면서 사실상 4단계 체계로 운영되고 있으며, 향급에는 시(市)가 없으니, 중국의 시는 성급, 지급, 현급 3단계가 있다고 보면 된다. 여기에 지급시 중 일부는 부성급성시(副省級城市)로, 현급시 중 일부는 부지급시(副地級市)로 지정되어 상급 행정

縣)[188]에 들어맞고(德合-君), 재량(才量)[189]은 하나의 나라를 이끈다(而徵-國). 그 스스로 바라보는 것 역시 이와 같다(其自視也 亦若此矣). 이에 송영자(宋榮子)[190]가 태연하게 웃었다. 온 세상이 그를 칭찬한다 해도 더하도록 권할 수 없고, 온 세상이 그를 비난한다 해도 못하도록 막을 수 없다. 안과 밖의 구분이 일정하고 영예와 치욕의 경계가 분명할 뿐이다. 그는 세상일에 서두르지 않았다. 비록 그렇지만 여전히 아직 수립하지 못한 것이 있다. 저 열자(列子)[191]는 바람을 몰고 다

기관으로부터 어느 정도 독립적인 행정이 가능하다. 나무위키 참조

188) 군현(郡縣): 원문 군(君) 자의 풀이로, 위 4개의 구절을 점층법으로 이해하는 가운데, 군(郡) 자와 동일시했다. 중국의 군현(郡縣)제도란, 지방에 관리를 보내어 통치하는 제도로 중국의 전국시대 각국에 나타났던 지방행정조직이다. 약소국이 강대국의 영토로 들어가면 이 지역을 군주의 직할지로 삼아 중앙에서 관리를 파견하여 다스리게 되었다. 이러한 지역이 현(縣)이고, 중앙에 매달린 지역이라는 뜻이다. 몇 개의 현을 총괄하는 것이 군(郡)이다. 진의 시황제는 6국을 통일한 후 기원전 221년에 전국을 36군으로 나누어 시행하여 그 후 2,000여 년 간 전제군주 관료국가의 행정조직이 되었다. 인터넷 참조

189) 재량(才量): 원문 이(而) 자의 풀이로, 능(能) 자와 동일시하였다. 따라서 사람의 재주와 도량을 뜻하는 재량으로 풀이할 수 있었다. 〈동아 백년옥편〉, ㈜ 두산동아, 2001년, 351쪽

190) 송영자(宋榮子): 장자나 맹자보다 약간 선배의 사상가. 〈장자〉 잡편 천하 편에는 송견(宋鈃)으로 나옴. 일설에 송(宋)은 나라 이름, 영(榮)은 성(姓), 자(子)는 존칭이라고도 함. 〈장자〉, 안동림 역주, 현암사, 2001년, 34쪽

191) 열자(列子): 기원전 400년경 정(鄭)나라에서 태어났으며, 성(姓)은 열(列), 이름은 어구(禦寇). 오늘날 〈열자〉는 기원전 70년경 한(漢)나라 때 유향(劉向)이 8편으로 편찬했고, 위진(魏晉)시대 장담(張湛)이 주석한 것에 근거한다. 〈장자〉 잡편 가운데 열어구(列禦寇) 편이 있고, 열자는 내편 응제왕 편에도 등장한다. 〈열자〉, 김학주 옮김, 을유문화사, 2000년, 8쪽/ 〈열자〉, 김영식 옮김, 지식을 만드는 지식, 2010년, 8쪽

니면서[192] 떨어질 듯 묘했지만,[193] 15일 후에는 돌아왔다. 그는 행복

---

192) 바람을 몰고 다니면서: 원문 어풍이행(御風而行)의 풀이로, 이와 관련하여 〈열자〉
황제(黃帝) 편에 다음과 같은 내용이 있다. '열자가 노상씨(老商氏)를 스승으로 모시
고 백고자(伯高子)를 벗 삼아 두 사람의 도술을 다 배우고시 바람을 타고서 돌아왔
다(乘風而歸). 성(姓)이 윤(尹)씨인 한 서생(書生)이, 이 소식을 듣고서 열자를 따라 살
면서 여러 달이 되도록 자기 집을 돌아보지를 않았다. 그는 기회를 틈타 열자에게
도술을 가르쳐달라고 요청하며 열 번을 찾아갔으나 열자는 열 번 다 그에게 일러
주지 않았다. 윤씨는 원망을 하며 돌아가기를 청했으나 열자는 또한 의견을 나타
내지를 않았다. 윤씨가 집에 돌아가 여러 달이 지났는데, 그래도 배우고 싶은 생
각이 그치지를 않아 다시 가서 열자를 따랐다. 열자가 말했다. "너는 어째서 이렇
게 자주 왔다갔다   하는가?" 윤씨가 대답했다. "전에 제가 선생님에게 가르쳐 달
라고 요청했지만, 선생님께서는 저에게 일러주지 않아 정말로 선생님에게 유감
을 가졌습니다. 이제는 그런 감정이 다 사라졌습니다. 그래서 다시 또 왔습니다."
열자가 말했다. "예전에 나는 네가 사리에 통달한 것으로 생각했다. 그런데 너의
천박함이 이 정도에 이르렀는가? 좀 앉으라. 내가 선생께 배운 것을 일러 주겠
다. 내가 선생님을 모시고 백고자 그 사람을 친구로 삼고부터 3년이 지난 후 마음
속으로는 감히 옳고 그름을 생각지 않고 입으로 감히 이로움과 해로움을 말하지
않자 비로소 선생님께서 한번 돌아보셨다. 5년 후 마음속으로 옳고 그름을 더욱
생각하고, 입으로 이로움과 해로움을 더욱 말하게 되자, 선생님께서 비로소 얼굴
을 펴고 한번 웃으셨다. 7년 후 마음속으로 생각하는 것을 따라도 더욱더 옳고 그
름이 없게 되었고, 입으로 말하는 것을 따랐으되 더욱더 이로움과 해로움이 없게
되었다. 선생님께서는 그제야 나를 한번 이끌어 자리를 나란히 하고서 앉으셨다.
9년 후 마음속에서 생각하는 대로 맡겨버리고 입에서 말하는 대로 내버려두어도
나의 옳고 그름과 이롭고 해로움이 무엇인지를 몰랐으며, 다른 사람의 옳고 그름
과 이롭고 해로움이 무엇인지를 또한 몰랐다. 그리하여 마음속에는 생각도 없었
고, 외계(外界)의 사물도 존재하지 않는 것 같았다. 그 후로 나의 눈은 귀와 같이 들
을 수 있었고, 귀는 코와 같이 냄새를 맡을 수 있었으며, 코는 입과 같이 먹을 수
있어 몸의 각 기관은 어떤 차이도 없었다. 그리하여 정신이 하나로 모이고 육체
는 흩어져 존재하지 않는 것 같았고, 뼈와 살이 모두 융화되어 일체가 되어서 몸
이 의지하고 있는 것과 발이 밟고 있는 것을 느끼지 못해, 마치 나뭇잎이나 마른
곤충껍질과 같이 바람 따라 동으로 갔다 서로 갔다 했다. 그래서 마침내는 바람이
나를 타고 있는 것인지, 내가 바람을 타고 있는 것인지를 모르게 되었다. 그런데
지금 그대는 나의 문하에서 생활하면서 원망스러워하고 유감스러워한 것이 두세
번이 되었다. 너의 작은 몸 조각도 기(氣)가 받아주지 않을 것이고, 너의 뼈마디 하
나도 땅이 받아주지 않을 것이니, 온몸이 허공을 밟고 다니며 바람을 타고 다니는
것을 어찌 바랄 수나 있겠는가? 〈열자〉, 김영식 옮김, 지식을 만드는 지식, 2010
년, 44쪽/ (원문은 생략함)

193) 떨어질 듯 묘했지만: 원문 령연선야(泠然善也)의 풀이로, 령(泠) 자를 떨어진다는

을 부르는 일에 서두르지 않았다. 이것은 비록 걸어다는 것을 면하게 했어도 여전히 기다리는 것이 있다. 만약 천지의 바른 법에 올라타고(乘天地之正), 자연의 변화를 받아들여(御六氣之辯) 끝없음에서 노닐 수 있다면(以遊無窮者), 그가 다시 더 무엇을 기다릴 것인가(彼且惡乎待哉)? 그러므로 지인(至人)은 자기가 없고(無己), 신인(神人)은 공덕이 없으며(無功), 성인(聖人)은 이름이 없다(無名)고 말한다.

위 문장은 소요유 편 서두문장을 보강하기 위한 것으로써, 형식에서 큰 차이점은 없다. 서두문장에서 붕새를 비웃는 매미와 작은 비둘기를 등장시켰듯 늪에 사는 메추라기를 등장시켰고, 깊은 물이라야 큰 배를 띄운다며 붕새의 비상에 필요한 회오리바람을 강조했듯 일반적이지 않았던 송영자(宋榮子)와 열자(列子)의 일상을 언급하며, 위 문장의 핵심인 지인무기(至人無己) 신인무공(神人無功) 성인무명(聖人無名)의 구절을 부각시켰다.

서두 문장에서 하늘 못은, 붕새가 되어 옮겨가고자 했던 곳 남명이었으나, 위 문장에서는 불모의 땅 북쪽에 있는 명해(冥海)를 곧 하늘 못이라 했다. 물고기에서 붕새로 변태한다는 이야기 없이, 명해에는 곤이라는 상상을 초월하는 크기의 물고기도 있고 또 붕이라는 새도 있다. '구만리 솟구쳐 오르는 회오리바람을 탄다(搏扶搖羊角而上者九萬里)'의 표현은, 제해(齊諧)의 구절(搏扶搖而上者九萬里)과 동일하고, '구름기운 끊어지고 푸른 하늘 등에 진다(絶雲氣 負靑天)'의 표현은, '푸른 하늘을 등에 질 수 있다. 그리하여 가로막는 것 없어

령(零) 자와 동일시했으며, 선(善) 자는 묘(妙)하다는 의미를 취했다. 〈동아 백년옥편〉, ㈜ 두산동아, 2001년, 1,048쪽, 2,117쪽

아(背負靑天 而莫之夭閼者)'의 구절과 대동소이하다. 명해라는 곳에서 구만리 솟구쳐 오르는 회오리바람을 타지 못하면, 구름 기운을 끊을 수도 없고 푸른 하늘을 등에 질 수도 없을 뿐 아니라, 결국 남명으로 나갈 수 없다. 여기서 남명 북명 또는 명해가 외부에 실제 존재하는 것이 아닌 마음의 상징이라면, 구만리 솟구쳐 오르는 회오리바람은, 현재, 과거, 미래에 묶이게 하는 소아(小我)적 망상이 아닌, 대아(大我)적 사고라고 말할 수 있다. 현재, 과거, 미래를 통틀어 자신의 생각과 감정에서 벗어나 평담한 상태를 유지함은 쉽지 않은 일이다. 남명으로 또는 하늘 못으로 비상하는 붕새는, 결국 자기를 잣대로 하는 분별과 집착에서 비롯되는 기억들 또는 예측들로부터의 해방을 상징한 것이며, 이에 반해 메추라기, 매미, 작은 비둘기 능의 묘사는, 여전히 자기 잣대에 묶여있음을 상징하는 것이다. '쑥 우거진 풀숲 사이를 날아다니는 것'과 관련하여 '이것 역시 비상의 지극함인 것이다.'라고 했던 늪에 사는 메추라기의 말은, '작은 지식은 큰 지식에 미치지 못한다(小知不及大知)'의 구절과 같은 맥락인 것으로, 이는 본질에 대한 의구심의 유무에 따라 차이가 벌어지는 것이라고 말할 수 있다.

'그러므로 저 지식은'부터 '하나의 나라를 이끈다.'까지, 풀이에서 어려움이 있었음을 밝혀둔다. 다만 '그 스스로 바라보는 것 역시 이와 같다'는 구절과 연결시켜 의미를 짐작하고자 했다. 지효일관(知效一官), 행비일향(行比一鄕), 덕합일군(德合一君), 이징일국(而徵一國)의 위 4개의 구절을 점층법으로 보았으며, 지, 행, 덕, 이(知行德

而)의 낱말은, 개인 역량을 뜻하는 것으로, 관, 향, 군, 국(官鄕君國)의 낱말은, 역량이 적용되는 범위를 뜻하는 것으로 이해했다. 효, 비, 합, 징(效比合徵)의 낱말은, 적용되는 상태로써 이해했다.

첫째 구절에서 지식(知)을 공무처리에 유효한 것으로써 개인 이익에 제한시켰다면, 둘째 구절에서 행동(行)은, 그 이익이 마을공동체로 미침을 강조한 것이며, 셋째 구절에서 덕행(德)은, 지덕체(智德體)의 측면으로써, 보다 관용적 행위를 뜻한다할 것인데, 그 이익이 도시공동체로 미침을 강조한 것이고, 넷째 구절에서 재량(而)은, 지행덕(知行德)을 겸비한 도량(度量)으로써, 그 이익이 국가공동체로 미침을 강조한 것으로 이해했다. 이는 한 사람의 역량이 점차 증대됨에 따라 그 이익이 미치는 범위도 따라서 확대됨을 강조한 것으로써, '그 스스로 바라보는 것 역시 이와 같음(其自視也 亦若此矣)'을 강조한 것이다. 그 스스로 바라보는 것에 있어서, 자기 잣대가 높을수록 포용력은 작아지고, 자기 잣대의 높이가 낮을수록 포용력은 커지는 것이며, 아예 잣대가 사라질 때 있는 그대로 받아들이는 것으로써, 이는 포용력이 무한대로 커지는 것이다.

위 4개의 구절을 이 같이 이해한 까닭에는, 위 문장의 핵심을 자기 잣대에서 벗어남으로 보았기 때문이다.

'이에 송영자가 태연하게 웃었다'부터 '여전히 기다리는 것이 있다'까지, 장자는 특별한 경지에 있었던 송영자와 열자에 대해서도, 그들이 자기 잣대로부터 완벽하게 벗어나 있지 못한 점을 지적했다. 세상 사람들의 칭찬과 비난이란 세상 사람의 잣대를 상징하는 것이다. '온 세상이 그를 칭찬한다 해도 더하도록 권할 수 없고, 온 세상이 그를 비난한다 해도 못하도록 막을 수 없다'의 구절은, 송영자가 세상 사람의 잣대를 갖고 있지 않음을 뜻한다. 그러나 '안과 밖의 구분이 일정하다'의 구절은, 송영자가 안과 밖 즉 자신과 세상을 구별한 것으로써, 이것은 송영자의 잣대인 것을 상징하고 있다.

'영예와 치욕의 경계가 분명할 뿐이다'의 구절은, 결국 송영자의 의식 상태가 비교분별에 묶여 있음을 강조한 것으로써, 이는 제물론 편에서 강조한 '만물여아위일(萬物與我爲一)'이나 '도통위일(道通爲一)'의 의식 상태와 반대되는 것이다. 송영자는 결국 자신은 깨끗하고 세상은 더럽다는 선입견을 갖고 있는 것으로써 이것이 송영자의 잣대인 셈이다. '그는 세상일에 서두르지 않았다. 비록 그렇지만 여전히 아직 수립하지 못한 것이 있다(彼其於世 未數數然也 雖然 猶有未樹也)'에서 '서두르지 않았다(未數數然也)'는 표현은, 뒤이은 열자의 경우에서도 동일하게 사용되었다. 이 표현에는 여러 가지 일을 수행하면서 살아가야 하는 일상에서, 사소한 일이나 막중한 일의 그 어떤 경우에도, 서두르지 않음 즉 한결같은 마음이 되었음을 강조하는 것으로, 송영자의 장점으로 언급한 것이다. 반면 수립하지 못한 것이란 결국 자기 잣대를 제로(zero)화시키지 못했음을 의미한다. 바람을 몰고 다녔던 열자에 대해서도 바람을 기다려야 했던 점을 지적하면서, 기다림이란 결국 호오의 분별의식임을 강조했다.

언제 어디서나 자신의 마음을 허(虛)의 상태로 만들 수 있어야,

호오의 분별에 묶이지 않을 수 있고, 기다림의 상태에서 벗어날 수 있음을 강조했다. 허의 마음 상태란, 자신의 존재에 대해 갖게 되는 털끝만큼의 마음일지라도 부정하는 것으로써, 제물론 편에서 언급된 '물질이라는 것이 아직 존재하지 않았던 때를 생각했다(有以爲未始有物者)'거나, 인간세 편에서 언급된 '아직 회라는 존재가 시작되지 않았다(未始有回)'의 상태인 것인데, 자연의 생사 및 유무의 변화를 인식하고 수용하는 의식(意識)에 기초한다. 이는 완전히 자기로부터 벗어난 무아(無我)의 상태에서 자연과 합일된 상태를 뜻하는 것으로써, 이때 비로소 언제 어디서나 평정한 상태로 존재할 수 있게 된다. 재물이나 명예에 대한 욕구가 자신의 마음속에 없음은 물론, 자기 존재조차 없다고 생각하는 의식 상태를 강조한 것이다.

도덕경 13장에 '내 몸이 없음의 경지에 이르면, 내 무슨 근심이 있겠는가?(及吾無身 吾有何患)'의 구절이 있는데, '몸이 없다'는 무신(無身)은, 곧 미시유물(未始有物) 또는 미시유회(未始有回)와 같은 의미이다.

지인무기(至人無己)에서 무기란, 자기라는 잣대에서 벗어난 상태로써, 손익은 물론 생사의 변화에 요동치지 않는 의식 상태를 가리킨다. 신인무공(神人無功)에서 무공이란, 어떤 선행일지라도 그 공덕을 자신이 아닌 자연으로 돌리는 것을 가리킨다. 성인무명(聖人無名)에서 무명이란 명예욕이 없는 일차원적 풀이에서 벗어나 '이름이 없다'는 의미로써, 제도권에서 규정하는 이름(명칭)이 아닌, 보다 본질적 바탕인 있음(有)과 없음(無)으로 인식하는 것을 가리킨다. 이는 '없음을 천지시작이라 칭하고, 있음을 만물근원이라 칭한다(無名天地之始 有 名萬物之母)'는 도덕경 1장의 구절과 맥을 같이하는 것이며, '도는 늘 이름(명칭)이 없다'는 32장의 '도상무명(道常無名)' 또는 '도는 이름 없음에 은폐되었다'는 41장 '도은무명(道隱無名)' 등의 구절과 맥을 같이한다.

요(堯)가 천하를 넘겨주고자 허유(許由)[194]에게 말했다. '해와 달이 솟았는데 횃불을 끄지 않는다면, 그 빛이 딱하지 않겠습니까? 때맞추어 비가 오는데 여전히 물을 댄다면, 그 혜택이 헛되지 않겠습니까? 선생께서 (도에) 서서 천하가 다스려졌는데, 저는 여전히 시동(尸童)[195]의 자리에 있으니, 저 스스로를 볼 때 부끄럽습니다. 천하를 맡아주시길 청하옵니다.' 허유가 말했다. '그대가 천하를 다스리고, 천하는 이미 다스려졌거늘, 날더러 지금 그대를 대신하라는 것이오? 날더러 이름을 위하란 것이오? 이름이란 실질의 그림자인 것을, 날

---

194) 중국 고대 요(堯)임금 시절, 은사(隱士) 소부(巢父)와 허유(許由)의 기산영수(箕山潁水) 고사에 의하면, 중국의 기산에 은거했던 허유는, 어질고 지혜롭기로 명성이 높아서 요임금이 구주(九州)를 맡아달라고 청해왔다. 허유는 이를 거절하고 안 듣느니만 못한 말을 들었다하여 자기의 귀를 영수 물에 씻었는데, 이때 작은 망아지를 끌고 오던 소부가 이를 보게 되었다. 소부는 허유가 귀를 씻었다는 이야기를 듣고는 은자로서 명성을 누린 것조차 이치에 맞지 않는다고 비웃으며, 그런 사람이 씻어낸 물을 망아지에게 먹일 수 없다며 영수를 거슬러 올라가 물을 먹였다. 국립중앙박물관 인터넷 참조/ 허유(許由)는 자가 무중(武仲)이며 양성(陽城: 지금의 산서(山西)성 양성현 서북쪽 또는 지금의 하남(河南)성 등봉현 동남쪽이라는 설이 있음) 괴리(槐里) 사람이다. 사람됨이 의(義)에 근거하고 올바른 도리를 실천하여, 그릇된 자리에는 앉지 않고 그릇된 음식은 먹지 않았다. 나중에는 패택(沛澤: 지금의 강소(江蘇)성 패현에 있었다고 하는 못)에 은거하였다. 〈고사전〉, 황보밀 지음, 김장환 옮김, 예문서원, 2000년, 57쪽

195) 시동(尸童): 옛날에 제사를 지낼 때에 신위(神位) 대신 그 자리에 앉히던 어린아이. 〈동아 백년옥편〉, ㈜두산동아, 2001년, 588쪽

더러 그림자를 위하란 것이오? 뱁새가 깊은 숲에 집을 지어도 하나
의 가지에 불과하고, 생쥐가 강물을 마셔도 배를 채우는데 불과하오.
돌아가 쉬시지요. 임금이시어. 난 천하를 다스리는 데는 쓸모가 없소
이다. 주방장이 비록 주방을 다스리지 못한다 해서, 위패(位牌)[196]가
제기(祭器)를 넘어 그를 대신할 수는 없는 노릇이외다.'

위 문장은 먼 옛날 국가공동체의 최고 권력을 장악했던 요와 무
욕의 도를 구현하며 은둔자로 살아갔던 허유의 대화로 이루어졌
다. 표면적으로는 요의 권력이양의지에 대한 이야기지만 실제적
으로는 권력 뒤에 숨은 욕심에 대하여, 허유의 이름을 빙자한 장자
의 일갈이다. '해와 달이 솟았는데'부터 '그 혜택이 헛되지 않겠습
니까?'까지는, 요가 허유에게 정치권력을 이양하고자하는 이유인
것으로써, 인간의 권력이란 자연법칙의 질서에 비할 때 이와 같음
을 강조했다. '선생께서 (도에) 서서 천하가 다스려졌다(夫子立而天下
治)'의 말은, 허유가 자기로부터 벗어나 자연의 질서를 받들고 따르
는 의식 상태가 되어있음을 상징한다. '립(立)' 자는 그 마음이 언제
나 도에 입각한 것으로써, 자기로부터 벗어나 있는 것이며, 무아(無
我), 무기(無己) 등으로 표시할 수 있다. 무아, 무기 등의 상태란 의식
의 기능(작용)적 측면을 가리키는 것일 뿐, 존재적 측면을 가리키는
것이 아니기 때문에, 고착된 상태가 아니라 진행 상태인 것이며,
다만 수행력에 따라 깊거나 얕은 심천(深淺)의 차이가 있을 뿐이다.
무아, 무기의 의식 상태에 이르면, 어떠한 세상일지라도 마음은

---

196) 원문 시축(尸祝)에 대한 풀이로, 신주(神主: 죽은 사람의 이름을 적은 나무패)와 제문(祭
文: 죽은 사람을 조상하는 글)을 가리킨다. 상동 588쪽

동요가 없고 평정한 상태로써 유지되는데, '천하가 다스려졌다'의 표현이 이것을 상징한다. 한편 '저는 여전히 시동(尸童)의 자리에 있다(而我猶尸之)'는 말에서 시동이란, '제사 때 신위(神位: 죽은 사람의 영혼이 의시할 자리) 대신 앉히던 아이'[197]를 뜻하는 말로써, 있는 그 대로에 만족하지 못한 채 무언가를 더 갈구하는 인간의 욕심을 반영하고 있다. 따라서 '저 스스로를 볼 때 부끄럽습니다(吾自視缺然)'의 말이, 욕심을 가리키는 것으로 말할 수 있는 것이다.

여기까지의 말에서 볼 때 요는, 정치권력의 본질과 자연법칙의 질서를 따르는 의식의 차이를 잘 인지한 듯 보이지만, '천하를 맡아주시길 청하옵니다(請致天下)'의 말에서는, 그 차이를 무시하는 실수를 범했다. 잠시나마 요는 천하를 맡아 다스리는 일이 욕심을 내는 일인 줄 망각하고, 자연법칙의 질서를 따르는 허유에게 부탁한 것이니, 요의 의식상태가 혼란스러운 것을 엿볼 수 있다.

'그대가 천하를 다스리고, 천하는 이미 다스려졌다(子治天下 天下旣已治也)'는 허유의 말에서, 앞부분은 요의 정치적 다스림의 상태를 가리키고, 뒷부분은 허유의 심리적 다스림의 상태를 가리킨다 할 것이다. 무아, 무기, 무용을 실천한 허유에게 있어서 현실의 실제상황여부는, 그의 마음에 늘 동일한 평정의 상태로써 받아들여지는 것이고, 허유는 이때 국가공동체 천하의 일원이 아니라 그저 자연에 속해있을 뿐이다. '날더러 지금 그대를 대신하라는 것이

---

197) 〈엣센스 국어사전〉, 민중서림, 2001년, 1425쪽

오?(而我猶代子)'의 말은, 자신의 심중에 천하는 이미 다스려졌기에 더 이상 다스릴 것이 없는데, 다스림의 자리인 임금의 자리를 차지하라는 것이오? 라고 묻는 것이다. '날더러 이름을 위하란 것이오?(吾將爲名乎)'의 말은, 이름과 본질의 문제를 언급한 것으로써, 정치와 자연을 대립시킨 것이며, 정치를 본질이 아닌 이름에 귀속시킨 것이다. '이름이란 실질의 그림자인 것을, 날더러 그림자를 위하란 것이오?(名者實之賓也 吾將爲賓乎)'의 말은, 정치권력의 무상함에 대해 거듭 강조한 것이며, 삶의 본질인 자연법칙의 질서를 중시할 것과 또한 욕심을 통제하여 무욕의 상태에 이를 것에 대해 거듭 강조한 것이다. '뱁새가 깊은 숲에 집을 지어도 하나의 가지에 불과하고, 생쥐가 강물을 마셔도 배를 채우는데 불과하오.'의 말은, 인간의 욕심이 아무리 크다해도 인간은 육체적 한계를 지닌 존재로서, 분수에 안분 자족해야함을 강조하고 있다. 자족할 때 누리는 평정, 자유, 행복, 사랑 등의 상태는, 더 얻고자할 때 갑자기 사라져버리고, 그때 삶은 고해(苦海)로 바뀐다.

'돌아가 쉬시지요. 임금이시어. 난 천하를 다스리는 데는 쓸모가 없소이다(歸休乎君 予無所用天下爲)'의 말에서, 앞 문장 때 '그대(子)' 호칭은, 여기서 '임금(君)'으로 바뀌었다. 임금의 호칭은 존칭이라기보다는 멸시에 가까운 반어적 호칭이다. 천하를 다스리는 공무로 바쁘다보니, 정녕 제 몸을 돌볼 시간조차 내지 못할 요에게, 돌아가 쉴 것을 권하고 있다. 즉 이는 욕심을 버리라는 또 다른 표현인 셈이다. '여(予)'라는 낱말에서도, 수락할 의지가 전혀 없음을 간접적으로 드러내고 있는데, 여(予) 자가 '손으로 물건을 밀어 주는 모양을 본떴기'[198] 때문이다. 한편 '천하를 다스린다.'로 풀이 한 '천하위(天下爲)'의 '위(爲)' 자는, 무위자연(無爲自然)의 반대개념으로 이해했다. '주방장이 비록 주방을 다스리지 못한다 해시, 위패가 제기를 넘어 그를 대신할 수는 없는 노릇이외다(庖人雖不治庖 尸祝 不越樽俎而代之矣).'의 말에서, 국가공동체는 주방으로, 임금은 주방 장으로 비유되었고, 무욕의 도를 구현하는 은둔자는 위패로써 비유되었다. 위패가 차려놓은 제상을 넘어 주방으로 갈 수 없다는 비유는, 앞서 강조한 내용과 동일한 맥락으로, 구만리 솟구쳐 오르는 회오리바람을 탄 붕새의 비유와 같다.

견오[199]가 연숙에게 말했다. '내가 접여[200]에게 들은 말이네만, 터

---

198) 〈동아 백년옥편〉, ㈜두산동아, 2001년, 155쪽

199) 견오(肩吾): 응제왕 편에는 성인(聖人)의 다스림에 관련하여 광접여(狂接輿)와 이야기를 나눈 내용이 짤막하게 수록되어 있고 (본 글에서는 다루지 않았음), 대종사 편 '견오는 도를 얻어 태산에 산다(肩吾得之 以處大山)'의 구절에서는 산신(山神)의 이름으로 거명되어 있는데, 장자가 이 구절을 고의적으로 끼워 넣은 것인지 알 수 없다. 견오나 연숙 또는 접여 등의 경우는, 여러 곳에서 보이는 것처럼, 장자가 즐겨 사용한 대화체의 극적(劇的) 방식으로 볼 수 있다.

200) 접여(接輿): 육통(陸通)의 자(字)로, 초(楚)나라 사람이다. 양생(養生)을 좋아했으며 직접 농사를 지어 먹고살았다. 초(楚) 소왕(昭王: 재위 기원전 515~489년)때 초나라의 정치가 무상함을 보고 거짓으로 미친 척하며 벼슬을 하지 않았기 때문에 당시 사람들은 그를 초나라의 미치광이라고 불렀다. 공자가 초나라에 갔을 때, 접여는 그의 집 앞을 지나며 이렇게 말하였다. '봉황이여! 봉황이여! 어찌하여 덕이 쇠했느냐? 오는 세상 기대할 수 없고, 지나간 세상 좇을 수 없는 법. 천하에 도가 있을 땐 성인이 도를 완성했고, 천하에 도 없을 땐 성인이 목숨을 보전하였네. 바야흐로 지금은 겨우 형벌이나 면할 뿐. 행복은 깃털보다 가볍지만 잡을 줄 모르고, 화란(禍亂)은 땅보다 무겁지만 피할 줄 모르네. 그만두어라! 그만두어라! 덕으로 사람 교화하는 일. 위태롭구나! 위태롭구나! (예교의) 금을 긋고 달리는 일. 가시나무

무늬없이 크고, 가기만할 뿐 되돌아오질 않았소. 내 황하한수(黃河漢水)[201]같이 끝없는 그 말에 놀라고 두려워지기도 했지만, 너무 큰 차이는 인정(人情)과 전혀 맞지 않았소.' 연숙이 말했다. '그 말이 무슨 말인데 그러시오?' '막고야산(藐姑射山)[202]에 신인(神人)이 살고 있다는데, 살결이 얼음과 눈 같고, 얌전하기가 처녀 같으며, 오곡(五穀)을 먹지 않고[203], 바람을 들이켜고 이슬을 마신다고 했소. 구름기세를

야! 가시나무야! 내 갈 길 막지 말아라. 물러서고 돌아가면 내 발 다치지 않으리. 산의 나무는 자신을 베고, 기름은 불을 켜 자신을 태우네. 계수나무는 먹을 수 있기에 베어지고, 옻나무는 쓸 수 있기에 베어지네. 사람들은 모두 유용한 것의 쓰임은 알면서도 무용한 것의 쓰임은 알지 못하네.' 이에 공자는 수레에서 내려 그와 이야기하려 했으나, 내달려 피하는 바람에 그와 이야기할 수 없었다. 〈고사전〉, 황보밀 지음, 김장환 옮김, 예문서원, 2000년, 109쪽 (이 고사는 〈장자〉 인간세 편과 〈논어〉 미자(微子) 편에서 채록하여 조합한 것)

201) 원문 하한(河漢)의 풀이로, 하(河)는 황하(黃河)를 가리키는 것으로, 칭하이성(青海省) 쿤룬(곤륜(崑崙)산맥에서 발원해, 9개성 및 자치구를 경유하고 발해만으로 흘러든다. 강 길이가 5,464km로 중국내 2위, 세계 5위인 큰 강이다. 한(漢)은 한수(漢水)를 가리키는 것으로, 장강(長江)의 지류이다. 산시성(陝西省) 한중시(漢中市)에서 발원하여 후베이성(湖北省)을 관통하여 우한(武漢)에서 양쯔강과 합류한다. 총 길이 1,577km이다. 인터넷 참조

202) 막고야산(藐姑射山): 전한(前漢) 유수(劉秀: 약 기원전 53~기원후 23년)가 편집하고, 동진(東晉)의 곽박(郭璞: 276~324년)이 주(注)를 단 〈산해경(山海經)〉 해내북경(海內北經)에 '열고야가 바다 한가운데의 섬 속에 있다(列姑射在海河州中)'의 구절이 있고, 동차이경(東次二經)에 고야산(姑射山), 북고야산(北姑射山), 남고야산(南姑射山)이 나오는데, 곽박은 열고야를 〈장자〉 속 막고야산이 바로 이곳이라고 주(注)했고, 하주(河州)에 대해서는 '바다 한가운데에 있으며 황하물이 지나가는 곳(在海中 河水所經者)'이라고 설명했다. 〈산해경〉, 정재서 역주, ㈜민음사, 1993년, 277쪽./ 즉 하주(河州)와 해중(海中)은 바다(sea, ocean)가 아니라 황하(河水)와 관련이 있으며, 황하의 물줄기가 지나면서 마치 바다같이 보이는 지역을 가리킴을 알 수 있다. 원가(袁珂)는 동차이경의 고야산이 바로 이 산이라 찬(撰)했으며, 해내북경의 열고야와 동차이경의 고야산은 겹치는 지역으로, 현 산동성 북쪽에 있는 타이산(泰山: 1,524m)이나 세계자연문화유산으로 정해진 허베이성 태항(太行)산맥 북부지역에 위치한 우타이산(五臺山: 3,058m) 등을 가리키는 것으로 추측할 수 있다. 인터넷 참조./ 기존에는 해중(海中)을 바다(sea, ocean)로 이해하여, 신선이 산다는 발해만 동쪽에 떠 있는 전설적인 삼신산(봉래산, 방장산, 영주산)으로 주장했다.

203) 원문 불식오곡(不食五穀)의 풀이로, 도교에서 선인(仙人)이 되기 위한 수행법 중 하나인 벽곡(辟穀)을 뜻한다. 사람의 정신은 육체에 속박되어 있고, 육체는 음식을

타고 나는 용(飛龍)을 몰며, 세상 밖에서 노닌다고도 했소. 그 정신이 집중되면 사물로 하여금 병이 나지 않게 하여, 해마다 곡식이 잘 익는다고 하오. 난 이것이 미치광이 말로 여겨져 믿지 않았소.'라 했다. 연숙이 말했다. '그렇구려. 장님은 글에 나타난 생각이나 느낌을 같이할 수 없고, 귀머거리는 종과 북에서 울리는 소리를 같이할 수 없는데, 어찌 유독 육체에만 귀머거리와 맹인이 있겠소? 저 마음에도 역시 있는 것이오. 이것이 지금 당신 같은 경우를 놓고 하는 말인 것이오. 저 사람의 저 덕은, 만물을 뒤섞어 하나 되게 하오. 세상 사람들 어지러운 상태를 다스리길 원하지만, 무엇 때문에 애쓰며 천하를 가지고 일삼겠소? 저 사람은, 사물에 손상됨이 없소. 하늘에 이를 큰 홍수에도 빠지지 않고, 금돌[204]이 흘러내리고 토산(土山)[205]이 타들어 갈 큰 가뭄에도 뜨거워하지 않소. 이는 그 먼지와 쭉정이조차 요와 순으로 변화시키고 만드는 것을, 무엇 때문에 사물을 가지고 일삼겠소?' 송(宋)나라[206] 사람이 장보관(章甫冠)[207]을 밑천삼아 월(越)나라

먹음으로써 보전되는 것인데, 이때 음지에서 얻은 오곡은 조잡하고 불순한 기(氣)로 이루어졌기 때문에, 몸 안에서 음사(陰邪)의 기운으로 욕망을 일으키고, 이는 불로불사를 저해하는 요인으로 인식한다. 오곡은 벼, 찰기장, 메기장, 보리, 콩의 다섯 곡식을 뜻한다. 위 글로 미루어볼 때, 도교의 원류라고 할 수 있는 태평도(太平道)나 오두미도(五斗米道)의 종교집단이 발흥했던 후한(後漢)말 훨씬 이전에, 도교의 뿌리에 해당하는 신선(神仙)사상이 무르익었던 것으로 추측된다.

204) 금돌: 원문 금석(金石) 자의 풀이로, 금이 들어있는 돌. 〈엣센스 국어사전〉, 민중서림, 2001년, 334쪽

205) 토산(土山): 흙으로만 이루어진 산. 상동 2394쪽

206) 송(宋)나라(기원전 1046년 즈음~기원전 286년): 주(周)나라가 은(殷)나라를 멸하면서 (기원전 1046년), 주무왕(周武王)은 은나라 주(紂)왕의 아들인 무경(武庚)을 은나라 도읍에 그대로 봉(封)했다. 무왕(武王)의 사후(기원전 1043년)에 무경은 주무왕의 형제와 함께 반란을 일으켰지만 실패해 주살 당했다. 그 후 무경의 백부 미자 계(微子啓)가 송(현 河南省 商丘)에 봉해져 은 왕조의 제사를 계속했다. 인터넷 참조

207) 장보관(章甫冠):중국 은(殷)나라의 관(冠)으로, 주(周)나라가 은(殷)나라를 멸하고, 미자(微子) 계(啓)를 송(宋)나라 공(公)으로 봉(封)하면서, 은나라 왕조의 제사 및 관습을 이어나가도록 안배했다. 따라서 송나라에서 장보관을 썼으며 또한 공자가 장보관을 썼으므로 후세에 와서 유생(儒生)들이 쓰는 관이 되었다. 인터넷 참조

로 갔을 때, 월나라 사람들은 단발에 문신을 하여 쓸모가 없었다. 요가 천하의 백성을 다스리고, 나라 안 정치를 평정한 후, 막고야산에 사는 네 분[208]을 찾아가 만났다. 분수(汾水) 북쪽[209] 도읍지 근처로 돌아왔을 때 까마득히 그 천하를 잃어버렸다.

위 문장에서 장자는 신인(神人)에 관련된 비현실적 말을 꺼내기에 앞서, 너스레를 떠는 견오를 내세워 자칫 견오처럼 생각할 수 있는 가능성을 배제했다. 너스레 없이 곧바로 신인에 관련된 말을 꺼냈다면, 미치광이 말로 여기며 믿지 않음은, 아마도 우리 몫일 수 있기 때문이다. 송영자와 열자의 언급이 있었던 앞 단락에서,

---

208) 네 분: 4는 합성수로, 조화로움, 완성 등의 의미가 있으며, 앞 1, 2, 3을 더하면 완전수 10이 된다. 동서남북(공간)과 춘하추동(시간)은 물론 생로병사, 동서고금, 4대성인, 사군자, 희로애락, 지수화풍, 고집멸도 등 각종 용어나 경기장, 바둑판에 이르기까지 4자 또는 4각 틀을 기본으로 삼고 있음을 알 수 있다./ 〈고사전〉에 다음과 같은 내용이 있다. '피의(被衣)는 요(堯) 임금 때 사람이다. 요 임금의 스승은 허유(許由)이고, 허유의 스승은 설결(齧缺)이고, 설결의 스승은 왕예(王倪)이고, 왕예의 스승이 피의이다.' 〈고사전〉, 황보밀 지음, 김장환 옮김, 예문서원, 2000년, 45쪽 (아마도 네 분은 이분들로 추측된다.)

209) 원문 분수지양(汾水之陽)의 풀이로, 펀수이(汾水)는 중국 산시성(山西省) 신저우시(忻州市) 닝우현(寧武縣)에서 발원하여 남동쪽으로 타이위안(太原) 분지를 거쳐 산시성의 중앙 계곡으로 흐르고 허진시(河津市: 산시성 윈청시의 행정구역)의 서쪽에서 황하와 합류한다. 강의 총길이는 694km이고 웨이허(渭河)와 함께 황하의 중요한 두 개 지류중 하나이다. 2,500년 선진문명을 길러낸 이래 산시의 어머니 강으로 불려왔다. 인터넷 참조/ 분수지양(汾水之陽)의 양(陽)은 강(漢水)의 북쪽으로, 본래 양(陽)은, 햇빛이 비치는 쪽이고 음(陰)은 그늘지는 쪽이다. 산에는 남쪽에 해가 비치고 북쪽에 그늘이 지기 때문에 산남(山南)을 양(陽)이라 하고, 산북(山北)을 음(陰)이라 하는데 비해, 강은 북안(北岸)에 햇빛이 들고 남안(南岸)에는 들지 않으므로, 수북(水北)을 양, 수남(水南)을 음이라 함. 분수 북쪽은 요임금이 도읍을 정한 곳으로 지금의 산시성(山西省) 린펀현(臨汾縣) 부근. 〈장자〉, 안동림 역주, 현암사, 2001년, 40쪽

신인(神人)은, 지인무기(至人無己), 신인무공(神人無功), 성인무명(聖人無
名)으로 사용된바 있고, 기다리는바 없이 언제나 그자체로 하나 되
는 조화로움의 상징이었다. 이로 인해 무궁한 자연의 변화를 따름
은 물론, 천지의 바름을 타는 섯인네, 자기로부터 벗어나지 못하면
불가능한 일이다. 지인무기, 신인무공, 성인무명은, 인간장자가 추
구했던 최고의 경지라고 말할 수 있으며, 무기란 자기로부터 벗어
남이요, 무공이란 모든 공을 자연에 돌리는 일이며, 무명이란 현상
이 아닌 본질적 인식을 의미한다. 무기, 무공, 무명의 상태는, 의식
이 봉착하는 소아적 한계에서 벗어나 대아(大我)적 상태로 나간, 각
성의 최고 상태를 상징하는 것으로, 위 단락에서는 막고야산에 사
는 신인의 형상을 빌어 그 상징성을 극대화시켰다.

　대아적 상태란 의식이 마주한 사물의 모든 경우를 수용하는 것
으로써, 사물을 있는 그대로 바라보고 따르며 받드는 것이지만, 아
무래도 생사득실을 호오로 나누고, 이를 기반으로 법과 도덕의 기
준을 세운 인간사회에서 실현하기란 쉽지 않다.

　때문에 일찍이 입산수도하는 자들이 있었던 것이고, 장자는 막
고야산 신인에 의탁하여 이를 형상화시켰다. 오늘날에도 여전히
이름 없이 입산수도하는 많은 사람이 있을 것인데, 그들의 의식이
정녕 자기로부터 벗어나 만물과 하나 된다면, 그 충만함의 감동은,
욕구 충족에서 느끼는 기쁨의 감정과는 비교될 수 없는 것이고, 한
편으로 자기를 근거로 유발되는 온갖 분노, 불안, 우울, 좌절 등의
고(苦)의 상태도 더는 존립할 수 없음으로 인해, 그 육체도 부정적
감정의 영향력 아래 있지 않게 되는 것이다. '살결이 얼음과 눈 같

다' 는 것은, 그 충만함이나 평정한 감정 상태가, 육체를 일신시켜 환골탈태 되었음을 뜻하는 것이라 하겠고, '얌전하기가 처녀 같다' 는 것은, 무기의 의식 상태에서 모든 것을 수용하는 자세를 상징한 것이라 하겠으며, '오곡을 먹지 않는다.' 는 것은, 사회와의 교류를 끊은 채 입산수도하는 자들의 자연스런 생활방식중 하나로써, 농사에 의존한 곡식을 취할 수 없음인 것이다. 다만 산에서 자생하는 약초를 섭취했을 것으로 추측할 수 있다. '바람을 들이켜고 이슬[210]을 마신다.' 함에서, 앞부분은 깊은 호흡을 뜻하는 조식(調息)[211]에 해당되는 것으로 생각되고, 뒷부분은 물 공급에서 호수, 연못 등지에 괴어있는 지표수를 이용했을 것으로 추측되지만, 극히 적은 양의 이슬을 마신다는 것은, 그만큼 그들의 소욕(少欲)을 상징하고자한 것으로 생각된다. '구름기세를 타고 나는 용(飛龍)[212]을 본다.' 함은, 실제 구름위에 올라타거나 또는 나는 용을 본다는 것보다, 산 밑으로 구름이 떠있고, 산의 능선들이 겹겹이 쌓여 마치 청룡이 꿈틀대듯 활기찬 산의 기운 속에 있는 그들의 모습을 이 같이

---

210) 이슬(Dew): 복사냉각으로 지면근처에 있는 암석, 나뭇가지, 나뭇잎, 풀잎 등의 온도가 이슬점이하로 내려가면, 이들 위에 공기 중 수증기가 응결하여 맺히는 작은 물방울을 이슬이라 한다. 지식백과 참조

211) 조식(調息): 양생법(養生法)의 한가지로 정좌(正坐)하여 복식(腹式)호흡으로 호흡을 고르게 하는 것. 〈동아 백년옥편〉, ㈜두산동아, 2001년, 1,813쪽/ 대종사 편에 깊은 호흡과 얕은 호흡에 관련하여 다음과 같은 구절이 있다. '옛날의 진인은 잠을 자도 꿈꾸지 않고, 깨어있어도 근심이 없으며, 음식도 맛난 것을 찾지 않고, 호흡은 깊고 깊었다. 진인은 발꿈치로 호흡했고, 뭇사람은 목구멍으로 호흡했다. (古之 眞人 其寢不夢 其覺無憂 其食不甘 其息深深 眞人之息以踵 衆人之息以喉)

212) 비룡(飛龍): 하늘을 나는 용으로, 동양권에서는 아주 오래전부터 있던 말이다. 나무위키 참조

표현한 것으로 생각된다. 높은 산에 오른 경험을 한 사람은, 산 위에서 내려다볼 때의 기분을 기억할 것이다. 그저 잠시 산 위에 있을 뿐이지만, 산 아래의 세상은 전혀 다른 세상으로 생각된다.

'세상 밖에서 노닌다(遊乎四海之外)'에서 세상으로 풀이한 사해(四海)는, 요와 허유의 대화로 이루어진 앞 단락의 천하(天下)라는 말에 버금가는 말로써, 세상 밖이란 국가공동체의 지배권역에서 벗어났음을 강조한 것이다. 천하든 사해든 그 권역 안에는, 법이나 도덕의 기준을 세우고 그것을 따라야 한다고 규정한 점인데, 이는 자기를 기준으로 사물을 비교분별하고, 선악, 시비, 호오, 미추 등으로 끊임없이 양분하여 잘라내고 덧붙이면서 인위적 행위를 가하는 일상적 삶과 그 맥을 같이한다. 장자는 이러한 삶의 방식에 더 이상 흥미를 느끼지 못하고 새로운 정신세계를 갈구했던 것이며, '세상 밖에서 노닌다.'의 표현에 이러한 의미를 담았던 것이다.

'그 정신이 집중되면, 사물로 하여금 병이 나지 않게 하여 해마다 곡식이 잘 익는다.' 함은, 신인의 마음이 정녕 무기, 무공, 무명의 극단에 이를 때, 그 어떤 경계 없는 도통위일(道通爲一)의 상태가 되어 완전한 이타의 경지에 이르게 되는 것으로써, 이때 상대에 대한 배려가 최고조에 도달한다고 말할 수 있다. 이는 상대에 대하여 어떤 인위적 행위도 없는 것이며, 오직 무위자연을 따르고 받드는 상태지만, 이때 상대는 비로소 스스로 모든 장애를 걷어내고 그 잠재력을 최대한 발현시킨다. 자신은 물론 사물로 하여금 미성숙, 질병, 노화, 죽음으로부터 벗어나게 하는 것은, 인위적 행위가 아닌 무위자연에 있는 것이고, 이는 결국 무기와 무욕에서 비롯함을 강조했다.

　'그렇구려.'부터 '당신 같은 경우를 놓고 하는 말인 것이오.'까지는, 신인에 관련된 이야기를 미치광이 말로 생각하고 수용하지 못했던 견오의 의식 상태에 대하여, 귀머거리와 맹인의 경우처럼 꽉 막혀있다고 지적한 것이다.

　여기서 꽉 막히게 하는 것은, 다름 아닌 자기 잣대이며 생존에 대한 애착이다. '저 사람의 저 덕은, 만물을 뒤섞어 하나 되게 한다.'의 말에서, 덕이란 결국 자기 잣대 및 생존에 대한 애착으로부터 벗어난 허심의 상태를 상징한다. 만물을 뒤섞어 하나 되게 한다는, 허심으로 인해 모든 차별로부터 벗어나 있음을 표현한 것이다. '세상 사람들 어지러운 상태를'부터 '천하를 가지고 일삼겠소?'까지는, 신인의 정신 상태가 이미 하나 됨의 조화로운 상태에 있음으로 인해, 외물을 다스려야할 필요성을 느끼지 못한 채 그저 무위자연을 따르고 받드는 상태가 되었음을 뜻한다. '저 사람은 사물에 손상됨이 없소'부터 '큰 가뭄에도 뜨거워하지 않소.'까지, 외물의 어떤 변천에도 감정적 동요가 없는 신인의 상태를 상징하는 것으로써, 설결과 왕예의 대화로 이루어진 제물론 편에서, '죽고 산다 해도 그 몸 어느 한 구석 영향을 끼치지 못한다(死生無變於己)'의 구절이나, 혜자와 장자의 대화로 이루어진 덕충부 편에서, '사람이 호오로써 그 몸을 내상(內傷)입지 않게 함을 말하는 것이오(言人之不以好惡內傷其身)'의 구절과 같은 맥락이라 하겠다. '그 먼지와 쭉정이 조차'부터 '무엇 때문에 사물을 가지고 일삼겠소?'까지는, 위에서 언급한 하나 됨의 의식 상태 및 상대 잠재력에 대한 최대한의 발현 그리고 무위자연 등에 대하여 거듭 반복한 것이다.

'송나라 사람이 장보관을'부터 '까마득히 그 천하를 잃어버렸다'까지, 송나라 사람의 장보관이 월나라 사람에게 무용지물인 것처럼, 요의 천하가 막고야산 신인에게는 무용지물임을 부각시켰다. '요가 천하의 백성을 다스리고, 나라 안 정치를 평정했다' 함은, 정치인으로서 요의 자부심을 암시한 것인 반면, '까마득히 그 천하를 잃어버렸다.' 함은, 그 자부심이 갑자기 사라졌음을 암시한 것으로, 막고야산 신인을 만난 후, 요의 심중에 큰 변화가 일어났음을 뜻하는 것이다. 이는 자기 욕구를 실현하는 것보다 벗어남을 월등한 것으로써 강조한 것이다.

> 혜자가 장자에게 말했다. '위(魏)왕[213]이 내게 큰 박 씨를 주었소. 내 그것을 심었더니 다섯 섬[214]을 담을만한 크기로 자랐소. 음료를 담으면 무거워 혼자 들 수 없고, 쪼개 바가지를 만드니 얇고 평평해서

---

213) 위(魏)왕: 양(梁)나라 혜왕을 가리키는 것으로, 위(魏)나라는 본래 안읍(安邑)에 도읍을 정하고 있었으나 후에 대량(大梁)으로 옮겨갔으므로, 위(魏)라고도 하고 혹 양(梁)이라고도 함. 〈장자〉, 안동림 역주, 현암사, 2001년, 41쪽

214) 다섯 섬: 원문 5석(石)의 풀이로, 석(石)은 용량의 단위이며, 한 섬은 한 말의 열 곱절이다.〈엣센스 국어사전〉, 민중서림, 2001년, 1,296쪽/ 따라서 다섯 섬은 50말로, 대략 한말을 18리터 또는 18kg으로 계산할 때, 900리터 또는 900kg에 해당된다.

담을 수가 없었소.[215] 엄청나게[216] 크지 않은 것은 아니지만, 내 그 무용함에 깨버렸소.' 장자가 말했다. '선생께서는 실로 큰 것을 사용함에 서투르시구려. 송나라 사람으로 손 안트는 약을 잘 만드는 자가 있었소. 대대로 묵은 솜을 물에 두들겨 빠는 일[217]로 먹고 살았소. 나그네가 소문을 듣고 그 비방을 백금[218]에 사자 청했소. 집안사람들을 모아놓고 의논하며 말했소. "우리가 대대로 묵은 솜을 두들기며 빨아왔다. 그럼에도 약간의 금액에 지나지 않았는데, 지금 기술을 팔면 하루아침에 백금을 얻게 되니, 그에게 넘겨주기로 하자." 나그네는 비방을 얻고 오(吳)왕[219]에게 가서 유세했소. 월(越)나라가 쳐

---

215) 얕고 평평해서 담을 수가 없음: 원문 확락무소용(瓠落無所容)의 풀이로, 흘러 떨어진다는 뜻일 때는 확(瓠)으로, 표주박의 뜻일 때는 호(瓠)로 읽는다. 확락(瓠落)은, 담기지 아니하고 흘러 떨어짐 또는 얕고 평평하여 물건을 담을 수 없는 모양을 뜻한다. 〈동아 백년옥편〉 ㈜두산동아, 2001년, 1,245쪽

216) 엄청나게: 원문 호연(呺然)의 풀이로, 〈석문(釋文)〉에 호(呺)는 본래 호(號)이며 호연(呺然)은 허대모(虛大貌)로 엄청나게 큰 모양의 뜻으로 풀이했다. 〈평의(平議)〉에서 호(呺)는, 속자(俗字)이며 마땅히 효(枵: 빌 효)로 써야한다며, 허(虛)의 뜻이라 함. 〈장자〉, 안동림 역주, 현암사, 2001년, 41쪽

217) 묵은 솜을 물에 두들겨 빠는 일: 원문 이병벽광위사(以洴澼絖爲事)의 풀이로, 병벽(洴澼)이란 솜을 물에 씻으면서 두들기는 일 또는 그 소리를 뜻함. 〈백년 동아옥편〉, ㈜두산동아, 2001년, 1,085쪽

218) 백금(百金): 금(金)은 당시 통용되던 화폐단위로, 일근(一斤: 600g)의 것을 일금(一金)이라 하지만, 지금으로 환산할 수 없음. 〈장자〉, 안동림 역주, 현암사, 2001년, 41쪽

219) 오(吳)왕: 〈사기〉 오태백세가(吳太伯世家)에 따르면, 오나라 시조는, 주(周)나라 태왕 고공단보(古公亶父)의 맏아들 태백(太伯)이라 함. 태백은 막내 동생 계력(季歷)이 창(昌=文王)을 낳았을 때, 고공단보가 계력에 이어 창을 후계자로 정하려고 한다는 것을 알고, 동생 중옹(仲雍)과 남쪽으로 달아났다. 그 후 500년 가까운 세월이 지나 기원전 585년 19대 군주 수몽(壽夢) 때부터 스스로 왕이라 불렀다. (초나라는 기원전 704년 스스로 왕이라 불렀음) 당시 오나라는 진(晉)나라와 초(楚)나라 강대국 사이에 끼여 진(晉)나라와 동맹관계를 맺고 있었다. 합려(?~기원전 496년/ 재위: 514~496년)는 오왕 수몽의 손자로, 처음엔 왕위계승에서 밀려났고, 결국 514년 오왕이 되었는데, 초나라에서 망명 온 오자서, 백비 그리고 손자병법의 손무 등 대열을 갖추게 되면서, 초나라를 공격하여 대패시켰고 합려는 이때 초나라 수도에 체류했다. 이때 월나라가 오나라를 공격했고, 진(秦)나라가 출병지원을 하면

들어오자 오나라왕은 그를 장수로 삼았고, 겨울 수전에서 월나라 사람을 크게 무찔렀소. 땅을 떼 주고 제후로 봉했소. 손을 안 트게 하는 것은 한가지나 혹자는 제후로 봉해지고 혹자는 묵은 솜 빠는 일을 면치 못하오. 이것이 사용함의 차이요[220]. 지금 선생께 다섯 섬 크기의 박이 있다면서 어째서 큰 술통을 만들어 강호에 띄울 생각은 하지 않고, 그것이 얄고 평평해서 담을 수 없는 것만을 근심하는 것이오? 이는 선생의 마음이 막혀있기 때문인 것이오.'[221] 혜자가 장자에게 말했다. '내게 큰 나무가 있소. 사람들은 그것을 가죽나무라고 합디다. 그 큰 밑동은 옹이가 많아 먹줄[222] 긋는데 마땅치 않고, 그 작은 가지들은 휘어져 컴퍼스나 직각자[223] 사용에 마땅치 않소. 길가에 서있어도 목수가 돌아보지 않소. 지금 선생의 말은, 크지만 쓸모가 없어 뭇사람이 모두 가버리고 마오!' 장자가 말했다. '선생께서 홀로 살쾡이를 보지 못한 것이오? 몸을 납작 엎드려서 빈둥거리는 것[224]들을 기다리다가 이리 뛰고 저리 뛰고 위아래도 모르다가 덫에

서 오나라는 큰 손실을 입었다. 이듬에 합려의 동생 부개가 왕으로 등극하여 내전을 겪었다. 496년 합려는 월나라를 공격했고, 이때 월나라 왕 구천(句踐: 기원전 520?~464년/ 재위: 496~464년)은 부대 1열부터 10열까지 결의를 다지며 스스로 목을 베어 자결하는 광경을 연출했고, 오나라는 대패했다. 합려는 이 전투로 사망했고, 아들 부차(夫差: ?~473년/ 재위: 495~473년)가 494년 월나라로 출병했다. 와신상담의 고사는 부차와 구천의 앙숙관계를 담고 있으며, 결국 이 전쟁으로 600년간 존속되었던 오나라가 멸망했으며, 월나라는 그 후에도 오래 명맥을 이어갔다. 인터넷 참조

220) '이것이 사용함의 차이요'의 원문은, 즉소용지이야(則所用之異也)임.

221) '이는 선생의 마음이 막혀있기 때문인 것이오.'의 원문은, 즉부자유유봉지심야부(則夫子猶有蓬之心也夫)임.

222) 먹줄: 먹통에 딸려 목재에 검은 줄을 곧게 치는데 쓰이는 실이나 노끈으로 만든 줄. 〈엣센스 국어사전〉, 민중서림, 2001년, 778쪽

223) 컴퍼스나 직각자: 원문 규구(規矩)의 풀이로, 행위의 표준, 사물의 준칙, 일상생활에 지켜야할 법도. 상도(常道). 〈백년 동아옥편〉, ㈜두산동아, 2001년, 1,770쪽

224) 빈둥거리는 것들: 원문 오자(敖者)의 풀이로, 〈석문(釋文)〉에는 닭이나 쥐 종류라 함. 〈장자〉, 안동림 역주, 현암사, 2001년, 44쪽

걸리고 그물에서 죽소. 지금 저 검정 소는 그 크기가 하늘에 드리워진 구름 같소. 이것은 큰 것은 될 수 있으나 쥐를 잡을 수는 없소. 지금 선생께서 큰 나무가 있다며 그 무용함을 근심하고 있소. 어찌하여 그것을 아무 것도 없는 고향, 넓고 아득한 들녘에 심어, 그 곁에서 한가로이 거닐고, 그 아래 누워 편히 쉬지 못하는 것이오? 도끼로 베어 요절하지 않게 될 것이고, 사물에 손상됨 없을 것이오. 쓸데가 없다고 어째서 어려워하고 괴로워만 하는 것이오?'

윗글에서 커다란 박과 나무는, 앞 단락에서 붕새나 막고야산 신인과 표현은 달라도 그 뜻은 같다. 커다란 박과 나무는 내면에서 자기라는 에고를 비운 허심을 상징하는 것으로써, 제물론 편 서두에서는 오상아(吾喪我)로 표현된 바 있다. 사물에 대하여 판단하고 그로 인해 여러 상태로 감정을 느끼는 본능적 자기를, 멈추고 회의(懷疑)하는 것은 다름 아닌 자기로써, 자기가 자기를 바라본다는 점에서 쉽지 않은 일이다. 자기란 사물을 판단하고 그로써 여러 감정 상태를 느끼는 주체인 것인데, 이 주체를 객체로써 다시 판단하여 평정한 감정 상태가 되는 것으로써, 기존 판단과 감정과는 다른 차원이자 가치의 상승적 측면을 반영하고 있다. 커다란 박과 나무의 무용함을 강조하는 혜자는 본능적 자기에 머물러 있음을 상징하는 데 반해, 이에 대한 유용함을 강조하는 장자는 본능적 자기로부터 벗어나 있음을 상징한다. 무용한 것으로 바라보는 까닭은, 마음이 본능적 자기로 막혔기 때문이고, 이 막힌 것을 제거한다면 유용한 것으로써 바라볼 수 있는데, 자기 내면에서 가치에 대한 상승 욕구가 없으면, 본능적 자기를 객관화시킬 수 없고 회의할 수 없으며, 결국 허심의 상태는 요원한 일일 수밖에 없다.

하나의 사물을 좋은 것으로 보면 그렇게 되고자 조장하며 덧붙
이고, 나쁜 것으로 보면 살라내며 회피한다. 그것을 발전이자, 사
랑, 또는 문명이라고 말한다. 장자는 이 방향과 속도에 반발하여
내면을 들여다보고 자신을 청소함으로써 인위적 행위 없이 자연
그대로를 따르고 받들었던 것이다. 이를 무위자연이라고 말할 수
있을 것이며, 무엇보다 본능적 자기로부터 벗어남이 우선이다. '위
(魏)왕이 내게 큰 박 씨를'부터 '그 무용함에 깨버렸소'까지는, 혜자
의 마음이 자기로 막혀있음으로 인해 사물은 무용한 것이 되었고,
그로 인해 파괴되어 버리는 최악의 사태에 대하여 표시하였다. 송
나라 사람과 나그네 이야기 역시 사물을 대하는 마음에 따라, 전혀
다른 결과로 나타날 수 있음을 강조했다.

사물을 바라보고 비교만을 한다면, 마음은 자기로 꽉 채워진 것
이고, 이에 반해 비교에서 벗어나 있는 그대로를 바라본다면, 허심
의 상태로 비워진 것이라 말할 수 있다. 원문에서 '마음이 막혀있
다(蓬之心)'의 표현은, 본능적 자기로 꽉 채워졌음을 가리키는 것이
고, '사용함의 차이(用之異)'라는 표현은, 본능적 자기로 꽉 찬 마음
을 사용하는 것인지 아니면 이것이 비워진 상태의 마음을 사용하
는 것인지의 차이를 가리키고 있다. 여러 상황을 직면하게 되는 일
상에서, 마음은 이에 호응하게 되는데, 기존의 시비호오 방식을 쓸
것인지, 새로운 허심의 방식을 쓸 것인지, 오롯이 자신에게 달린
문제이며, 이것이 결국 자신의 스타일을 만들어내는 핵심이다.

'내게 큰 나무가 있소'부터 '뭇사람이 모두 가버리고 마오.'까지
는, 무용과 유용의 가치가 사물에 고정되어 있다고 보는 마음을 대
변하는 것이며, 자기로 꽉 채워진 마음을 거듭 강조한 것이다.

반면 '선생께서 홀로 살쾡이를'부터 '덫에 걸리고 그물에서 죽
소'까지는, 이러한 마음의 비 양생적인 면을 강조한 것으로써, 자
신의 양생을 위해 무용과 유용으로 나누고 유용을 쫓아 달리지만,
오히려 비 양생의 결과로 이어짐을 경고하고 있다. '지금 저 검정
소'부터 '쥐를 잡을 수는 없소'까지에서 검정 소는, 붕새의 또 다
른 표현으로 허심을 상징한다. '하늘에 드리워진 구름 같다(若垂天
之雲)'거나 '큰 것은 될 수 있다(能爲大矣)'의 표현은, 결국 심리적 측
면에서 자유와 평정을 은유한 것이고, '쥐를 잡을 수는 없소(不能執
鼠)'의 표현은, 물질적 측면에서 이익에서 벗어나 있음을 은유한 것
이다.

자신의 비교분별에 대하여 전혀 자각이 없는 상태에서, 지금 자
각하고 거기서 벗어나면, 마음속은 새로운 지평이 열리게 되는데,
사물과 나의 경계는 물론 시비호오 등의 온갖 분별이나 감정적 동
요가 없는 특별한 상태에 이르게 된다.

'아무것도 없는 고향, 넓고 아득한 들녘(無何有之鄕 廣莫之野)'의 표
현은, 자기로부터 벗어났을 때 열리는 새로운 지평이라 할 것이고,
'그 곁에서 한가로이 거닐고, 그 아래 누워 편히 쉰다(彷徨乎無爲其側
逍遙乎寢臥其下)'의 표현은, 자기로부터 벗어났을 때 누리는 평정함
의 상태라 할 것이다. 사물을 비교 분별하는 본능적 자기로는, 심

신의 안락(安樂)에서 제한적일 수밖에 없음을 인식하고, 자기로부터의 초월을 강조한 것이다. '도끼로 베어 요절하지 않게 된다(不夭斤斧)'거나 '사물에 손상됨 없다(物無害者)' 함은, 사물에 항상 허심으로써 호응하며 이익을 좇지 않는 것이, 유심으로써 호응하며 이익을 좇음보다 나음을 강조한 것이다. '쓸데가 없다고 어째서 어려워하고 괴로워만 하는 것이오(無所可用 安所困苦哉)'의 말은, 결국 사물에 대한 관점의 문제를 지적한 것으로써, 동일한 사물도 자기 관점 여하에 따라 최하에서 최고의 가치로 격상될 수 있는 것이며, 이러한 운용이 가능할 때, 자신의 의식 상태는 사물의 속박으로 인한 압박과 고통 없이 평정한 상태가 될 수 있음을 강조한 것이다.

소요유 편 서두에 '바닷물이 밀려온다(海運).'는 표현이 있다. 이는 북명에 사는 곤이 붕새로 변태해서, 구만리 회오리바람을 타고 남명으로 비상하는 시점인데, 각박한 현대를 살아가는 사람이, 일상에서의 우울, 분노, 불안 등의 정서를 상징하고 있다 해도 과언이 아니다. 대부분의 사람은 이 같은 부정적 정서를 해소하기 위해, 명예나 이익 등 자신의 욕구를 채우는 데 급급하지만, 욕구는 채울수록 증폭되는 기이한 현상이 발생되고, 결국 약물에 의존하는 사태에 이르게 되어, 삶의 질이 그만큼 떨어진다.

사람의 마음(눈)은 사물(밖)을 향한 채, 내면(안)을 들여다보지 못한다. 정신없이 밖의 사물만을 쫓다가, 비대해진 자신의 에고만을 떠안게 된다. 사물에서 자신의 내면으로 그 방향을 돌릴 때, 비대해진 자신의 에고를 만날 수 있고, 에고를 슬림하게 만들 수 있으며, 나아가 에고 없는 상태에까지 이를 수 있다. 치허극(致虛極) 수정독(守靜篤)의 구절이나, 허자심재(虛者心齋) 등의 구절은, 에고 없는 상태를 의미한다.

자신의 내면으로 관심을 돌려, 시비선악 호오미추 등으로 사물을 인식(판단)하는 자신의 인식(판단)을 사유할 수 있게 된다면, 자신의 인식(판단)이 비교분별이고, 이 비교분별이 생존에 대한 자신의 애착에 다름 아님을 알게 되며, 결국 이것이 생사존망의 자연법칙에 대한 외면임을 깨닫게 되면서, 사망에 대한 의식을 수면위로 끌어올리게 된다. 생과 사가 하나의 나뭇가지(以死生爲一條)이고, 되고 안 됨이 하나의 꿰미(以可不可爲一貫)라는 말은, 자연법칙에 대하여 외면에서 수용으로 그 의식이 바뀌었음을 상징하는 것이며, 자신에 대하여 극히 보잘것이 없음을 자각하는 것이나, 생존에 대한 애착과 자기 자랑을 떨쳐내기 어려운 만큼 자기와의 힘겨루기 시간이 필요하다.

지극하다(至矣), 할 수 있는 한 다했다(盡矣), 더할 것이 없다(不可以加矣)고 극찬한, 미시유물(未始有物)의 추상적 개념을 생각할 수 있게 된다면, 소위 만물과 내가 하나이고(萬物與我爲一), 천지와 내가 나란히 생겼다(天地與我竝生)는 의식 상태에 이르게 될 것인데, 이는 무엇보다 자신의 에고를 인식해야 비로소 가능해진다. 그 어느 때보다 발전된 문명세계에서, 문명을 향유하기보다는 오히려 심각한 갈등상태에 빠져 있는 것이 현실이다. 해를 가리고 가장 깊숙한 내면으로의 여행인 명상의 문을 빠끔히 열고, 그 계단을 밟아 내려갈 수 있을 때, 갈등상태에서 벗어나 오묘한 세상을 바라볼 수 있을 것이다.

저 자 와
협의하여
인지 생략

다시 장자

지은이 | 이병희
펴낸이 | 一庚 張少任
펴낸곳 | 돌샘 답게
초판 인쇄 | 2024년 8월 22일
초판 발행 | 2024년 8월 26일
등 록 | 1990년 2월 28일, 제 21-140호
주 소 | 04975 서울특별시 광진구 천호대로 698 진달래빌딩 502호
전 화 | (편집) 02)469-0464, 02)462-0464
　　　 (영업) 02)463-0464, 02)498-0464
팩 스 | 02)498-0463
e-mail | dapgae@gmail.com, dapgae@korea.com
ISBN 978-89-7574-368-9
ⓒ 2024, 이병희
나답게·우리답게·책답게